刘颖 ◎ 编著

所有正在带孩子的
祖父母必读
送给
孩子的爷爷奶奶外公外婆的
育孙宝典

爷爷奶奶外公外婆教孩子60招

中国祖父母最佳育孙宝典

商务印书馆国际有限公司

图书在版编目(CIP)数据

爷爷奶奶外公外婆教孩子60招/刘颖编著.—北京:商务印书馆国际有限公司,2011.5

ISBN 978-7-80103-734-3

Ⅰ.①爷… Ⅱ.①刘… Ⅲ.①家庭教育 Ⅳ.①G78

中国版本图书馆CIP数据核字(2011)第041314号

爷爷奶奶外公外婆教孩子60招

编　　著　刘　颖

责任编辑　彭月兰

出版发行　商务印书馆国际有限公司

地　　址　北京市东城区史家胡同甲24号(100010)

电　　话　010－65592876(总编室)　010－65227580(编辑部)

　　　　　010－65598498(市场营销部)

网　　址　www.cpi1993.com

经　　销　全国新华书店

印　　刷　北京佳信达欣艺术印刷有限公司

开　　本　710mm×1000mm　1/16

字　　数　230千字

印　　张　19.25

版　　次　2011年6月第1版第1次印刷

书　　号　ISBN 978-7-80103-734-3

定　　价　29.80元

前言

“三个家庭，四位老人，两个年轻人，一个孩子”是现代家庭普遍的模式。孩子承载了整个家庭的希望和情感。但年轻父母因为工作太忙、两地居住、外地打工等现实情况，往往不得不请父母帮忙带孩子，使隔代教育成为了一个非常普遍的社会现象。

有调查显示，中国目前有近一半的孩子是跟着爷爷奶奶、外公外婆生活的，其中年龄越小的孩子与爷爷奶奶、外公外婆一起生活的比例越高，而且越发达的城市这种比例越高。比如在上海，0~6 岁的孩子中，有 50%~60% 属于隔代教养，而北京市则高达 70%。

把孩子交给爷爷奶奶外公外婆照看，年轻父母可以省很多心，况且祖父母带孩子有很多优势，如：祖父母有着更加平和的心态，拥有更为丰富的生活经验，更能传承优秀的文化传统，等等。

但据教育界的调查证明，隔辈人带孩子，成功率还不足 30%。这让年轻父母对孩子的成长、教育问题始终悬着心，担心祖父母在教育孩子过程中存在种种“隐患”：

过分溺爱孩子，孩子容易变成任性、蛮横、不服管教的“小霸王”；

生活单调封闭，孩子容易变成不爱交往、胆怯含羞的“闷葫芦”；

大事小事全包办，孩子容易自理能力差、依靠心理强，成了“笼中的金丝雀”；

只管吃喝睡，忽视德智体，孩子性格、品格、能力不健全，容易成为同龄人中“垫底的”；

抱持老观念，孩子容易变成不愿探索、不敢创新、不爱学习的“老小孩”；

教育方法不同，祖父母与父母争吵多、关系僵、隔阂大，使得“三代人都受伤”；

……

这些担忧非常具有代表性。根据教育专家的调查和研究，隔代教育确实存在这些普遍隐患和难题。祖父母付出了那么多，却为什么收获寥寥呢？如何弥补自己的劣势，不仅“养好”孩子，更能“育好”孩子，让孩子得到及时、正确、全面的教育，这是每一位替子女带孩子的爷爷奶奶外公外婆都应该琢磨和学习的事儿。

本书通过一个个真实而又鲜明的教育案例，讲解最关键、最科学的“育孙法则”，为爷爷奶奶外公外婆指明五大教育方向。

原则一、破旧立新，祖父母一定要树立正确的育孙观念

很多祖父母提起带孩子的时候都自信满满，甚至会说“我们是过来人，在带孩子方面闭着眼睛都比你们强得多。”时代在进步，育儿理念也在不断地变化。

老人认为如今条件好了，不用再让孩子吃苦耐劳了，殊不知越条件好，越要让孩子具备吃苦耐劳的品性。

老人管理孩子有时会采用年轻的时候管理子女时的粗暴方式。如今的育儿理念是民主管理，事实证明，用这样的管教方式培养孩子，人格和性情都更完善。

祖父母经常认为小孩不需要早教，长大了自然什么都知道了，但科学的育儿理念是要合理早教，开发智力，从小培养孩子的智商。

……

是时候抛弃落后陈旧的观念，接受并树立科学、先进的教育观了！相信只要祖父母肯树立正确的教育观，就一定能把孩子教育好。所以，作为新世纪的爷爷奶奶外公外婆，一定要打开视野，开放观念，接受新的育儿理念，做好孩子的领路人。

原则二、隔代如隔山，了解孩子的心声最重要

许多爷爷奶奶认为自己怎么做都是为孩子好，小孩子就应该无条件地接受，殊不知小孩的内心比大人更敏感，如果只是一相情愿地对孩子的生活横加干涉，只会让祖孙两代人的隔膜越来越深，了解他们内心深处的心声才是最重要的。

有的老人由于本身文化素养较高，所以自主地给孩子设定将来的生活模式和理想，可是孩子有他自己的人生和未来，老人需要做的是支持孩子的想法，而不是帮他们设定未来。

有的老人觉得当面数落自家的小孩更能让孩子认错、

改错，同时对小孩也是一种鞭策，殊不知现在的小孩都很敏感，如果让孩子丢了尊严，只会让孩子产生逆反心理，什么事都和你对着干。因此，批评孩子时要顾及孩子的心理感受，要讲究艺术。

有的老人喜欢否定或拆穿孩子的话，这样随便的否定和质疑，只会让孩子离你越来越远，只有相信孩子才会让他感到自信、力量和安全。

……

因此，只有了解了孩子真实的心理，才能跟孩子保持和谐的祖孙关系。为了改变自己在孙辈眼里的形象，那就试着改变一下自己的教育方式吧。

原则三、“溺爱”是害，“放养”是爱

有的老人认为只有不让孩子受一点伤害，不存在一丝风险，衣食无忧，才是真正的尽到了做老人的责任，才是真正的爱孩子，却不知道在不知不觉中，把孩子的未来推向了艰难的深渊。

老人活动范围有限，圈养容易养成孩子孤僻的性格，放养更能让孩子跟上同龄人的节奏，性格变得活泼外向。

有的老人不喜欢小孩冒险，怕受伤，但小孩有他们未来需要面对的事情，如果从小没点冒险精神，那不但会影响他自身思维的发展，还会影响社会的发展。

老人事事包办，把孩子养得衣来伸手，饭来张口，没有一点独立生活的能力，将来只会让他们在生活中栽跟头，这不是真正的爱。

……

溺爱的环境中成长的孩子，不但脾气性格桀骜不驯，孤僻自我，生活自理能力也较差。老人一定要明白一个道理，让孩子吃些苦头，对他的成长来说并不是坏事。

原则四、养好孙辈身体是基础，育好孩子品性是关键

有些老人觉得孩子小时候娇惯一点不是大不了的事情，等小孩长大成人后自然知道什么事情该做什么不该做，却不知这样会在不知不觉中毁了孩子一生，品行不好会让孩子在社会上连立足的空间都没有。

有的老人把孩子惯得任性霸道，这样是大大的错误，礼貌和家教在任何时代都不过时。

老人都不喜欢违逆孩子的意思，经常是任其自由发展，但是孩子在为人处世上自私刻薄就一定不能放任。

有的老人认为孩子圆滑狡诈能让他占便宜，但是这样的孩子长大后，想让他一生占便宜，一生平稳却是行不通的，还是要教孩子诚实守信。

……

所以，如果孩子的品行出现大的偏差，那就要立刻予以纠正，如果一个孩子连最起码的真善美都不知道，那么老人的爱就变成了害。

原则五、祖辈父辈懂配合，才能教出好孩子

不管是什么事情都有它自己的禁区，祖孙三代的关系也一样，有不能踩的地雷区，一旦踩到不但不能和谐三代的关系，还会给整个家庭制造长期的隐患。

有的老人在儿女教育孩子时横加干涉，做孩子的防空洞，此时老人应该和儿女保持一致。

老人和孙辈的关系容易亲昵，但老人不要借此优势，把子女在孩子心中的地位都霸占过来，这样很容易造成亲子隔阂。

当着孩子面批评子女会让儿女在孩子心中缺乏威信，因此不能当孩子面批评子女。

……

为此，老人应该努力扮演好自己的配角角色，充当子女的教育参谋。努力克制自己的行为，以免制造出亲子之间的隔阂。

衷心祝福处在迷茫中的爷爷、奶奶、外公、外婆、爸爸、妈妈们给孩子创造一个和谐、快乐的家庭！

目录

爷爷奶奶外公外婆教孩子60招

第一章
教育观念决定孙辈一生成败

第 1 招　千万不要做固执的祖父母 /002
第 2 招　只有自己性格乐观，孩子才能积极向上 /008
第 3 招　勤充电，教育孙辈才能不脱节 /012
第 4 招　在教育方法上同子女保持一致 /017
第 5 招　不要以自己的生活模式来要求孩子 /021
第 6 招　平等的沟通方式让孩子与你更亲昵 /025

第二章
祖父母一定要用好的 6 大教育法宝

第 7 招　平和的心态，给孩子一个成长好氛围 /030
第 8 招　取长补短，让孩子得到最好的爱 /034
第 9 招　宽容和沟通，统一祖辈和父辈的教育观念 /039
第 10 招　丰富的育儿经验，让孩子的成长少受点折腾 /044
第 11 招　充裕的时间和精力，让孩子从小受到熏陶 /048
第 12 招　丰富的阅历，让孩子从小就有见识 /052

第三章

隔代不隔心的祖孙沟通秘诀

第 13 招　知道孩子想做什么最重要 /058

第 14 招　听懂孩子的“话外之音” /062

第 15 招　别让孩子的坏情绪累积成山 /066

第 16 招　老人怎么听，孩子才会说 /072

第 17 招　用赏识与鼓励赢得孩子的心 /077

第 18 招　支持孩子做他喜欢做的事 /082

第 19 招　降低姿态，学着与孩子做朋友 /086

第 20 招　信任是打开孩子心扉的钥匙 /091

第 21 招　别当众揭孩子短 /096

第 22 招　批评孩子不在声高气粗 /102

第四章

千万别溺爱！早独立的孩子最有前途

第 23 招　爱孩子，但绝不溺爱 /108

第 24 招　别把孩子惯成任性的“小霸王” /112

第 25 招　不准备“专利菜” /117

第 26 招　事事包办不如事事“不管” /122

第 27 招　教会孩子说“我自己来” /126

第 28 招　经得起“摔打”的孩子有前途 /131

第 29 招　培养独立意识，让孩子从小爱上劳动 /136

第五章

放养：让孩子到外面去闯闯

第 30 招　让怕羞的孩子勇敢起来 /142

第 31 招　多帮助孩子结识外面的朋友 /146

第 32 招　让孩子甩掉社交恐惧症 /151

第 33 招　爷爷奶奶要学会做孩子的“粉丝”/156

第 34 招　用安全的方式培养孩子的冒险精神 /161

第 35 招　让沉默寡言的孩子打开话匣子 /166

第 36 招　“淘气”的孩子最聪明 /171

第 37 招　别“圈养”孩子 /176

第六章

好品质是成就孩子一生的保证

第 38 招　果断纠正孩子的无礼行为 /182

第 39 招　“学习好则百好”的观念过时了 /188

第 40 招　让孩子学会感恩 /193

第 41 招　对孩子放手但不放纵 /198

第 42 招　要引导孩子远离自私，学会分享 /203

第 43 招　让孩子从小做一个诚实守信的人 /208

第七章

言传身教，爷爷奶奶是孩子最好的榜样

第 44 招　办事不拖拉，防孩子模仿 /214
第 45 招　不唠叨，防孩子产生逆反心理 /219
第 46 招　在孩子面前克制自己的情绪 /223
第 47 招　不说谎，更不能哄骗孩子 /228
第 48 招　平时不说粗话，防孩子偷学 /233
第 49 招　培养孩子早睡早起的习惯 /237
第 50 招　引导孩子认清自己的长处 /242
第 51 招　不用语言暴力污染孩子 /247
第 52 招　别窝在家里，要全面解放孩子 /252
第 53 招　别给孩子“当马骑”，谨防教育误区 /257

第八章

教育孩子，祖辈与父辈这样分工最成功

第 54 招　做好配角不越位 /262
第 55 招　别用隔代亲取代父爱母爱 /266
第 56 招　祖父两辈要用一致的方法教育孩子 /271
第 57 招　老人“重养轻教”，年轻父母怎么做 /276
第 58 招　老人“横刀夺爱”，年轻父母该如何应对 /281
第 59 招　老人不准管教孩子，年轻父母怎么做 /286
第 60 招　老人当孩子面批评自己，年轻父母怎么做 /291

第一章

教育观念决定孙辈一生成败

数据调查显示，隔辈人带孩子成功率不足 30%，但现在大多数孩子由爷爷奶奶照看长大，很大程度上不利于孙辈的成长。因此，为了孩子的健康成长，爷爷奶奶们要坚持传统观念里的优秀部分，更要了解一些新观念。

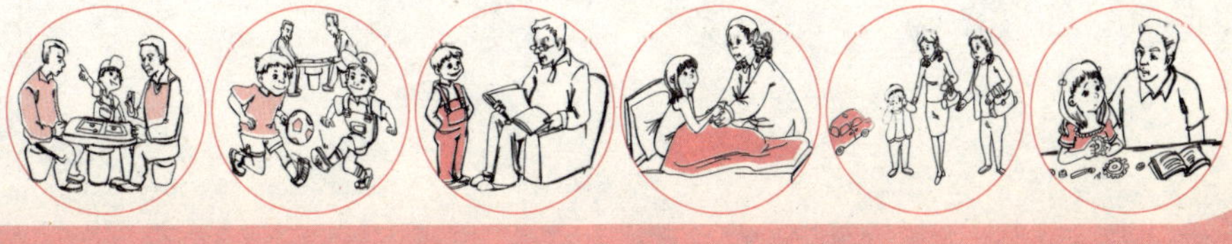

第1招

千万不要做固执的祖父母

无可置疑，老人是带养孙子、教育下一代的重要家庭成员，而且，老人带孩子也存在一定的优势。但同时也存在一定的弊端，客观说，老人的教育观念都比较传统。大多数的爷爷奶奶受传统文化以及历史上错误的教育思潮的影响，在教育孩子的问题上，存在着种种陈旧落后的观念。很多老人由于带过几个孩子，很容易觉得自己是“过来人”，“吃过的盐比年轻人吃过的米都多”，于是，常常会采用自己的传统观念教育孩子。而一味地采用这种固有的观念，对孩子的成长是很不利的。

据学术界的调查证明，隔辈人带孩子，成功率还不足30%。那么，老年人付出了一切，为什么收获寥寥呢？据一些年轻的爸爸妈妈们说：老人带孩子只是不会饿着、碰着、摔着，至于教育方式，很多老人都认识不足。还有一个重要原因是老年人大都文化不高，思想守旧。比如说很多老人带孙子是图乐，是亲情需求，谈不上教育。这样一来，隔代教育虽然也付出了很多，结果却大打折扣。

给爷爷奶奶外公外婆的家教技巧

技巧1　不要圈养要放养

相比之下，老年人带孩子活动范围比年轻人要小，而妈妈带孩子时往往又比爸爸带孩子活动范围小，这是因为人的生理特点、年龄特点所致，因此，祖辈们的“看管方式”导致孙辈活动范围封闭是客观存在的。生活中，我们常常会看到在各个小区里，一些老人总是带着孩子在楼下坐着晒太阳，而孩子们通常是乖乖地坐着看来往的行人；或者是听老人们拉着家常、打麻将、下棋等，这是因为老年人大多生理衰退，体力下降，于是喜静懒动，在带孩子的时候，总会有意无意地把孩子圈在家庭的范围里。

在一项“隔代家庭家教现状的调查”中，对“您是否鼓励孩子在户外奔跑、跳跃、尽情玩耍”的问题上，发现祖辈与父辈之间的差异非常大：经常鼓励的祖辈只有12%，而父辈却有55%。对此，专家认为，这可能是由于老年人的记忆衰退、思维缓慢等自然衰老特征，使他们在无意识中缩小了孩子的活动范围。

今年四岁的慧慧上幼儿园了，可是一个学期过去了，她还没有交到一个好朋友。据幼儿园的阿姨反映，慧慧在幼儿园表现得非常内向，从来都不肯和其他的小朋友一起玩耍，而且，每当课堂上对她提问时，她总是低着头，不敢吭声。原来慧慧从小跟着奶奶生活，而奶奶是个安静的人，不爱交际，平时总是习惯呆在家里。因此，在慧慧上幼儿园之前，每天的活动范围，基本上是奶奶家楼下，几乎没有别的活动范围。于是，就养成了慧慧不爱说话的习惯，如果家里来了陌生的客人，她总是忸忸怩怩的，不理人。

由于老人对孩子采取限制多于引导的“看管方式”，便在无形中导致孩子的主动交往意识薄弱。在上面的案例中，从表面上看，这是慧慧的问题，实质上与祖辈的教育方式有密切关系。调查发现，隔代家庭中的孩子，主动找伙伴玩耍的只有9%，非隔代家庭的孩子则达24%之多。由此可见，狭隘的生活空间，对孩子的成长与发展是非常不利的。

圈养违背小孩的天性

反例

正例

老人带孩子活动范围小，经常把孩子圈养在身边，
这样容易使小孩孤僻。应该多带他出去和同龄人交往。

有关专家认为，幼儿时期是孩子求知欲强、体力活动最充沛的时期，因此，孩子在这个阶段需要合理的智力刺激和运动量。这时，把孩子封闭在非常单调的小环境内，孩子往往容易养成内向、不爱活动的习惯和生活方式，从而大大影响智能的发展。所以，聪明的爷爷奶奶一定要认识到这一点，平时多带孩子到外面活动，多与他人交往。

技巧 2　物质上穷养，精神上富养

据一项调查表明，有 30%以上的年轻爸妈都埋怨爷爷、奶奶没有带好孙子，而且约有 50%以上的年轻爸妈不想把孩子交给老爸老妈带的原因是：老人在带养孩子时往往重物质、轻精神。事实上也确实如此，在培养第三代时，老人往往会从补偿心理出发，为了弥补当初自己对子女的不足，总是尽量尽力地给孙辈们较高的物质待遇，使孩子吃的、穿的、玩的等样样优越，无一样不超过孩子的父母。

这样，有些祖辈在对孩子物质条件和生活照顾上，花费了很多的时间与精力，可是，教育的效果往往适得其反。爷爷奶奶怎么也不会想到，自己对孙辈们的物质欲望的满足与放纵，却让他们随着年龄的增长，渐渐产生攀比心理与贪婪心理，产生难以满足的“虚荣心”，而他们的精神世界，如求知、好奇、阅读、关心他人、热爱自然等却逐渐地消退。因此，这种“重物质轻精神”的教育观是错误的，长期下去会因小失大，害了孩子。因此，虽然几个大人共育一个孩子，是孩子的幸福。但这种幸福，一定要有分寸，它需要大人们精心地营造，于细微处见精神，祖辈与父辈相互默契，密切配合，走出传统的误区，才有益于孩子的成长。

技巧 3　让生活“闹”一点

我们知道，老人大都喜欢安静，不喜欢热闹。很多老人都希望自己能静静地在家做自己的事情，不被他人所打扰。因此，让老人带孩子时，他们也希望孩子能像自己一样，安安静静地呆在家中，只允许在家安静地玩一些玩具与游戏。并且，还受旧时“好孩子”模式的思想束缚，不允许孩子们到郊外去爬树、上山，更不许孩子奔跑、跳跃或结伴出游等一些野外游戏。

此外，老年人通常会认为孩子小，关在家里是最安全的；同时加上自己的精力有限，对体育活动、户外锻炼没有了兴趣，所以他们通常不会带孩子在外面玩耍，而且还常常眼睛不离地盯着孙辈，生怕他们有什么闪失。

老人们喜欢安静是没错的，但是要让孩子们也安安静静、老老实实，却不符合他们成长的常规，要知道，这样会阻碍孩子们体能、操作能力等各方面的增强，还会导致孩子们竞争心、自信心下降。其实，小孩子天生就是要玩儿的，只有多玩耍，多与人接触，才能提高孩子的认知与交往能力。所以，为了孩子德智体的全面发展,作为爷爷奶奶还是应该放开手脚,让孩子动起来。

技巧 4　别做固执的老头、老太太

生活中，很多老人都十分不愿意接受新的育儿理念，而是固执地认为一些老观念是最好的，总是爱说“光学书上的有什么用啊，重要的是实践，我都带大几个孩子了，什么样的育儿方法没经验过啊。”

是的，养育孩子虽然不用完全照着书本上说的去做，但多懂一些书上科学的育儿方法毕竟是有好处的，对日常生活与孩子的成长也会有很大的帮助。要知道，理论和实践相结合，才是最好的养育孩子的方法，所以，聪明的爷爷奶奶在带养自己的宝贝孙子时，切不要沉湎于过去的老观念、老传统，一定要多采纳先进的育儿方法，才能使隔代教育事半功倍。

综合分析老人的教育观念，归结到一点，就是大多数的爷爷奶奶们由于历史与自身的原因，已经与社会生活拉开了很大的距离。他们不了解未来社会需要什么样的人才，也不怎么懂得孩子的心理特征和成长规律，所以，在带养孙子时，往往不能持科学的教育观念和教育方法，这样就会不可避免地影响教育的质量与效果。那么,有没有什么解决的方法？对此,有关专家认为,爷爷奶奶应该树立现代化教育理念，注意以下几点：

要有健康的心理，要有健康、良好的生活方法。

建立现代教育观念，改变过去固有的教育观念。

建立平等民主的家庭关系，尊重孩子的意见，让孩子觉得自己也是家庭的主人。只有平等和睦的家庭气氛，孩子的性格才会更健康，因此，在讨论问题时，要让孩子有发言权。

要培养孩子爱学习、生活自理、爱劳动的习惯。不要将分数看得太重，要培养孩子动手的能力。

在新世纪，老人将是家庭教育中一支重要的教育力量，因此，应该充分利用、发现老人在家庭教育中的作用。作为新世纪的爷爷奶奶，一定要打开视野，放开观念，跟上时代的步伐。要敢于打破传统的教育观点，勇于接受新的育儿理念，从而打造高效的育儿法则。所以说，爷爷奶奶要学习一些现代化的教育方法，树立新的教育观念，通过各种渠道，如老年大学、家长学校等充实自己，做好孩子的领路人。

第7招

只有自己性格乐观，孩子才能积极向上

心理研究表明，老年人的心理素质与行为习惯，也会在潜移默化中影响孩子。在长期的生活中，祖辈的心理健康水平直接影响着孩子的心理健康。一般来说，在隔代教育家庭里，做爷爷奶奶的心理上会有些顾忌，生怕孩子出些什么差错，使儿女们不高兴。于是，总是习惯地把孩子圈在自己的身边，格外疼爱孩子。然而，这样虽然能使孩子的身体健康地发育，但孩子的心理健康以及智能、人格等方面的发展，就会受到很大的影响。

今天，丁丁的同学们与老师都去参加学校举行的爬山活动了，而丁丁一个人却闷闷不乐地待在家里。那么，丁丁为什么没有与同学们一起去爬山呢？原来，是爷爷不让丁丁去，爷爷说："你爸妈都不在身边，我又不能陪你去，再说，爬那么高的大山，要是万一出点事，我可怎么向你爸妈交待啊！"

从上面的案例中可以看出，爷爷平时总担心丁丁会受到来自外界的伤害，强烈的安全意识使得老人处处为孙子"护驾"。其实，不光是丁丁的爷爷，生活中，大多数的老人对于孩子尝试性行为和创新性行为，总是不假思索地予以阻止、呵斥，生怕孩子有什么闪失。如果任凭这种过虑的教育观念长期干涉下去，那么，就会使本来好好的孩子变得易怒、浮躁，性格里潜藏了破坏性与反抗性等因素，并且还会造成不良的心理；那些性格柔弱的孩子，则会变得懦弱，遇到一些事情就会胆小、畏缩、自卑，对什么都不敢尝试。

给爷爷奶奶外公外婆的家教技巧

祖辈们或许不知，儿童时期需要合理的智力刺激和活动力量，而过多地限制只会扼杀了孩子最宝贵的好奇心、最旺盛的求知欲，并且，还会打消孩子探索未知世界的热情和兴趣。因此，在这样的教育下，孩子们天生的动手、动脑能力都不会得到很好的发展，并且，还会使孩子失去勇于探索的可贵品质，而这些积极的行为，却是孩子智力发展、素质能力提高和创新个性形成的必经之路。

因此，为了培养孩子拥有健康的心理，作为祖辈人，一定要学会调适自己的心理，维持健康的心理水平。在生活方式上，还要拒绝老年人特有的那种颓废的做事风格，而应坚持采用积极的生活方式培养孩子。具体来说，培养孙子健康的心理，爷爷奶奶首先要突破自己的心理障碍，可以参考以下方式：

技巧 1　告别消极心理，让孩子心里充满阳光

平常的生活方式虽然看起来无足轻重，但对孩子的发展却有很大影响。因此，平时爷爷奶奶一定采用积极的生活方式，而把颓废的行为改掉。要知道，作为祖辈人，自己是家中的长者，在家庭成员中，具有很强的榜样示范作用。尤其是对于低年龄阶段的孩子来说，他们的生活习惯的养成，都是从亲人那里不知不觉模仿所得的。所以，我们的爷爷奶奶一定要告别自己的消极心理，积极地投入到生活中。

张奶奶今年六十多岁了，由于儿子、媳妇上班忙，孙子冒冒从小就由她带，祖辈俩相处得很好，平时孙子见她可亲了，什么事都跟她说，比对自己的爸妈还要亲。但是，现在冒冒读初中了，也长成大男孩了，但不知道为什么，冒冒总不太爱跟奶奶说话了，再也不像以前那样，什么心事都对奶奶说了，而且，奶奶一问他，还老是嫌奶奶烦。有时张奶奶想跟孙子讲讲道理或谈谈事情，冒冒就会不高兴地反问奶奶：“谈什么呢？你懂什么？”为此，张奶奶心里十分难过，觉得自己把孙子养大了，孙子却嫌她老了，嫌她烦了，不想答理她。

爷爷奶奶的心态对孩子情绪影响巨大

反例

正例

老人生活态度消极，会传染给孩子，相反，积极的生活，也会让孩子变得朝气蓬勃。

作为祖辈也应该了解，孩子一旦上了初中，就进入了青春期，特别是男孩子，他们多少会有一些叛逆。作为长辈面对孩子的变化要多了解，不要太苦恼。平时要理解孩子心里的想法，不要太啰嗦，要不然，孩子会受不了。

其实啊，老人带孩子也不能把孩子当成生活的全部，一定要有自己的生活。要做青春时髦的爷爷奶奶或外公外婆，否则，很容易让孩子“看不起”。比如，平时可以多参加一些社交活动、多做一些体育锻炼、将家里收拾得干净利索等，并且，经常与孙子一起讨论一些有意义的问题、讲故事或做游戏等。也可以跟孩子讲讲你的生活，如果你的生活十分丰富，那孩子自然就会愿意跟你沟通，如果对于他熟悉的事情你一点都不了解，那孩子自然不愿意多跟你交流了。要知道，老人热爱生活，也会激发起孩子对生活的热爱，从而培养朝气蓬勃，懂事明理，孝敬长辈的好孩子。

技巧 2　调适情绪，保持好心态

爷爷奶奶平时还要注意调适自己的心理与情绪。通常来说，很多老人由于自己内心的焦虑或担忧，会不停地对孩子埋怨、唠叨，却不知这样会使孩子厌烦，而形成消极心态，从而影响孩子心理的健康成长。还会导致老人付出的是心血，收获的是遗憾，所以对于这种傻事一定要避免。

生活中还有不少老人，为了自己的孙子能够当上班长，竟然对孩子的老师大动干戈；还有的老人，因为自己内心的焦虑或不满，总是不停地对孩子唠叨……而这些都是成年人心理不健康的表现。要知道，有诸多的事实表明，教育者的心理健康水平，直接影响孩子的心理发展。

所谓育己育人，只有自己保持健康的心理，才能让孩子身心健康。作为祖辈家长，首先要努力调适自己的情绪，通过自我调节来推迟衰老，从而使自己拥有健康的心理，使自己拥有一颗年轻的心，才能培养出心理健康的孩子，有良好的心态，与孙子相处时才能老幼同乐，才能享受晚年的幸福和安康，也才能促进孩子的进步。

第3招

勤充电，教育孙辈才能不脱节

在家庭教育中，老年人在面对孙辈的时候，往往以经验为主。但老人虽然有着丰富的经验，可这些经验与观点都往往形成于多年前，与当今社会的发展存在某些差异。据统计，有70%以上的爷爷奶奶教不好孩子，换句话讲，成功率不足30%。那么，老人付出了一切，为什么收获甚微呢？

其实，这有两个主要原因：一是，在带孩子的过程中，老人很容易把一些错误的、陈旧的思想观念传播给孙辈，给孩子带来认识上的误区；二是，大多数爷爷奶奶都自以为有过带孩子的经验，但不知道现代的育儿方法。因此，由于观念陈旧或文化水平有限而导致教育上的“脱代”，从而影响孩子的成长与发展。

今年六岁的琳琳，是一个漂亮的小女孩，周围的叔叔阿姨都经常夸她长得好看，为此琳琳总是乐得美滋滋的。可是，最近一段时间琳琳却整天闷闷不乐。原来，在她曾经洁白无瑕的牙齿上，长满了黑色的斑斑点点，一些小伙伴看到后，都纷纷嘲笑她，说：“琳琳越长越丑喽，你看牙齿上都是脏兮兮的黑东西，我以后都不要跟她玩啦。”这样，气得琳琳哭了几次，而且还总抱怨都是奶奶害了她。为什么琳琳会抱怨天天对她疼爱有加的奶奶呢？

原来，奶奶平时总喜欢给琳琳喝糖水，尤其是每天晚上睡觉的时候，总让她喝一杯再上床睡觉，说是小孩子喝了糖水睡得香、长得快。这样琳琳越喝越爱喝，时间一长，牙齿上就长满了黑黑的斑点。如今，面对琳琳的埋怨，奶奶说："黑一点怕什么呀，小孩子的乳牙反正是要掉的，再长新的不一样白白净净吗？再说了，我小时候家里穷，没吃过几块糖，这牙不也掉光了？"

从上面的案例中，我们可以看出，老年人在教育孩子方面，存在各种不科学的古老观念和方法。很多的祖辈人由于带过几个孩子，很容易觉得自己是"过来人"，往往一意孤行。再加上他们本来受教育的程度就低，并且接受的是几十年前的教育，因此往往会造成不良的影响。

现在，让我们来看看祖辈带孙子究竟有哪些有利或不适当的地方：

老人由于年纪大，通常意识保守，行动受限制，不爱活动，因此带孙子较封闭。而且，老人还会用经验代替科学，通常不会用科学的方法来培养孩子。

相比较而言，老人通常会袒护孩子，关怀过分。这样，孩子就会显得娇气，吃不了任何苦。因此，爷爷奶奶容易成为孩子的防空洞、避风港，形成两代人教育观点的不一致。

另外，有利的因素也有：

老人退休后，通常都有一定的经济条件，因此，在经济上可以帮助子女将孩子带好。

老人带孩子容易促成孩子社会化，接触不同的人，学习交际能力。尤其会有利于将传统的文化、文明行为、优良品德传给孙子。

由上面的几点我们可以看出，老人带孩子既有积极的因素，也有消极的因素。

给爷爷奶奶外公外婆的家教技巧

作为现代的爷爷奶奶，为了孙辈们的前途发展，有一个最好的办法就是努力提高自身的素质。教育孩子，首先是教育自己。改变孩子，首先是改变自己。为了发挥隔代教育的资源，一定要好好利用优点来克服不足。平时，祖辈要"与时俱进"，经常学习充电，从而突破"文化缺失"障碍。用最科学、

教育孩子，观念要跟上时代

反例

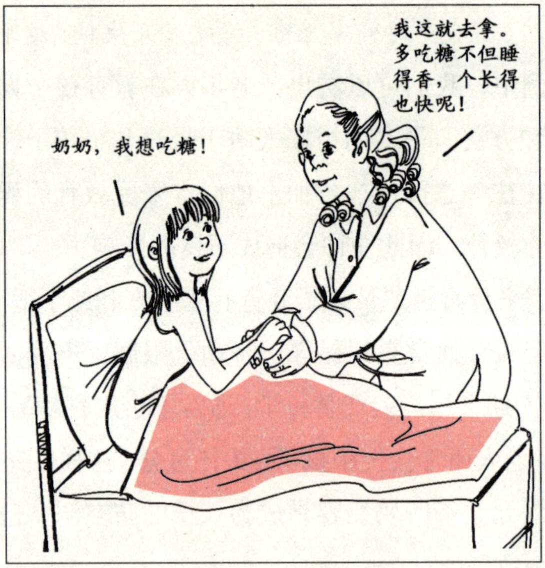

正例

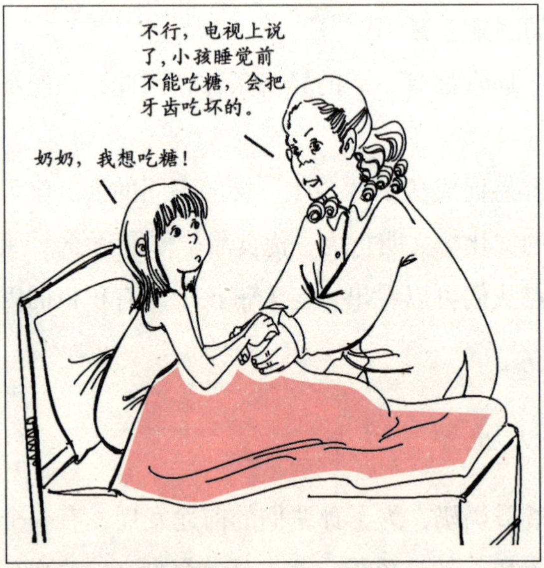

如果一味地依照错误的老观念带养孙子、孙女，肯定会影响他们的身体健康。

最实用的方法将自己的宝贝孙子教育成才，具体方法可参考以下几点：

技巧1　用今天的眼光看待今天的孩子

能不能教育好孩子，教育的观念是最重要的，观念不同，教育的结果就会出现很大差异。因此，作为新世纪的爷爷奶奶，一定要树立起现代化的教育观，要以今天的眼光看待今天的孩子。而现代教育观念中一个重要思想，就是尊重孩子的选择，要知道孩子也有着独立的人格，应平等地对待他，尊重他。因此，一定要根据孩子的身心发展规律，科学地教育他。尤其要以孩子的发展、选择、和谐为成功的标准，以孩子的真正幸福成长为目标。所以，现代爷爷奶奶应该在家庭中培养平等、民主的气氛，建立良好的祖孙关系，使隔代教育寓教于乐。

技巧2　培训上岗，通过各种渠道学习

可以说，大多数老人都受传统文化教育思潮的影响，在教育孩子的问题上存在着种种陈旧的观念，这些老观念如果不加以改正和更新，往往会误了孩子。因此，爷爷奶奶还需要加强学习，做学习型的家长，多接受一些新事物，一些新的教育方式，必要时可参加“爷爷奶奶培训班”，以持证上岗，成为新世纪合格的爷爷奶奶。

任大妈说，自己一辈子辛辛苦苦，好不容易熬到退休了，应该好好享受一下清福了。可是，面对带养小孙子的诱惑，自己又坐不住了，觉得自己亲自带养孙子才是最大的幸福。但是，任大妈亲自带养孙子没多长时间，就发现一个事实：自己白给儿子儿媳看孩子，甚至还带着工资，他们好像还不太愿意呢。因为在现代的社会家庭模式下，钱不再是大问题，人才是根本。自己那一套自以为了不起的“育儿法则”已经过时了，这令任大妈很是郁闷。

怎么办？任大妈豁然醒悟：马上装备自己，将老一套的那种看孩子的方式扔掉，学一些科学育婴新知识，才是带好孙子的法宝。于是，任大妈毅然地参加了市教育局举办的“爷爷奶奶培训班”。

我们知道，家庭教育是一门综合性的科学，需要家长不断地学习，才能育己育人。因此，为了教育好孙子，爷爷奶奶只有时刻以科学的知识武装自己，才能更好把握孩子成长发育中各个阶段的特点，才能正确地教育好孩子。平时要不断更新自己的儿童观、教育观，在头脑中来一场“早教革命”，才能使自己的教育行为跟上社会发展的步伐。所以，平时爷爷奶奶可以通过各种先进的渠道学习，除了参加“爷爷奶奶培训班”之外，还要从报纸、杂志、图书、广播、电视、网络等大众媒体，来了解国内外教育动态，学一些关于儿童生理、心理及教育方面的知识，加强自己的文化知识与育儿智慧，掌握科学育儿的原则与方法，从而多丰富自己、充实自己，才能不断提高家教水平，把自己对孙辈的教育纳入到科学教育的轨道上来。一个优秀的祖辈，要做到“活到老，学到老”。

第4招

在教育方法上同子女保持一致

据一项对“隔代教育现状的调查”显示，祖辈和父辈在教育孩子的观念方面，存在巨大差异。调查人员通过“您向孩子提出恰当的要求后，能否坚持到底不改变”的问题上，发现能不改变的祖辈只有27%，而父辈则高达46%，由此可见，祖辈们对孩子的溺爱程度远远胜于父辈。而且，调查还发现，不能经常发现孩子缺点的父辈只有3%，而不能发现孙子缺点的祖辈则多达33%，这显而易见，在对孩子的了解与观察上，祖辈们也远远不如父辈们。

由于祖辈们所处的时代、文化教育水平以及谨严的行为方式与现代人的不同，因此就很容易与年轻的父母的教育观念发生冲突。

今年30岁的常女士有一个3岁的儿子，平时她和老公都去上班，儿子就由爷爷奶奶来照看。但是，据常女士说：“我觉得现在老人带孩子都有宠爱的行为，比如去超市里，孩子想要什么，他们老人就给买什么。如果你要阻止，老人还会很生气，甚至会说你不知道疼爱孩子呢。”她说，有一天，一家人逛超市，儿子喜欢了一件模型飞机，爷爷一看孙子喜欢便马上掏钱买给了他。可是，当走到买糕点的那儿，儿子又喜欢上了那个上面有个大桃子的蛋糕，非要买了给他吃，可是现在家里又没人过生日，买那么大一个蛋糕干吗？再说，也不能让孩子喜欢什么就买什么吧，于是，我拉起儿子的手，离开那儿。可是，这时儿子的爷爷却乐呵呵地拿出钱包要再给他的宝贝孙子买下来。我一见火

老人千万不能在孩子面前跟儿女闹矛盾

反例

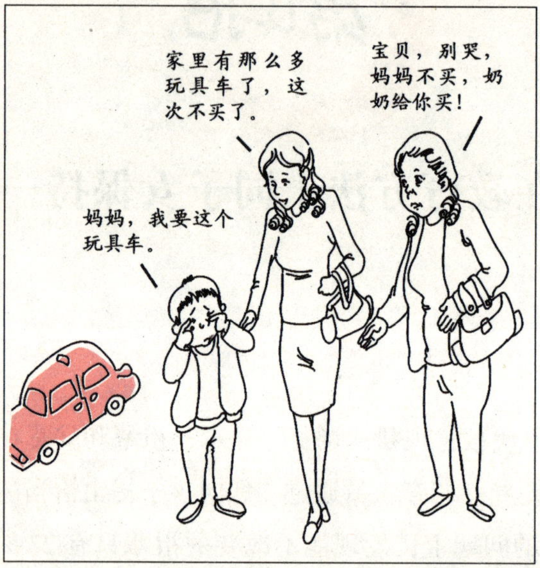

正例

教育小孩时，爷爷奶奶要尊重儿女的意见，否则会惯坏孩子。

了，就往孩子的屁股上拍了一巴掌，儿子“哇、哇”大哭，于是一家人很不高兴地离开了超市。

从上面的例子我们可以看出，祖辈与父辈的教育是完全不同的。爷爷奶奶对孙子过于疼爱，其实，就算经济允许，买一些孩子只是一时好奇的东西也是不好的。上文中提到的爷爷，不应该一味地去满足孩子的欲望。要知道，对孩子的极度宠爱、要月亮给月亮、要星星给星星，那么，长久下来孩子就会觉得“只要我要求，就可以得到”，而且往往不愿意花上点时间与耐心去等待，这样下去，就会养成孩子浮躁与虚荣的心理。

给爷爷奶奶外公外婆的家教技巧

在对孙子的教育上，作为祖辈人，应当和年轻父母在教育上达到共识。要认清社会的发展方向，树立正确的教育观，要重视孩子的全面发展和创新精神、创造力的培养。可是，有很多时候，爷爷奶奶们就是因为不明白年轻人的心意，才导致了家庭教育的争执。对此，我们的爷爷奶奶还需要学习新知识、新观念，多掌握现代教育的法则，这样全家的力量才能形成合力。只有两代人采取一致的态度，才能更好地教育孩子，使孩子不犯不必要的错误，从而进一步发展。所以，老人要虚心听取年轻一辈的意见，尽量与孩子父母的教育方式保持一致。平时要注意以下两点：

技巧1　教育观念与子女要一致，避免孩子形成双面人格

想要培养一个德智体优秀的孩子，爷爷奶奶应当和子女在教育观念上形成共识：在平时教育孙子时，一定要放眼当今社会对人才的需要，一定要重视孩子的全面发展和创新精神。特别重要的是，祖辈与父辈要共同学习，达成共识，保持一致的教育方式。

要知道，面对不一致的教育环境，孩子比较容易形成两面人格，对事情没有固定的是非标准。可以说，在对孩子的教育方式上，年轻人大多趋于理性，而隔代老人趋于感性。老年人多数以经验为主，年轻人多以科学的教育方法为主。在一般情况下，年轻人满足孩子的某些要求时，大多会考虑这样做对孩子的成长是否有益处；而老年人则往往会着眼于孩子一时的高兴，但这样就会纵容了孩子。

技巧2 不可用经验代替科学教育

作为祖辈人，决不能自恃自己生活经验丰富，而任意阻止、批评、指责子女对孙辈的教育，这样会造成老人和子女间对孩子教育意见的不统一，从而出现宽严不一、各执己见、当面争论、互相拆台等，这是教育的大忌。

鲁鲁6岁了，爸爸妈妈、爷爷奶奶对他十分疼爱，尤其是奶奶对鲁鲁照顾得像小国王一样，特别是每次吃饭时，鲁鲁都会受到奶奶特别的待遇。比如说，奶奶每餐都会特地为鲁鲁准备一两道喜欢吃的菜，别人要是想尝一尝，奶奶就会开口制止。这样，鲁鲁便认为这是“我的东西”，不允许别人“染指”，一旦被“侵犯”就会大哭大闹、不依不饶。

看到这个情况后，爸爸认为这样会把鲁鲁宠坏了，不该这样对孩子。可奶奶不高兴了，她认为鲁鲁现在还小，就应该受到特殊照顾，长大了就没事了。并觉得自己是“过来人”，带过几个孩子，“吃过的盐比年轻人吃过的米都多”，还说当初鲁鲁的爸爸与姑姑小时候，他们的奶奶也是这样对待他们的，怎么没出一点问题，个个都这么懂事呢。

奶奶的话令鲁鲁的妈妈感到老人溺爱孩子的心理很严重，于是就带她去听了几次育儿专家讲课。最终，奶奶终于明白溺爱会给孩子的身心发展带来不好的影响，时间久了，孩子就会变得自私、自我，尤其是不能让孩子养成吃独食的习惯。就这样，奶奶明白了这些道理后，很快改掉了给鲁鲁做专利菜的习惯，平时，总是鼓励鲁鲁把自己喜欢吃的东西主动夹给别人吃，让他学会与人分享。

想要教育好孩子，全家的力量要形成合力，创造良好的教育环境，做到爱严有度，才能培养出优秀的新一代。因此，为了培养孩子的健康人格，为他们以后更好地适应社会做准备，爷爷奶奶切不可用经验代替科学教育。

第5招

不要以自己的生活模式来要求孩子

现实生活中，有很多老人喜欢按照自己的生活模式来教育孙子，还喜欢以年长经验丰富自居,凡事很少顾及孩子的感受,忽略了孩子也有自己的想法,当出现问题时就抱怨：“现在的孩子不听话”，或是“什么事都不想对大人讲”等。殊不知，造成这种局面的原因不能完全怪孩子，祖辈自己担负着绝大部分的责任。要知道，如果爷爷奶奶不懂得聆听孙子的感受，那么长此以往，孩子就会拒绝与你交流。

在社会飞速发展的今天，老人的一些思想观念相对比较陈旧，与现实标准有一定的差距，他们往往不太容易接受新事物，因此在思想上跟不上社会发展和观念更新的步伐。通常，爷爷奶奶最容易犯的错误就是以成人的眼光去看待孩子的行为，如此就不可避免地会产生代沟，而代沟却是隔代教育中存在的最大问题，一旦产生后，如不尽快有效地解决，再好的教育也会失败。

给爷爷奶奶外公外婆的家教技巧

孩子们都有自己独特的认识思维模式、价值取向标准和行为方式，老年人不能将自己的标准强加在孩子身上，否则会导致“代沟”加深、矛盾激化。与孩子交流时，作为过来人的爷爷奶奶们，一定要学会站在隔辈人的角度去

不要完全按自己的心愿规划孩子的未来

反例

正例

爱孩子，就要尊重孩子的兴趣，否则只会适得其反。

看问题。要知道，只有了解了孩子的心理，你才能走进他们的世界，你的教育也才能起到应有的作用。

生活中，不少老人最爱说自己小的时候如何如何……但是，不要忘了，历史已经一去不复返。今天的孩子是成长在有电视和网络的年代，深深地打上时代的烙印。作为隔代人，一定要理解当代的孩子，切不可凡事都以自己的生活方式要求孩子。平时，一定要尊重孩子，采用以下方式学会与孩子相处：

技巧1　不要为孩子设计前途模式

每个孩子的先天条件都是不同的，如在气质、体质、素质上都有很大的差异。在后天的发育成长中，由于所接触的物质环境、心理环境、行为环境各不相同，兴趣走向也呈现出种种不同。所以，每个孩子都有自己的成长方式，希望老人不要干预孩子的生活方式。如果你一味地为孩子设计美好的前途，为孩子设想这、设想那，然后逼孩子就范，全然不理会孩子本身的素质条件、性格特征、兴趣侧重等。那么，这种所谓"前途策划"就陷入了模式化，没有科学性与实用性，结果必然会失败。

静静是个女孩子，她与其他隔代养育的孩子一样，一直跟爷爷奶奶生活在一起。平时，奶奶除了疼爱她之外，还很关心她的心思，总是不断地问长问短，生怕她有什么想不开的心事。可是爷爷对静静却非常威严，凡事总以长者自居，犹如是上级对下级那样一味地强调自己的观点，从不顾忌静静的感觉。

有一次，静静与伙伴们一起去服装超市买了一双心爱的高跟皮鞋，她兴冲冲穿着回家，没想到却遭到了爷爷的强烈反对。爷爷威严地说："这么小的女孩子穿什么高跟皮鞋，像什么样子？女孩子就该文静一些，学些琴棋书画，才像一个大家闺秀！"为此，静静委屈地解释了半天也没有用，只得任泪水在眼眶里打转。爷爷的观念太陈旧了，要知道，在学校里好多女生都是这样的。从此以后静静与爷爷彼此间就产生了深深的代沟，祖孙二人经常互不搭话，很难沟通。

作为家长，首要的责任不是替孩子规定什么、限定什么，而是发现孩子自身的素质条件、兴趣走向、心理个性，继之做正确地诱导就可以了。

技巧2　尊重孩子，与孩子建立亲密的关系

合格的祖辈，不仅是孩子衣食住行的提供者，也是孩子的老师，更是孩子的朋友。与孩子之间建立良好的关系，才能对孩子施加科学的教育，才能促进孩子健康成长。要知道，人格尊严比什么都重要，孩子也不例外。只有尊重孩子,才有可能与孩子建立起真正亲密的关系,孩子才肯向家长敞开心扉。

今年燕燕就要上中学了，为了让燕燕上市里的重点中学，爸爸妈妈就把燕燕送到了姥姥家。燕燕一到姥姥家，就把卫生间里的肥皂头、香皂头等老式洗浴用品统统丢进了垃圾箱，并带来一套时尚的洗浴用品。当姥姥来卫生间洗头时，看到燕燕花花绿绿的洗浴用品，一时竟不知该用哪种。哎，怎么办呢？就顺手拿了一个半瓶的乳液，挤了一些抹在头发上。谁知这乳液竟不起泡沫，姥姥心想可能是放得太少了，又挤了一些，把头发冲净完事了。

燕燕放学回来后，姥姥问她洗头液的事，谁知燕燕竟大笑起来："哈，姥姥你用沐浴乳洗头怎么能起泡沫啊！"姥姥听后也笑了，她说："我的乖乖，我还寻思这洗发剂咋就不起沫哩，嘿嘿！"这时，燕燕拿了一个稍大的塑料瓶，对姥姥说："这才是洗发剂，姥姥以后可要记住啊，千万不要用沐浴乳了。"姥姥笑着自嘲地说："呵，好，现在我知道了。要不，我这老太太怎能还奢侈一把呢，用沐浴乳洗了一次头，你闻闻，现在还这么香呢！"哈哈，祖孙二人都笑了！因为这件事，让燕燕与姥姥的关系亲密了好多，此后，祖孙俩经常聊心事呢！

其实，这件事如果是燕燕的妈妈将日常洗浴用品弄得乱七八糟，姥姥一定会生气，但是这是燕燕，因此姥姥只是心里说自己跟不上时代了，而没有责怪外孙女。俗话说，隔代亲，大概就是这种情况。只有与孩子保持一致的眼光，不用自己的生活模式来要求，孩子才会尊重你，把跟你的谈心当成最开心的事，并把你当作值得信任的人。

第6招

平等的沟通方式让孩子与你更亲昵

调查发现，现在很多家长，每当自己高兴了，就和孩子泡在一起，做游戏或玩耍，而一旦心里烦了，或工作忙了，就会很长时间不理孩子，不管孩子的心灵需求，有时甚至连孩子应有的生活照顾也给忽略了。殊不知，这种冷热交替的教育方式，最不利于和孩子建立巩固的联系，也不利于孩子的发展与成长。

做一个合格的长辈，首先要了解孩子的年龄特点。孩子由于年龄小，常常会出现与成人不同的看法。当孩子幼小的时候，要带领他、教导他；而孩子逐渐长大，家长就要与他商量；再大一些，家长则应该学会向孩子请教，主动地和孩子建立朋友关系。要知道，只有你采取平等的态度，才能真正与孩子沟通，做到真正了解孩子，才能使教育起到应有的效果。

曾有一个隔代家庭，多年来一直坚持定期开家庭民主会，效果就非常好。每到星期六，爷爷奶奶就会和孩子一起，把一周的功课都复习一遍。之后，再洗干净全家的衣服，打扫好屋子。然后，全家人就会静静地坐下来，互相交换意见，说出自己在这一周的想法与感受，祖辈与孙辈之间相处得其乐融融。

民主的家庭教育最有利于孩子成才，而民主家庭的显著特征就是平等、尊重、和谐，一家都是忘年之交的“朋友”。因此，作为祖辈家长，平时要

老人不能命令式地跟孩子沟通

反例

正例

老人不以长辈自居，站在平等的位置上体会孩子的心情，才能真正地和孩子融成一片。

充分利用自己丰富的人生经验，以平和的心态，去做好几代人之间的心灵沟通，处理好祖辈与子辈、与孙辈之间的关系。有了民主、和谐的代际关系，就可以为孩子的健康成长营造一个“教育爱”的家庭环境，也才会有丰富的生活情趣。

给爷爷奶奶外公外婆的家教技巧

作为祖辈人，应以平等的态度与孩子沟通，与他谈对生活的看法与日常见闻，允许孩子向自己道欢乐、诉苦衷。这样，孩子才能感觉到被理解被尊重。其实，任何正常人在自己被尊重、被理解、被宽容时，都不会继续反抗，抑或是叛逆，尤其是天真的孩子，往往一点小小的鼓舞或赞赏就能令他们欣喜欢跃。想与孩子进行良好的沟通，爷爷奶奶可以采用以下方式：

技巧1　以孩子所想为想，以孩子心为心

以同情和理解的态度对待孩子，并要适时地给予亲情慰藉。比如，当孩子在外面受了委屈，与好朋友或心爱的宠物分离时，你一定要理解他内心的感受，并回以适当的态度。如果你一味地告诉他没关系，没什么好难过的，那么，孩子就会觉得你一点都不能体会他的感受，心里就会更不痛快；如果你能理解他，则会有截然不同的效果。因此和孩子说话时，一定要仔细地把他的话听完，了解他的想法及立场，并注意他的反应与态度。

刚上一年级的男孩志志，在学校里，老师说：咱们班要建少先队了，谁愿意当“队员”，谁愿意当“非队员”。这时，志志竟然举手说自己愿意当“非队员”，因此，后来老师就没有发展他入队。事后，志志的爷爷知道了这事，没有简单地责备，而是耐心地向志志询问为什么想当“非队员”。没想到，志志说：“我觉得‘飞’比走快，所以我举手要当‘飞队员’”。

上面志志的爷爷就做得很好，是一个能注意孩子年龄特点、善于沟通的好家长，因此很容易地知道了孩子内心最真实的想法。

技巧2　认真回答孩子的问话

当孩子提出问题时，爷爷奶奶应先了解孩子说的真正含意，并做出针对性的回答。比如说，孩子:“奶奶，你要不要去超市？”这时，你可以回答说：“要啊！你要不要一起去？”孩子听了必定会很高兴。因为孩子提这个问题的真正意思就是：奶奶，我想跟你一起去超市。如果你理解不透，孩子就会不高兴，沟通就会产生障碍。

因此，当面临“沟”的时候，只要爷爷奶奶能明智地携带上理解与宽容，就不愁跨不过隔代的思想“沟壑”。面对你亲切的理解，孩子就乐意向你讲出自己的意见和感受，只有这样才能融洽地相处，才能共同营造一个民主和谐的祖辈关系。但在实行民主的同时，爷爷奶奶还要注意以下这几点：了解孩子的发展，不要尽说些他无法理解的话，或提出他达不到的要求，让他觉得辛苦，压力大；不要用带有指挥、命令、警告、责备、拒绝等负面意义的语气对孩子说话，一定要避免用“我命令你……”“我警告你……”“你最好赶快……”“你真傻”“你太让我失望了”等口语；多与孩子密切相处，从他的语言及行为中了解他的想法、喜好和内在需要。想跟孩子进行良好的沟通，最好能把自己也变成孩子，走进他的世界，和他融成一片。

第二章

祖父母一定要用好的6大教育法宝

老人带孩子有不少优势，比如老人有平和的心态，沟通的耐心，充足的时间，丰富的阅历，以及经济、人力投入等。祖父母如果用好了这些优势，就能让隔代教育散发出很强的优越性。

第7招

用平和的心态给孩子一个成长好氛围

现如今，年轻一代父母“只生不养”现象普遍，有关调查显示，全国约有一半的儿童接受着隔代教育，在北京、上海、深圳等大城市，孩子由祖辈们带养的比例更高。调查报告指出，“隔代养育”会造成孩子心灵健康失调，很多孩子会出现孤独或胆小或任性等心理状态。而且，以祖辈为主教养的孩子在卫生习惯、学习习惯及发展总体上，也不如以父辈为主教养的孩子。不过，也有学者提出，隔代养育的优点也是明显的，比如祖辈们有丰富的带养经验，有丰富的社会阅历与耐心等，由祖辈带养的孩子往往也更懂事，生活自理能力也更强。因此，隔代养育有喜有忧，教育者一定要认清这把“双刃剑”。

有关专家认为，隔代教育是人类“生态早教”中的一种永恒的现象，它既有弊又有利，拒绝隔代教育是不现实的。隔代教育作为一种客观存在的家庭教育方式，对孩子的个性发展有着很大的影响。

“隔代养育”会造成心灵健康失调。因为几岁的孩子，心智和生理还不成熟，与几十岁的老人一起生活，难免给孩子带来这样或那样的问题，使孩子形成任性、倔强、自私、孤僻等不良的性格。

关于祖辈带孩子，专家表示，隔代教育大概可归结为四种类型：

民主、温暖和理解型。这类老人往往能以平和的心态，做好隔代人之间的心灵沟通，处理好子辈与孙辈之间的关系。隔代家长中有些老人在采用这种方法，不过，相对较少。

过分监督型。这种类型的老人，通常什么事情都要督促孩子，经常检查孩子的行为，这样长久下来就造成了孩子的依赖性和惰性以及对成年人的不信任感。

严厉惩罚型。这类老人的教育方法，遵循了我国传统的教育理念，对孩子的批评多于鼓励，责罚多于奖励。所以，也就常常容易使孩子产生自卑、自闭或叛逆的心理。

过分关注型。这类老人，最爱包办，孩子本来能自己做的事情，爷爷奶奶却呵护备至，代为其劳。因此，孩子本来在正常环境下能锻炼的能力，却让隔代家长们取消了。

给爷爷奶奶外公外婆的家教技巧

从上面的四种类型中，我们可以看出“民主、温暖和理解型”的老人最受欢迎，这种教育方式也是最科学、最理想的，因此，明智的爷爷奶奶应该向这类老人看齐。一般来说，祖辈家长都有爱心，对孙辈十分喜欢，并且有充裕的时间和精力与孩子在一起生活。尤其具有抚养和教育孩子的实践经验，对孩子在不同的年龄容易出现什么问题知道的要比孩子的父母多得多。因此，由祖辈带大的孩子，身体素质好，在生活照料和安全保障方面要强于其他孩子。

技巧1　做民主型祖辈，有意识地培养孩子生活自理能力。

据有关调查表明，有70%以上的孩子愿意将心里话向爷爷、奶奶透露，而不太愿意透露给父母或其他人。因此，这种易沟通的亲和力，再加上对孩子的适当引导，无疑会增加教育效果。

今年读小学五年级的洋洋，一直跟着爷爷奶奶生活，在他还不到一周岁时，父母就丢下他，双双去外地工作。但是，爷爷奶奶并没有一味地娇宠洋洋，洋洋从小就有很强的自理能力。从六七岁开始，每天放学回家洋洋都会帮爷

老人带孩子一定要注意培养孩子的自理能力

反例

正例

培养孩子的生活自理能力，才真是教会了他们独立生活的能力，事事代办不是爱，而是害。

爷奶奶做些家务，经常主动地去洗碗、择菜，清扫卫生。每到星期天，还经常去市场买菜。在家里总是把衣服洗得干干净净，摆放得整整齐齐，使很多同龄人望尘莫及。

爷爷奶奶还说，洋洋做事从不丢三落四，也没丢过东西，很多事都不用大人操心。在读小学四年级时，一次学校体育比赛，有个同学不小心把他给撞倒了，腿上摔破了一大块皮，而且出了很多血，体育老师吓坏了，马上打电话给洋洋的爷爷，让他赶紧来校照看。但洋洋却接过电话说不用爷爷来，自己没事。最后，洋洋自己去卫生室包扎，包完后又自己一拐一瘸地走到教室上课。

据奶奶说，洋洋不但懂事还比较聪明，在班里一直都是优等生，学习成绩名列前茅。由此可见，一直跟着爷爷奶奶生活的洋洋个性很坚强，不但不比那些经常跟父母生活的孩子差，相反，其自理能力、生活能力以及学习能力都胜过他们。

上面这个案例可以充分说明，隔代养育，只要方法适当，照样可以培养出素质优秀的孩子。

技巧2　老人一定要让孩子把自己的优良作风传扬下去

说实话，任何一种教育方式都有利弊，隔代教育当然也不例外。因此，隔代教育虽然存在着一些缺点，但是它的优点也是不能否定的。像很多老年人都具有的吃苦耐劳、勤俭朴素、谦虚礼让等优良传统和作风，这些优良的品德往往会深刻影响孙子孙女，使孩子们也从小养成良好的品德和习惯。

通常来说，老人不但有爱心，还更有耐心，乐于、善于和孩子交朋友，并能理解和宽容孩子。所以，只要我们能清楚地认识到隔代教育的优势与劣势，因势利导，化弊为利，在发挥其教育长处的同时，认真克服种种负面影响，就能使孩子的家庭教育状况不断改进，使孩子快乐、健康地成长。

第8招

取长补短，让孩子得到最好的爱

可以说，爷爷奶奶们都是从20世纪走过来的，拥有丰富的人生经历与生活经验，可是，面对未来严峻的生存挑战，作为祖辈人，该怎样带好自己的孙辈呢？有人说，“隔代教育”有害无益，会把孩子给毁了。其实，这话说得太绝对,要知道古今中外有许多杰出的人士都是由爷爷奶奶们培养出来的。像英国的哲学家罗素，是奶奶带大的；新中国革命早期的领导人李大钊，是由伯祖父抚养长大的；中国著名体坛冠军刘翔，也是由爷爷奶奶抚养长大的；还有俄国文学家高尔基，是由外祖母对他实施的早期启蒙教育……因此，无数的事实表明，爷爷奶奶们不单能带好第三代，而且也能把孩子培养成材，成大材。所以，能不能带好孩子，关键不在于由谁带，在于传授的教育思想观念是否科学，是否得当。

月月一岁半了，每当笑起来嘴角有两个甜甜的酒窝，亲朋好友们都夸她长得漂亮。可是，月月的妈妈对女儿的成长却有些担心，因为月月现在才长出了6颗牙齿。按正常情况来说，月月现在的年龄应该长12—14颗牙。这肯定是某些地方出了问题，于是妈妈就带月月到医院做健康检查。医生说月月是严重缺钙，而且月月的囟门也没闭合，空隙很大，并且还有肋缘外翻、X形腿。根据月月的情况，医生断定是长期的饮食缺钙造成的。

月月的身体怎么会严重缺钙呢？原来在月月三个月大时，妈妈就去上班，只有周末才在家陪她两天，其余的时候都是奶奶在带养她。虽然奶奶很会照顾她，在月月每餐的饮食上也做得很精细，稀饭、面条，变着花样做，让月月吃得津津有味的。可是，不懂多少科学教育的奶奶，在给月月的饮食安排里却忘了重要一点——补钙，不知道让月月多吃些鱼泥、肝泥等一些含钙丰富的食物，这样天长日久，就造成了月月严重缺钙，使牙齿不能正常地长出来。

从上面的例子我们可以看出，老人喂养孩子虽然经验很多，但却存在不科学的喂养隐患。再说，老人接受新事物能力差，易墨守成规，因此，很多经验都带有负面影响。比如，在教育方法上，老年人总是趋向于宽容，而不喜欢严格，并且常常会替代孩子做他自己该完成的事，还会给予过度的保护行为，但这样容易使孩子产生依赖性，生活自理能力差。

给爷爷奶奶外公外婆的家教技巧

隔代教育，虽然像一把“双刃剑”，有利有弊，但只要能合理地扬长避短、趋利避害，就能走向双赢。想改变目前隔代教育不尽人意的状况，还需要我们的爷爷奶奶努力打造一种高素质的教育方法，克服隔代教育中存在的弊端，在实际教育中扬长避短，发扬其中的优势，摒弃其中的误区与一些不良的教育方式。当好“隔代家长”，就必须不断接触和学习新知识、新事物，才能为孩子的健康成长发挥积极作用。在隔代教育中，如何取长补短，应注意以下几点：

技巧1　两代互补，取长补短

相对来说，年轻的爸妈们虽然育儿经验不足，却容易接受新思想，并且重视培养孩子自己动手和独立生活的能力。不过，年轻的爸妈往往由于事业繁忙，空闲时间不多，因而对孩子遇到的情绪问题容易忽视，这样就会使孩子产生情绪波动。但在这方面，爷爷奶奶们却有足够时间与孩子在情绪上进行交流，使孩子在情绪上比较稳定，较少有焦虑、痛苦或害怕等不良情绪。

老人带孩子要充分发挥长处，避忌短处

反例

正例

有时候老人要听从爸爸妈妈的建议，改变自己的观念，发挥带孩子的长处，避忌短处。

因此，如果年轻的爸妈与孩子的爷爷奶奶，能了解各自的优点与缺点，在育儿过程中多切磋，多讨论，从而形成一致的教育方法，发挥各自的长处，克服各自的不足，同心协力，那么，就能更好地培育出既健康又聪明、情绪稳定和行为良好的孩子。

健健今年三岁了，自从生了他之后，妈妈就一直没上班。在妈妈的教导之下，小健健不但懂事，还很听话。于是妈妈打算去上班，让健健去姥姥家生活。可是，到了姥姥家以后，健健却像完全变了个孩子似的，学了很多不良的习惯，不但学会了在地上爬，而且还总是穿着鞋上床，并且小手小脸总是弄得脏兮兮的。妈妈看到后，就教训他说："健健，别在地上爬，看把衣服都弄脏了；别穿着鞋子上床，看把被子都踩脏了。"谁知，姥姥却说："小孩子都是这样，没关系的，弄脏了我给他洗。"而且姥姥还说："在姥姥家，姥姥最大，你爸爸妈妈都得听我的。"

由于姥姥总跟妈妈唱反调，使健健悟出在姥姥家与自己家的不同处世哲学：在姥姥家时，可以不听爸爸妈妈的话。这样，长此以往，健健渐渐地丢弃了原有的好习惯，养成了许多不良习惯。这使健健的妈妈大为恼火，真不想让老妈给带孩子了，可是自己亲自带吧，就又不能去上班了，哎，真是左右为难。

从上可以看出，隔代教育中，祖辈与父辈由于教育理念的不同，其矛盾是不可避免的。其实，"新型隔代教育"需要父辈与祖辈的相互配合，需要两代人共同去努力，祖辈与父辈在教育孩子的问题上应当多沟通，相互学习，才能取长补短。我们相信老年人的某些弱点是历史的产物，这些必将会随着时代发展的潮流，不断地被刷新而逐渐消失。而且，一些新的教育观念，将在老年人身上体现，使他们成为新世纪合格的爷爷奶奶，使新的一代更加茁壮成长。

技巧 2　不同年龄段采用不同的教养方式

通常，年轻的爸妈能理性地远瞻教育对未来的结果，而爷爷奶奶们则更关注孩子是否开心，是否喜欢他们的行为。因此，就算爷爷奶奶是教育专家或高知分子，也仍然不能替代父母对孩子教育的影响。对此，有关专家认为，孩子的隔代教育应该是阶段性的，比如1～3岁间的哺育，可以由爷爷奶奶们来做，但过了3岁，孩子的智力到了启蒙阶段，做爸爸妈妈的则应该责无旁贷地担起教育子女的责任，这时爷爷奶奶则应该成为照顾生活的“助手”。

总之，不管怎样，隔代教育一定要扬长避短，祖辈要充分发挥“隔教”的优势和作用，这样不仅能取得良好的教育效果，还使自己健康长寿。事实表明，隔代养育还是利大于弊。作为祖辈人，大都功成身退，有的是时间在家照顾孙子。并且，老人由于亲自参与过一个甚至几个孩子的养育过程，实践经验比年轻人多得多，比如，遇到孩子头疼脑热等问题，不会像新手爸妈那么慌张；当需要给孩子做菜泥、鱼泥等辅食时，老人不仅有耐心也有时间做。因此，如果隔代养育能及时吸收新的科学喂养知识，一定能扬长避短，创造高质量的现代教育。

第9招

宽容和沟通，统一祖辈和父辈的教育观念

在我国，老年人离退休时，一般身体还是硬朗朗的，这时，如果有个孙辈在身边一起生活，既支持了儿女们工作，也能排遣老年的失落和孤寂，给空巢生活带来欢乐，可谓是一举两得、两全其美的事。然而，事实上，隔代之间的生活却没有那么简单，因为隔着两代人不同的生活观念，隔着不同的教育方法。比如，日常生活中的吃饭、穿衣、读书识字、情商培养等等。这种种方面，到底是年轻父母从书本上得来的知识可靠呢，还是老人的经验更可行呢？因此，在遇到教育分歧时，究竟该听谁的，成为了困扰祖辈与父辈的关键问题。

有关调查发现，几乎所有的年轻爸妈与自己的老爸老妈在教育孩子方面，存在争执与矛盾。而且出现分歧和冲突时，当爸爸妈妈和爷爷奶奶因为自己的事而争论时，有73%孩子表示不知道该听谁的；有82%的年轻爸妈想极力说服自己的父母，但其中有36%不能说服；还有18%的年轻父母不愿影响和老人的关系，或碍于情面不说出来。现在，让我们先看看两代人到底在哪些问题上存在着分歧：

祖辈：小孩子不懂事，犯点儿小错也没关系，长大了就知道了。

父辈：从小就要让孩子知道做了错事要自己承担责任，他虽然小，我们

可以用适合他的方式让他知道这一点。

祖辈：小孩子一定要穿暖和一点，别冻着。

父辈：穿多了不好，反而更容易生病。

祖辈：现在生活条件好了，孩子爱吃什么就给做点什么。

父辈：健康成长是需要均衡营养的，不能让孩子养成挑食的坏习惯。

祖辈：多抱抱孩子，他更容易入睡，也更乖。

父辈：总抱他，他会越来越粘人，经常会把所有人搞得疲惫不堪。

祖辈：孩子要什么就给他好了，没事总惹他哭对身体不好。

父辈：有些事情必须要有原则，不能总由着他。

祖辈：你们不就是这么带大的，不是长得挺好的吗？有知识有文化，身体也不错。怎么你们自己有了孩子，反而信不过我们了？

父辈：我们小的时候只要吃饱穿暖就行了，很少有人意识到科学育儿，所以老人也很少有这方面的经验。随着时代的进步，科学地培养孩子被我们这一代父母所重视。

以上所列虽然都是小事，但这些分歧却让两代人在生活中不时地发生“战事”，如果总是没有一个科学的解决方法，势必会影响孩子的发展。通常，隔代之间有太多的问题，不能融洽，不能统一，不能和谐。如果双方各不相让，或不能很好地沟通，不能合理地解决问题，就真的会误了孩子。

给爷爷奶奶外公外婆的家教技巧

由于祖辈家长的价值观念、生活方式、知识结构、教育方式等与现代社会存在不小差别，因此，有必要通过一些渠道进行隔代教育指导，更新教育观念与方法，促进对孩子的有效教育。在对孩子的教育中，祖辈与父辈一定要注意沟通，建立和谐的代际关系。为了孩子，祖辈要摆正心态，还要知道教育也是科学，不要太固执己见，要虚心听取年轻一辈的意见。而作为孩子的爸爸妈妈，作为老人的子女，平时要善于把自己在实践中摸索出来或从其他渠道学习过来的家教方法“奉献”给自己的老爸老妈，从而打造民主、和谐的隔代关系，要知道，一个家庭需要的是平等、尊重、和谐，才有利于孩子的成长。

明智的老人，要充分利用自己丰富的人生经验，以平和的心态，去做好几代人之间的心灵沟通。为了确保家庭幸福融融，为了使孩子快乐成长，可以借用以下方法：

技巧1　摆正心态，适当接受年轻一辈的意见

在现实生活中，由于照顾孩子引发的冲突与矛盾非常多。在很多问题上，年轻父母往往会和老年人产生摩擦，而分歧大都是来自育儿的观念不同。虽然都是为孩子好，但一旦发生矛盾也还是挺烦心的。

今年58岁的李大妈，退休后在家全心全意地带养自己的宝贝孙女，用她的话说：“年轻人不会带小孩，还是我们老人经验丰富，孩子的事不帮忙，他们都做不好。”实事上也是如此，孙女朵朵今年都6岁了，可以说从出生到现在的衣、食、住、行，全都是李大妈在张罗，从而腾出时间让儿子与儿媳妇好好地工作与生活。但是，眼下看着和和美美的一家三代却闹起了矛盾。

面对照顾孙女产生的矛盾，李大妈烦恼不已。她说：“我现在做牛做马，为儿子照顾孩子反而招人抱怨，真是窝心。我年轻时养活了四个孩子，而且都长得结实健康。没想到现在帮他们带孩子，还嫌我带得不好。真是的，他们自己连一个也照顾不了，帮他们带了还不领情，现在的年轻人怎么这样？”说起李大妈与儿子、儿媳妇产生矛盾的原因，是由于这几天天气冷了，为了怕孙女冻着，李大妈就给孩子穿上厚厚的棉衣。但是，儿子与媳妇却觉得现在天刚变冷，孩子穿如此厚的衣服不好，认为一下子穿得太厚不但不利于活动，还会降低孩子的免疫力，容易感冒。于是，由于不同的观念，双方就发生了矛盾。

就上面的例子来看，双方就孩子穿衣的问题起了争执，并且各持已见，相持不下。对此，李大妈很不开心，觉得儿子与儿媳妇简直就是拿孙女的健康开玩笑，并且，认为他们是故意与自己作对。其实，作为老人只要一想儿

爷爷奶奶爸爸妈妈要彼此包容

反例

正例

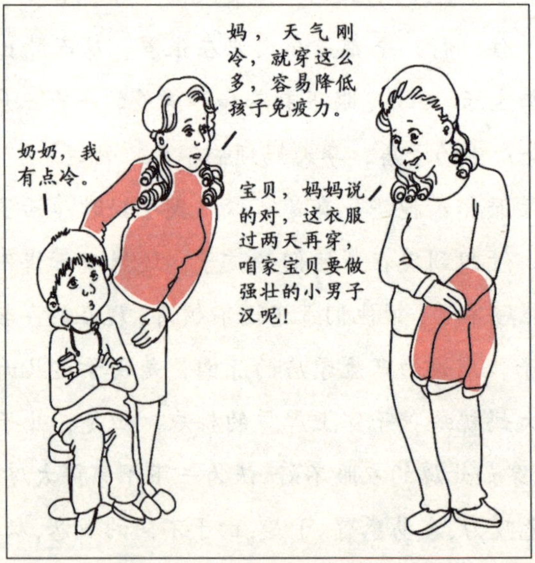

年轻的爸爸妈妈知道更先进的教育理念，两代人在教育孩子出现矛盾时，要彼此宽容。

子、媳妇也是为了孩子好，就不会生这么大气。因此，当对孩子的教养问题出现了分歧，可以采取开诚布公的方法，大家好好商量，切不可一味地斥责，以免对方觉得在家里没什么地位，你总是给他下马威等。

实际上，家庭教育如果经常出现两代人为教育“第三代”而“如切如磋，如琢如磨”的温馨景象，并且能处理好祖辈与子辈、子辈与孙辈、孙辈与祖辈之间的家庭人际关系，那么，隔代教育就一定会成功的，孩子也一定会幸福而矫健有力地走向五彩缤纷的大千世界！

技巧 2　发挥各自优势，不公开指责

聪明的祖辈与父辈，不要在孩子面前互指对方的不对。要知道，这样容易让孩子不知什么是对，什么是错，还会让孩子产生一种不信任的想法，以后谁的话也不听。这样教育就会走向糟糕的境地。

其实，在隔代教育中，每个家长在对孩子的教育上都会有不同的优势，因此要发挥祖辈和父辈对孩子不同的教育功能。聪明的爸爸妈妈，要发现老爸老妈的性格特点，以做出正确的引导。比如，老爸很严肃，但同时会很多传统的小游戏，老妈很有爱心，但又很幽默。如果老人以前是做教育等文化行业，那么他们的教育理念应该和年轻一代差距较小，这时可以发挥他们的优势来教育孩子。

总之，为了孩子的健康成长，年轻人要多和老年人进行有效地沟通，而且，双方要都能听取合理建议，在孩子面前表现一致的态度。要知道，只有两辈人相互尊重，把教育建立在为孩子健康发展的共同目标上，才能打造有效的家庭教育。

第10招

丰富的育儿经验，让孩子的成长少受点折腾

老人是过来人，毋须置疑在抚养与教育孩子方面有着年轻人所没有的经验，而这些丰富经验又都是多少年来人们一代代传承下来的，大多有可靠的科学道理。再者，经过几十年的生活积累，老人学到了很多优秀的育儿经验。而且，老人大都心境平和，对孩子会照顾得耐心细致。所以，让爷爷奶奶带孩子，优势是显而易见的。

就实际情况来说，很多老人在养育自己孩子的全过程中，处理过许多孩子成长中的问题，亲身参与经历过孩子从呱呱坠地到长大成人的全过程。所以，老人既有成功的经验也有失败的教训，他们积累了丰富的育儿经验。虽然这些经验有的已经过时，但在孩子健康方面、做人道德方面，老人的经验与教训仍然是很有作用的。所以，年轻父母莫要小看老人的经验，有时候真的可以为你解决燃眉之急。

给爷爷奶奶外公外婆的家教技巧

美国公共卫生学院的研究人员发现，将孩子交给祖父母等长辈们，与年轻的爸妈们亲自看护以及交给托儿所相比，孩子受伤的危险机率至少能减少一半。这是因为老人拥有许多良好的育儿经验，他们不但仔细有耐心，尤其

是对于孩子的安全问题具有很强的预知能力，可以提前想到孩子在不同的年龄段可能会遇到的一些问题。比如，在孩子刚学会走路时，他会到处乱跑，这时如果不注意照看，就有可能会走进厨房被烫着；当孩子在两三岁时，好奇心会趋使他去触摸一些电器的插头等危险物，面对这些危险的行为，在防患于未然上，老人比年轻的爸妈们更胜一筹。

技巧 1　充分发挥育儿经验丰富的优势

如今的年轻人，有很多都不知道如何照顾孩子，有的甚至不知用什么样的姿势来抱孩子，孩子哭闹起来，半天都哄不下；还有的年轻人，给孩子冲奶粉也不知道水温多高合适，因而往往会烫着孩子。对此，如果有老爸老妈在身边帮忙指点，不但使孩子少受折腾，而且年轻父母也会轻松很多。

佳佳才 6 个月大，是个非常可爱的小女孩，爸爸妈妈、爷爷奶奶对她十分疼爱，照顾得像小公主一样。妈妈每天都给佳佳洗澡，而且每次洗完澡，都会给佳佳扑上一些爽身粉，这样可以保持皮肤干燥。但是，奶奶发现不管粉扑怎么轻轻涂在佳佳身上，都会有粉末飞扬在周围的空气中，这样经常会呛着佳佳，而且对孩子的肺不好。于是，奶奶就告诉妈妈不要给佳佳用粉扑，这对孩子的健康不利。于是，奶奶就去超市买了一些婴儿护肤柔湿巾。这样每次给佳佳洗澡后，用浴巾吸干身上的水后，再用柔湿巾擦遍全身，尤其有褶的地方。结果，非常理想，再也不担心佳佳被粉末呛着了，也不用担心皮肤会粘在一块了，而直接用毛巾擦干就更省事了。于是，爸爸妈妈都夸奶奶的方法好。

是的，老人带孩子往往考虑得细心周到，他们不仅对孩子的身体发育情况了如指掌，而且对待孩子平时的一些小病小灾都能从容处理。比如，当孩子头疼脑热或发烧感冒时，老人比年轻人更能给予正确处理。因此，年轻的父母一定要多利用老人这些优势，给孩子创造健康快乐的生活。

技巧 2　帮儿女带孩子，充分发挥自己的耐心优势

我们知道，教育孩子是一件非常需要耐心与持久性的工作，然而，现在

老人育儿经验丰富

反例

正例

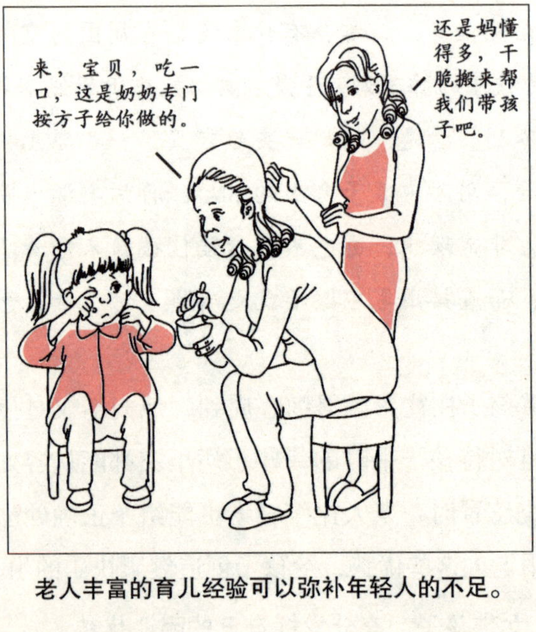

老人丰富的育儿经验可以弥补年轻人的不足。

年轻的爸妈们正处在火气旺盛的青壮年时期，再加之平时工作中的压力大，也就普遍患有“耐心缺乏症”，因此在教育孩子上，往往不可能循循善诱地去教导。而祖辈家长由于经历了人事的纷繁，步入了晚年，生活安定，因此常常可以心气平和地与孩子交流，因此他们有更多的耐心给孙辈讲道理，讲生活，所以作为家里的老人，在带孩子时，要充分发挥自己耐性强的优势。

今年刚30岁的宁女士，以前也是个不赞成隔代养育的年轻妈妈，但是最近发生的一件事使她改变了对隔代养育的看法。因为自己即将两岁的宝贝儿子，最近几个月胃口一直不好，厌食得厉害，几乎什么食物都吃不下。还经常大哭不止，烦躁时不停打自己的小脑袋，任大人怎么哄都没用。为此，宁女士十分焦虑，就带儿子去医院做检查。但检查结果发现孩子的肠胃没什么问题，又去保健站做营养检查，却发现孩子钙、铁、锌等微量元素几乎都缺。这样一来，宁女士总觉得孩子由于营养的缺乏使身体发育没跟上。于是，就到处看专家、请医生，吃了不少的西药与中药，却不见好转。怎么办呢？宁女士急得自己也快要吃不下饭了，这时在老家居住的老爸老妈听说后，便急急忙忙地赶了过来。

老人了解情况后，看到自己的宝贝孙子面黄肌瘦，烦躁不安，断定孩子是患了“疳积”，就采用民间治疗小儿疳积的食疗方法，对孩子进行饮食调理。谁知，才过了几天的工夫，孩子厌食的情况明显好转了，不但吃饭量增加，而且也不那么挑食了。就这样，一段时间之后，孩子就变得精神又活泼了。对此，宁女士百思不解，就向老人请教。老爸老妈告诉她，如果平时生怕孩子吃不饱，像填鸭子一样喂哺饮食尚不能自节的孩子，却不知“乳贵有时，食贵有节”。其实，孩子绝不是吃得越多就能长得越好。要知道，对小儿的哺食过多，以及甘肥、生冷食物吃得太多，都会损伤孩子的脾胃之气，使孩子没有胃口而厌食，最终产生疳积之症，而不想吃饭。因此，对孩子的一日三餐，一定要合理安排，科学调配。

宁女士闻听后，真是茅塞顿开。她非常开心，一扫之前对老人带孩子的偏见，决定让两位老人长期留在家里照顾自己的宝贝儿子。

第11招

充裕的时间和精力，让孩子从小受到熏陶

现在生活压力很大，很多年轻人都为工作而奔忙，非常劳累。白天上班，下班之后还要做饭，甚至还有可能加班，如此与孩子呆在一起的时间实在是少之又少。在这种情况下，很多孩子就会被孤单，显得可怜巴巴的。怎么办呢？请保姆吧，不放心；送幼儿园吧，孩子太小也要接送；让孩子自己在家吧，生怕出什么事；这时如果家里有个老人，当年轻爸妈繁忙时，老人就会去接送孩子上学放学，在家的时候还能照顾孩子，与孩子做个伴，真是两全齐美。

实际上，老人帮忙带孩子时，会投入更多的精力，对比起当年照看自己的孩子，其用心更是有过之而无不及。因为年轻时除了照顾孩子，还要应付工作、人际关系等生活琐事，不能把全部精力放在孩子身上。而老年人退休后，没有了其他事情，便能全身全意地投入到照顾孩子的生活中去。因此，好多老人看孩子时往往是寸步不离地守着，天天精心地照料着，所以孩子出意外的几率就会降低许多。

由于贝贝的爸爸妈妈都是独生子女，本身的生活自理能力就比较差。结婚后，很多家务二人都不会做，下班后经常下馆子吃饭。贝贝出生后，这对年轻的爸妈没有丝毫育儿经验，再加上两人本来就不勤快，这样总是照顾不好贝贝，做什么都是毛手毛脚的，穿一件衣服往往要折腾老半天，经常弄得

贝贝着凉而感冒。再说，两人还要天天上班，也没有时间照顾孩子。忙活起来，常常是顾此失彼，不是没照顾好孩子，就是影响了工作。经常将这对年轻的父母忙活得焦头烂额，天天累个半死。于是，这对小夫妻再也不愿意维护“三个人”的小世界了，一扫之前那种反对与老人生活在一起的坚决态度，满面陪笑地将退休在家的老爸老妈请了过来，让他们帮忙照顾贝贝。这时，贝贝的爷爷奶奶可是看在眼里，疼在心上，生怕自己的宝贝孙子受了委屈，于是就仔细而周到地照顾起贝贝的生活起居，使小家伙从此健康而快乐地成长，也使贝贝的爸爸妈妈从此得以安心地工作。

如今的年轻人，除了周末之外，几乎没时间待在家里，如果有了孩子，是真的没时间带养。就像上面说的贝贝的爸爸妈妈一样，不但没有时间照顾贝贝，连自己都照顾不好，幸好老爸老妈退休在家，有充裕的时间，于是往往会心甘情愿地替儿女带养孩子。而在教育孙辈的过程中，老人也重新体验了生命的趣味，生活重新又丰富起来，所以，老人通常与孙子相处得其乐融融。

给爷爷奶奶外公外婆的家教技巧

老人帮忙带孩子真是益处多多。在孩子年纪小，自觉性不强的时候，老人可以专门拿出时间来监督孩子做功课、看书复习；在日常生活中，还可以按照合理的膳食标准，给孩子搭配合理的饮食等等。

技巧1　充裕的时间优势，使祖辈培养出优秀的孩子

近年来，很多人开始指责隔代教育，认为隔代教育给孩子成长带来许多负面影响。其实，老人对孙子的隔代教育，与父母对子女的亲子教育相比，具有不少有利的因素。一般说，祖辈与孙辈之间容易建立融洽、和谐的关系。

其实，孩子的身心发展是受家庭影响的。家长是孩子的榜样，也是孩子的第一个老师。但是，大多现代的爸妈都没有时间与精力和孩子长时间相处，更不能进行有效地沟通，听取孩子的想法与见解。而且，有的做爸妈的甚至一天见不到孩子一面，这样，根本就谈不上对孩子进行教育。那么，天天陪

祖辈比父辈有足够的时间带养孩子

反例

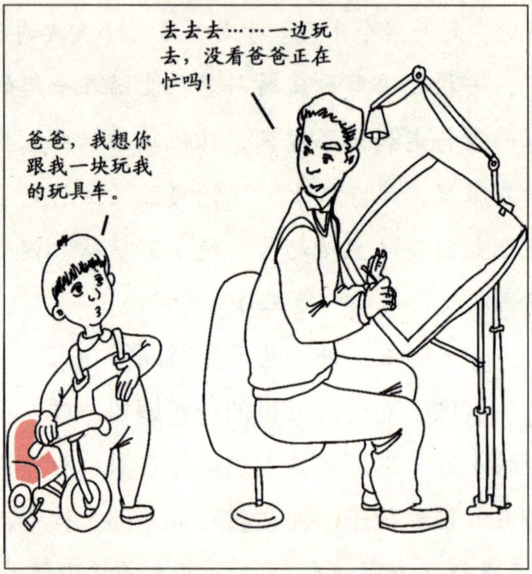

正例

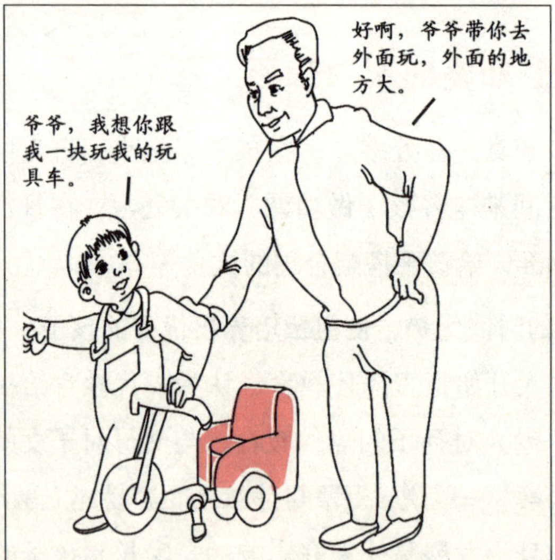

老人有足够的时间关心小孩的心理、性情，有助于他们成长。

伴在身旁的爷爷奶奶，便成了孩子模仿与学习的榜样，更成了孩子生活中不可缺少的伙伴，爷爷奶奶们良好的教育与正确的言行教导，也就成了影响孩子一生发展的基石。

据了解，勇夺奥运金牌的刘翔，就是由爷爷奶奶带大的；杰出的英国数学家、哲学家罗素，都是隔代教育下取得成功的典范。由此可见，隔代教育只要注意方法，一样会给孩子带来美好的未来。

老人经过几十年的历练，积累的优秀经验和资历，对孩子是很好的教育资本。那么，在爷爷奶奶的影响和教育下，孩子就可以养成良好的生活习惯，比如不糟蹋粮食，不偏离生活轨迹，做事不拖拉，讲文明，有爱心等等。尤其是祖辈家长有充裕的时间和精力，也愿意花时间与孩子在一起生活。所以，老人不仅能照顾孩子的生活，还能够耐心地倾听孩子的叙述，并且可以提供学习的条件，对孩子进行适当地指导。因此，老人充足的时间是带养孩子的一大优势，在老人耐心地教导下，有很多孩子长大后都成了优秀的人才。

技巧2　多带孩子参加户外活动，让自体更结实

户外活动，是一种很有意义的体能锻炼，尤其是对于孩子来说，多进行户外活动，对于他们的骨骼生长是非常有好处的。因此，老人可以利用自己充足的时间优势，多带孩子走出家门，祖孙一起参加一些户外活动，比如放风筝、钓鱼等。也可以搬一把小椅子，看着孩子自己在外面拍皮球，或和其他小朋友一起玩耍等都是不错的。这样，让孩子在关爱下健康成长，让隔代教育发挥应有的优势。

第12招

丰富的阅历，让孩子从小就有见识

如果家长拥有优良的资本，可以使孩子在愉快、宽松的环境下学习，长期下去，不但身体素质好，在生活自理能力和注意安全等很多方面都可明显强于其他孩子。可是，现代的一些年轻爸妈却存在人生阅历浅薄的劣势，因而在现实面前无法正确地指导和监督孩子，而爷爷奶奶在这方面却有深厚的阅历。

通常来说，老年人经历过生活的沧桑，心态磨砺得较平和，做事也周全得当，而这些资历会潜移默化地影响孩子，从而降低孩子鲁莽行事的可能性。因此，爷爷奶奶深厚的人生阅历是教育孩子的优良资本，他们在长期的生活实践中，积累了诸多富有哲理的感悟，可以促进孩子的发展与人生教育。他们总能够从日常生活的一些小事上去观察，去了解孩子在各方面的特点和动向，并且还能及时地给予鼓励和适当地引导，尤其是对于孩子的一些小毛病、小问题或小缺点什么的，老人都能做到及时纠正。因此，重视祖辈家长对孩子成长的影响，合理发挥隔代教育的有利因素，是家庭教育中可取的态度。

其实，现代的很多老人都有文化知识，对孩子的养育又特别有耐心。因此，老人不仅照顾着孩子的起居饮食，还能辅导功课、诵读经典，发挥潜能，让孩子赢在起点，从小打下良好的基础。所以，尽管老人的育儿观有些陈旧，但他们的出发点是好的，是爱孩子的。做为年轻的父母，不要轻易否定祖辈的育孙工作，当在教育上发生冲突时，一定要退而三思，看看祖辈育儿的这三大优势，再心平气和跟老人好好沟通。年轻的父母们在充分享受着老人为自己解除后顾之忧的同时，还要知道，隔代教育也存在一些负面影响。比如，容易使孩子形成独立性差、娇气、任性等性格特点和不良习惯。

给爷爷奶奶外公外婆的家教技巧

如何发挥老人的优势，让隔代教育存利去弊呢？对此，有关专家认为，只要充分发挥老人在教育孩子方面的优势，隔代教育一定能取得良好的效果。对此，老人应充分利用自己有足够的时间与孩子在一起、经验丰富等优势，发挥自身的特长，多与孩子沟通，与孩子一起参加一些有益的活动。平时，可以从以下做起：

技巧1　凭借人生阅历丰富多带孩子做些对成长有益的事

很多老人都明白让孩子从小做一些力所能及的家务对孩子有好处，在这个时期，如果能让孩子参与进入家庭的事情中来，把任务要求告诉孩子，并提醒他们注意安全，至于方法，可以让孩子自己发挥，让孩子学做一些力所能及的事情，那么，既可以锻炼孩子的动手能力，又可以培养孩子热爱劳动的品格。

据说，美国家长十分注重对孩子自食其力能力的教育。他们从孩子很小的时候就采取种种有效的方法，让孩子认识到劳动的价值，比如让孩子自己动手装配自行车、修理小家电、做简易木工、粉刷房间等等。而且，不管家里是否富有，孩子在12岁以后，就得给家里的庭院剪草或做其他的家务，以换取零花钱。比如夏天推割草机，秋天扫落叶，冬天铲积雪等。大多数的美国家长认为，不要怕孩子受苦，只要有利于培养孩子的谋生能力，让他们吃再多的苦也是值得的，如果溺爱孩子，这将会是自己一生中做得最糟糕的事。

是的，孩子从小做些劳动能培养孩子的能力，还能打造孩子爱劳动的品格，

从小培养孩子自食其力的能力

反例

正例

老人应该本着一个原则带孩子，只要有利于培养孩子的谋生能力，让孩子多吃点苦，那也是很值得的。

而且，让孩子早一些体会到自己对于家庭的责任，甚至说不定还能培养孩子的创造能力呢，真可谓是一举多得，睿智的爷爷奶奶你们何乐而不为呢？

技巧2　多与孩子聊天，增长孩子的见闻

一般来说，3–6岁是儿童语言发展的重要时期，因而这时候，正是孩子积极地学习较为复杂的句式，努力扩充自己的词库的良好时机，有爱心的爷爷奶奶千万不可错过。

可可出生后，工作繁忙的爸爸妈妈为她请过好几个小保姆，但是这些保姆却个个不尽人意，不是文化程度特低，就是为人不可靠，为此可可的爸妈整天心事重重，天天忙得吃不好、睡不好的，这样的日子怎么生活下去呢？这时，正好可可的爷爷办了退休，爸爸马上将老爷子请了过来。

可可的爷爷可不简单，年轻时是个工程师，一辈子完成了好几项重大的项目。现在让他照看可可，对他来说可谓又接受了一项新任务——教育工程。因此，平时照看可可时，爷爷总是教她一些开通智力的科学游戏。比如说，每当祖孙二人在一起时，爷爷就教可可学搭积木、拆装游戏等。等可可长大一些，爷爷又教她学下象棋，学外语，讲故事，就这样到了六岁时，可可竟然成了小区里著名的小“棋士”，对弈时竟然能战胜许多大孩子。

此外，由于平时与爷爷经常用外语对话，可可还学了好多英语单词和句子，在市里举办的幼儿英语演讲比赛中获得了二等奖，这下可乐坏了可可的爸爸妈妈，逢人都夸可可聪明。现在，可可的求知欲很强，知识面也很广，并且说话做事都很有条理，与很多同龄人比起来显得聪明而懂事。为此，好多小朋友都羡慕可可有一个好爷爷。

平时带孩子，要多找机会与孩子聊天，并且使内容尽量丰富多彩。比如，天文、地理，古今中外的传奇故事，自己的精彩经历等，都可以作为聊天的内容，这样既可以扩大孩子的知识面，又可以培养孩子良好的语言表达能力。

第三章

隔代不隔心的祖孙沟通秘诀

无论你怎么教育孩子，他都听不进去，或孩子说什么你都觉得不对，那一定是祖孙沟通不到位造成的。并且随着孩子越来越大，祖辈与孙辈之间的沟通问题会显得日益尖锐。

祖辈只做“保姆”、养而不教，孙辈认为祖辈观念落后，不了解自己，代沟越来越深，如何才能解决这一问题呢？本章就告诉你祖孙间的沟通秘诀。

第13招

知道孩子想做什么最重要

常听到一些老人说，“现在教育孙子比以前教育我儿子困难多了，真不知现在的孩子在想什么？那时候养育自己的孩子哪管什么教育方法啊，但孩子却很听话。”很多老人在说起自己带养孙子时，往往不断地叹气，流露出满腹的忧虑。

其实，每个人都有自己的思想，大人如此，小孩也一样。因此，作为爷爷奶奶，在带养孙子的时候有没有想过孩子在想什么呢？知道孩子心中的想法吗？对孩子的学习兴趣了解吗？了解孩子的个性发展吗？了解孩子的快乐和痛苦吗？知道自己在孩子的眼里是什么形象吗？自己真正了解孩子吗？要知道，大人有大人的内心世界，孩子有孩子的内心世界，这两个世界是不一样的。

通常来说，孩子的情绪带有明显的易变性、易感性、叛逆性，所以察觉到孩子有抵触情绪或消极情绪时，不仅应予以安抚，还应予以帮助，一定要少责骂，更不可以动不动就教训他；也不要表现出一副“没什么大事”的样子，一定要认可孩子的情绪体验，让孩子知道你了解他的感受。

给爷爷奶奶外公外婆的家教技巧

我们要了解孩子，就要走进孩子的心灵。作为祖辈，如果我们不了解孩子的喜、怒、哀、乐；不了解孩子的兴趣所在；不了解孩子的交往、生活；不了解孩子的感受；不了解孩子的困惑……那我们又怎么能了解孩子在想什么呢？所以，要想了解孩子的想法，就必须要走进孩子的心灵。那么，如何才能走进孩子的心灵呢？有心的祖辈可以从以下做起：

技巧1　观察日常行为，了解孩子的喜好

平时对孩子的日常行为要仔细观察，也可以设计具体的情景去观察孩子。比如，看孩子平时都是和哪一类的孩子交往，穿着打扮是什么样的；看孩子喜欢看什么样的书以及喜欢看哪一类的电视剧；看看孩子平时都做什么活动；还可以看看孩子在不同场合的仪态和表现等，从而了解孩子的生活行为与表现。

一位幼儿园的老师说，在我们这个幼儿乐园里，时常有些孩子从家中带一些迷宫游戏书和小朋友们一起分享。起初，我和其他几位老师都没太在意，觉得这是因为孩子们喜欢书中的一些超人与怪物的形象。但是，后来我们发现看这种书的孩子越来越多，而且孩子们在看时竟完全沉浸于其中，并且会不断地尝试走迷宫、学超人，从中感受着成功与失败，比我们平时教给孩子的儿歌与舞蹈更有吸引力，这使我们不得不对这类书刮目相看。

那么，迷宫书为什么深受孩子的喜爱呢？这就需要我们了解孩子的心理。孩子在走迷宫的过程中，可以学到许多新知识。所以，看似不太起眼的书，却能让孩子从中得到这么多的锻炼，使孩子在观察、分析、综合的过程中，促进了思维的发展，提高了智力。但这些都需要大人的观察与发现，才能了解孩子的心理与成长。

现在的孩子由于家长的期望大，再加上繁重的功课，使他们小小年纪就感到很重的生活压力，于是孩子们非常渴望得到家长、老师，乃至社会的理解和支持，希望自己能做得更好些。所以，要了解孩子在想什么，最主要的就是一定要清楚孩子的各种情况，如孩子最喜欢的东西是什么？最喜欢的好朋友是谁？最爱听什么故事、音乐？最喜欢玩什么游戏？最喜欢你怎样和他

老人不要强烈地否定质疑孩子

反例

正例

孩子自尊心都很强烈，他们需要被信任，如果不分事实地质疑他，他真会像你说的那样发展，最后到不可收拾的地步。

说话等等。所以，祖辈可以通过观察，及时掌握孩子的情绪和心理，去分析孩子的心理状态，找到最佳的教育方法。

技巧2　设身处地为孩子着想，了解孩子的感受

敲开了孩子心灵的门，门里是什么，我们用眼睛看不到的，这要靠孩子向我们倾诉。但是，当孩子诉说时，我们如果打断他的话，或者一直催他快讲，他就没有情绪再讲下去。如果你表现出漫不经心的样子，孩子也没有兴趣讲。尤其对孩子的讲话持反驳或否定的态度，孩子不仅不会再讲下去，并且下次再要让他讲就更难了。因此，耐心地听孩子讲话，孩子才会乐意诉说，所以，平时听孩子说话时，一定要真心诚意、专心一意、心无旁骛。

亮亮三岁时，妈妈去上班，他就经常在姥姥家生活。开始，姥姥非常喜欢亮亮，觉得他很聪明，很听话。可是，现在刚上小学二年级的亮亮，却经常惹姥姥生气，姥姥说："这孩子越来越不听话，大人说什么他都不听，真是没法再教了！"原来，现在的亮亮不但不听话，而且，鬼点子一堆，谎言一堆，还总是自作主张。对大人说的话，如过墙风，像什么也没听见似的一点也不在乎。为此，姥姥与外公用尽了所有办法，可亮亮还是那样。平时不管面对什么事情，都一副天不怕、地不怕的样子。据老师反映，亮亮在学校总爱调皮捣蛋，上课不好好听课，老师不在时和同学吵架、打架，老师一说就与老师顶嘴；布置的作业，总是不能按时完成，你越说他，他越磨磨蹭蹭不肯做。唉，真是气死人了。

想要使孩子感到你理解他，完全是为了他，就要立足于孩子，根据实际情况思考，实事求是，不苛求，设身处地地为孩子提一些建议。有心的祖辈平时要多听孩子的谈论，要有意识地向孩子提问，尤其要听孩子与别人对话中的思想感情，从而在闲聊中通过孩子的零言碎语来了解孩子的想法，还可以多跟孩子一起玩，细心观察孩子，提早了解孩子的意图，要想与孩子良好地沟通，就要允许孩子直率地表达，不管孩子说什么，不论是对还是错，都不要讥笑，否则孩子就会拒绝沟通，时间长了你就更不了解他在想什么啦。

第14招

听懂孩子的“话外之音”

孩子有孩子自己独特的心理，有自己的情绪和思想问题，他们渴望自己能被支持、被理解。当需要得不到满足时，愿望难以实现时，或者在游戏等各种活动中遇到了困难时，情绪就会出现波动，思想就会受到一定的困扰。一般来说，孩子讲话和大人讲话一样也常常有言外之意、话外之音，这时如果家长不能听出孩子的“话外之音”，弄明白孩子的心思，那么就无法与孩子沟通，无法帮助孩子，无法融洽相处，甚至孩子还会拒绝与你坦诚相对。

真真上小学二年级了，也是跟爷爷奶奶在一起生活。但是，爷爷与奶奶虽然退休在家，却是一天到晚都忙着养花养鸟，没有多少时间陪她玩。因此，真真每天从学校回来，都是自己一个人在玩或看电视，对此，爷爷奶奶也习以为常了。

但是，这几天从学校回来后，真真却总是吵闹着说自己牙疼，于是爷爷奶奶不得不放下手里的事情来照顾她。爷爷要带她去牙科看医生，但真真说什么都不肯去，说只要奶奶多给她做些好吃的就行了。于是，这几天奶奶就天天给真真做她最爱吃的饭菜，爷爷也天天陪真真玩，与她做游戏，给她讲故事，这使真真非常开心，牙齿居然不疼了。后来，妈妈听说真真牙疼了，就抽时间去看她，谁知真真竟悄悄地对妈妈说她不是真的牙疼了，而是骗爷爷与奶奶呢。

那么真真为什么说谎呢？原来平时爷爷与奶奶两人，养花的养花，养鸟的养鸟，总是忙得顾不上真真，经常让她一个人玩。对此，真真心里很不高兴。一天她发现院子里的一个经常与自己玩的小伙伴生病了，得到了大人优越地照顾。于是真真便对爷爷奶奶撒谎，说自己牙疼，以博得爷爷奶奶的关心。

真真为了得到爷爷奶奶的关心和照顾，出现了有意识说谎的行为。孩子毕竟是孩子，很多时候他们都想引起大人的注意，想得到大人的关心，但很多时候他们有要求却不敢说或不直说，特别是在比较严厉的大人面前，孩子更不敢说出自己的要求。还有的时候，孩子连他自己也理不清问题的思路，不知道该怎么将自己的想法说出来。

给爷爷奶奶外公外婆的家教技巧

一般来说，如果家长能灵敏地体察和感受孩子言语里真正的意思，能领悟孩子真正的想法，走进孩子心灵，就能有效地缓解孩子的不良情绪，并能设法在极其自然的情景中加以解决，那么，孩子就会很开心、很快乐，并且乐意将自己的心事告诉你。因此，做合格的爷爷奶奶还要学会听出孩子的“话外之意”。那么，如何更好地倾听孩子的弦外之音呢，聪明的祖辈可以采用以下方法：

技巧1　少开尊口，耐心倾听

要想有个听话的孩子，就必须先要“听”孩子说“话”。当孩子向你诉说时，不要中途打断他的话，更不要妄加评判，亦不能打瞌睡。而要安静、专心地倾听孩子，虽然你没必要接受孩子所有的行为，但一定要接受孩子的感受。因此，在仔细听取孩子的诉说并观察他的面部表情后，祖辈可以试着对孩子的感受进行猜测和确认，但是猜测时要对孩子有足够的尊重，要冷静，语速要缓慢。如果猜测不正确，就要鼓励孩子说出自己的想法，进行纠正。当孩子说到生气或愤怒时，祖辈倾听后要适当给予引导。其实，祖辈要养成

老人要会听孩子的话外之音

反例

正例

有时候小孩子说话也有言外之音，但他们往往因为种种原因不敢表达或不知道怎么表达，老人要通过语言、表情、动作来多了解孩子内心真实的想法。

倾听孩子说话的习惯，并不很困难，只要告诉自己“少开尊口”，耐心倾听，就可以了。

据说，美国知名主持人林克莱特有一天访问一个八岁的孩子，问他长大后想当什么。这孩子回答说自己长大后想当飞机驾驶员。林克莱特问他：“如果有一天，你的飞机飞到太平洋上空，所有引擎都熄火了，你会怎么办？”这时孩子想了想说：“我会先告诉飞机上所有的人都绑好安全带，然后，我就挂上我的降落伞，先跳下去。”听了孩子的话，现场所有的观众笑得前仰后合、东倒西歪的，而林克莱特却没有笑，而是继续注视着这孩子。没想到这时孩子的眼里流出两行热泪，林克莱特说到：“你为什么要这么做？”孩子回答：“我要去拿燃料，我还要回来！我还要回来！”这才使得林克莱特发觉这孩子的悲悯之情远非常人的想象。

只有耐心地倾听孩子的诉说，让孩子体会到关爱和温馨，孩子才会把自己的想法告诉你,才有利于家长对孩子的不听话行为进行明确地教育和指导。上文中，主持人林克莱特在“现场的观众笑得前仰后合、东倒西歪时”，仍保持着倾听者应该具有的一份亲切、一份耐心，这就是他的与众不同之处。而正是这份亲切与耐心，使他能够让孩子把话说完，才让自己听到了孩子最善良、最纯真、最澄澈的心语。

技巧2　学会“猜心思”

作为祖辈人，平时在与孩子的沟通中，不但要恰当地表达自己的意思，还要听懂孩子话里的含义，更要了解孩子的心思。要知道，有时候孩子表面上是在讲一件事情，可能里面隐含着一些其他信号，比如，分享快乐、诉苦、寻求安慰、释放情绪等等，如果你没有认真听，或者没听懂孩子话里的含义，孩子就会感到不被理解，就会闷闷不乐，这样，亲子间的沟通自然会出现问题，长久以往还会使孩子产生抱怨心理。所以，聪明的祖辈还要学会“猜心思”。

虽说即便儿童心理学家，也很难猜透儿童全部的心思。但是，平时如果借助“猜心思”游戏，则可以了解孩子某些行为背后的思想，进一步和孩子沟通。

第15招

别让孩子的坏情绪累积如山

愉快的情绪有益于培养孩子良好的性格，但每个孩子都会碰到不称心的事情，即使天生乐观的孩子也是如此。生活中有很多家长，因为自己太忙，一旦心情烦躁，或是因为孩子不听话，往往容易冲着孩子大喊大叫，殊不知，这样是不对的。要知道，冲着孩子大喊大叫不但于事无补，相反可能因此产生更多的问题，比如导致亲子关系紧张，使孩子变得脾气暴躁难以沟通、孤僻乖戾等等。因此，孩子的情绪对性格、价值观的形成是非常重要的，所以爷爷奶奶平时要多关心孩子的情绪变化。

通常大人都以为小孩子根本不知道忧愁的滋味，没有什么心情好不好的。其实，孩子也有很多感到伤心、害怕、想逃避的东西。当孩子被坏情绪困扰时，要帮助孩子疏通，并帮他学会控制自己的情绪，使之向快乐的方向转化。虽然快乐的含义并不是无忧无虑、永远愉快，但只要能让孩子恰当地体验、控制和表达他的各种情绪，就能让孩子成为真正快乐的人。否则，就易使孩子形成扭曲的性格。因此，合格的家长一定要细心地观察，帮助孩子度过心理上的每一个障碍。

那么，如何才能知道孩子的心情好不好呢？以下现象值得注意：

特别软弱表示内心惧怕。初生牛犊不怕虎。如果孩子非常胆小怕事，他幼小的心灵一定或多或少存有疑虑。因为一个有正常情绪、快乐的孩子，应该对一切事物都能保持好奇与想探索的心理，对事物的第一反应本不该是害怕。因此，如果祖辈观察到孩子对什么都害怕，那就要注意他是不是因为情绪压抑或不开心所造成的。

咬手指表示内心不安。咬手指是一种不安的征兆，它表达了孩子内心的焦虑以及需要得到更多的安全保障的愿望。

吃不好、睡不好表示心情不好。平时祖辈不要只顾抱怨孩子不吃饭、不睡觉。要知道，大人如果不高兴，食不下咽、夜不能寐都是很正常的，小孩子也一样，只是自己都不知道而已。

总喜欢抱着东西表示内心焦虑。平时如果孩子喜欢抱着一样东西睡觉，比如，常抱着一只枕头，常抱着一只玩具熊或抱着一本书等，这种情况排除一些可能的疾病的原因外，也与孩子内心焦虑有关，其实，这是孩子心情不够好最可能导致的结果。

莫名其妙地生病表示心理有问题。根据专家研究，不健康的心理会影响身体的健康。因此，许多时候，孩子生病了很有可能是因为生活中出现了挫折或困难。因此，如果孩子一直说这里不舒服、那里不舒服，药也吃了，医生也看过了,但孩子的病情仍然没有起色？这个时候有心的祖辈就得要想想，孩子的心理是不是生病了？

攻击、退缩表示孩子没有安全感。往往越是不自信的孩子，越容易采用哭叫或攻击性行为来保护自己。因此，当孩子缺乏安全感或面临困境时，他们也许会产生攻击性行为，以示反抗，但有时也会表现为退缩，不参加集体活动，这时祖辈就要多注意。

特别不听话表示想引起注意。事实证明，小时候得到更多照顾的人，长大以后会有比较健康的心理，而孩子特殊的心理让他们需要更多的关心和爱护，所以小孩子如果得不到他认为足够的重视，他就会自作主张地捣乱从而

要留意孩子的情绪变化

反例

正例

孩子内心不安的时候会咬手指，每当这个时候，老人千万不要斥责，而要考虑孩子这种表现的原因。

引起你的重视。尤其是那些聪明的孩子，当发现自己做错事可以引起大人的注意时，他就会不停地捣蛋。

改变习惯表示内心紧张。大多数情况下，孩子的表现都比较外露，可是有些孩子的表现却比较隐蔽，这就需要祖辈自己去观察发现。一般来说，当孩子突然改变平时的习惯，变得喋喋不休或寡言少语，甚至口吃，或突然用手紧紧地抓住成人等，这往往是孩子内心紧张的表现。

给爷爷奶奶外公外婆的家教技巧

爷爷奶奶在教育孙子的过程中，首先要自己做乐观的人。要知道，你在工作、生活中会遇到各种困难，但你如何处理困境的方法却会直接影响孩子的做法。其实，几岁的孩子正处于学习沟通、社交与适应周围环境等技能的关键时期，面对现在复杂而又瞬息万变的生活环境，他们要付出很大努力去学习去适应各种不同现象，但年龄的原因使他们常常不能很好地掌握各种适应与沟通技能，也就很自然地会以情绪行为反映心中的感觉。因此，明智的爷爷奶奶要时刻观察孩子的情绪，当发现孩子的情绪有变化时，要及时找出原因，并帮孩子做出恰当调整，以免孩子在这种不良情绪下闷闷不乐，影响性格的正常发展。当孩子产生不良的情绪时，如果能成功跨越，孩子将会更成熟一分；如果没有跨越，就有可能成为孩子内心永远的阴影，所以爷爷奶奶或外公外婆千万不能太大意。平时孩子有痛苦、悲伤的情绪时一定要多注意，特别是针对很乖巧的孩子，他们因为太听话，也更加容易受到伤害。因此，祖辈平时应找出孩子情绪不好的原因，以便做出适当地帮助与引导：

技巧 1　留心孩子的情绪变化，分散孩子的不良情绪

有心的爷爷奶奶要多留心孩子的情绪变化，当孩子闷闷不乐时，无论家务多忙也要挤出一点时间让孩子表达出自己的心境，而且还要耐心地倾听孩子讲述，然后“对症下药”。切勿强迫、勉强，而应是让孩子感到自己不高兴，大人也会难过的，大人愿意帮助自己，从而自觉自愿地说出缘由。通常，孩子的事情都是不愉快的小事，一经讲出，不快的心情也就消失了。

五岁的冬冬越来越懂事，常常自己一个人安安静静地画画、看书或玩游戏，这让爷爷奶奶的心里十分高兴。可是欣慰之余，他们发现冬冬又突然不听话了，天天都嘟嘟囔囔地缠人，而且动不动就蹬掉鞋子，在地上跺脚或者是撒泼，仿佛退回到三岁以前。为此，爷爷奶奶十分纳闷，那个"大孩子"哪去了？

其实，孩子"不听话"必有原因。有心的祖辈应仔细回顾家里或幼儿园有无重大事情发生，当事情发生时，孩子表面好像无动于衷，而事后当大人逐渐淡忘时，孩子却常以非正常行为表现出来，看起来像"换了个人"。其实，这是孩子的情绪波动所致，就像上文中的冬冬，突然变得很懂事，又突然变得不懂事，让爷爷奶奶不知怎么回事。

当孩子以物品发泄自己不快的情绪时，爷爷奶奶不要一味地去指责，而是设法通过语言或行动引起孩子的情感共鸣。比如，

当孩子在痛打"娃娃"或砸玩具时，你可以蹲过来，也拍拍"娃娃"说："娃娃，你疼吗？有什么不高兴的事就跟奶奶说好了，奶奶的办法可多了，会让你高兴起来的。"这样，孩子听到你的暗示，自然会停止"暴力"，转移注意力，这也是化解情绪的一个不错的方法。

此外，有些孩子很固执，当情绪不好时，总是一个人使劲地生气，从不肯轻易表达自己的心境。这时，聪明的爷爷奶奶，可以采用一些新颖、强烈地刺激，以分散孩子的注意，比如，拿出他平时喜欢的玩具、图书，把他的小伙伴请到家中与他一起玩，带孩子去动物园或郊外散步等，从而使孩子在获得新乐趣的同时自然忘掉原来的不快。

技巧2　巧妙疏导孩子的坏心情

平时应该允许孩子合理地宣泄他的悲伤。当孩子在哭泣时，爷爷奶奶千万不能要求孩子憋住，要知道，一个人在尽情地哭过之后，心情才可以重新恢复平衡。其实，每个孩子的个性各不相同，因而悲伤时表达情感的方式也不尽相同。有的爱哭泣，有的易迁怒于玩具，有的则是默默不语。所以，

如果孩子不愿意与你交谈，希望单独思考，那么你也就不要在一旁唠唠叨叨了。此外，要留意孩子的情绪行为变化，关注他们各类的情绪行为表达方式，聪明的爷爷奶奶还可以通过以下方法巧妙的处理孩子的不良情绪：

用语言引导孩子。当孩子以发脾气表达自己无法控制的失落情绪时，爷爷奶奶不宜采用忽略、轻视或抑制的方法，而要尽量引导孩子用语言表达自己的感受，可以对孩子说："你是否很想我带你到公园玩或你是否很想吃冰淇淋？"

平静对待孩子的哭泣行为。不要一味地害怕孩子哭，因为孩子以哭来表达内心的不安，不论是男孩或女孩，都不宜压抑。而且，以一个平静与体谅的心情处理，更易协助孩子面对不安。所以，让孩子哭一会儿也未尝不可，因为哭是很自然的情绪渲泄方式。

细心观察孩子的负面情绪。一些年龄较小的孩子，不要只着眼于显著的情绪反应，因为他们还不会用语言或恰当的情绪来表达自己的感受。因此，爷爷奶奶应留意一些隐藏性的负面情绪的行为表征，如：吮手指、叹气、尿床等。要知道，这些行为通常在很大程度上，会反映出孩子正处于一个不安、充满压力及情绪不稳的状态。

总而言之，有爱心的爷爷奶奶平时一定要注意观察孩子的情绪，要多引导孩子把心中的烦恼表达出来，要帮助孩子克服一些困难，这样，烦恼很快就会消失，要教给孩子以正确的态度和措施来保持乐观的情绪，教给孩子积极地摆脱消极的情绪，这样孩子就会恢复快乐。

第16招

老人怎么听，孩子才会说

通常，在大人的观念里，认为沟通的元素主要是“说”，因此很多成年人对孩子所呈现的态度是“我说，你听”。其实，“说”只是沟通中较不重要的一环，真正重要的沟通元素是“听”。因为只有倾听孩子的倾诉，知道孩子在想什么，才能针对性地给予孩子关心和帮助。因此，倾听在亲子沟通中非常重要。尤其是认真地、全神贯注地听孩子说话，能让孩子体会到尊重，能感受到自己受重视，能让孩子体会到理解，从而乐意说出自己的心里话。

其实，孩子都渴望得到他人，特别是生活中重要人物，如家长、老师等的爱护与肯定，要知道，孩子都有强烈地向成人表达内心情感的渴求。然而，现实生活中有很多家庭都存在不能很好“倾听”的焦点问题。孩子所需要的是有人理解他内心的感受，而家长采取的最好方式就是倾听，并能及时地给予安抚和理解。作为合格的祖辈，要了解孩子的内心需要，要倾听孩子说话，加强孩子对你的信赖和安全感。如果我们没有真正用心聆听孩子说话，只是表面敷衍，孩子就会感到失望，从而不再愿意与你交心。

给爷爷奶奶外公外婆的家教技巧

平时爷爷奶奶在倾听孩子说话的时候，一定要肯花时间、有耐性，做个有修养的听众，用心去听孩子的心声，用心走进孩子的世界。而且，当孩子诉说难过的事时，家长应让孩子尽情地宣泄，并要表示出同情；而在孩子诉说到高兴的事时，家长还应表示高兴的共鸣。此外，当孩子诉说你不感兴趣的话题时，你也应表现足够的耐心，并且使用“嗯”“噢”“是吗”等词语，表示自己在认真地倾听，这样才能鼓励孩子继续说下去。如此，不仅可以使孩子更乐意倾诉，也可以提高孩子的语言表达能力。

只有抓住了倾听，才是抓住了家庭教育的关键。做好了这一点，孩子一定会急切地渴望与你沟通，渴望你分享他内心的喜怒哀乐，并乐于接受家长的引导。因此，优秀的爷爷奶奶一定要认真地、全神贯注地听孩子讲话。以下建议可供您参考：

技巧1　耐心地引导孩子说出自己的真实感受

当孩子讲话时，可以根据他所说的意思，用恰当的词语伴以关心的态度帮助孩子，引导孩子去分析自己的想法和感受。在倾听孩子谈话的过程中，如果能采用简单的诸如“太好了！”“真是这样吗？”“我跟你想的一样。”等等话语来表示你的兴趣，孩子一定会非常高兴。其实，就连一些简单的一个“噢”“嗯”或“我知道了”都非常管用。如果你一味地向孩子发问、指责，或发表自己的建议，那么孩子就没办法或者根本不想把自己的真实想法说出来了。

今年九岁的旺旺是由爷爷奶奶在带养，现在他上小学三年级了，在班级里是个德学兼备的好学生，经常得到老师的表扬。但是最近几天，旺旺早晨上学总是迟到，老师为此找旺旺的爷爷谈话，问旺旺为什么总是迟到。

这天旺旺放学回来后，爷爷没有立即责问旺旺，也没打骂他，而是在临睡前问：“告诉爷爷，为什么你那么早出去上学，而到学校时还总迟到呢？跟我说实话，爷爷不骂你。”旺旺听后先是愣了一会儿神，他见爷爷没有责怪自己的意思，就说：“哦，我每天上学不是要路过那条小河吗？我发现在那看日出太美了！于是看着看着，就忘了时间，到学校也就迟到了。”

要有耐心，才能了解孩子的真实感受

反例

正例

一味的指责只会增强孩子的叛逆心理，往往与希望达到的教育目的恰恰相反。

爷爷听后笑了，没再责问什么。第二天一早，爷爷就跟旺旺一起去河边看日出。面对眼前的景色，爷爷感慨万分地说：“啊，果然是太美了。旺旺，说的没错！”这天旺旺放学回家，发现书桌上放着一个精致的小电子表，下面压着一张纸条：“因为日出太美了，所以我们更要珍惜生活的美好和学习的机会。你说是吗？爱你的人：爷爷。”从此，旺旺上学再也没有迟到过。

从上面这个例子就可以明白，认真地倾听孩子诉说是一件多么有意义的事情。爷爷知道旺旺上学迟到后没有责骂他，而是耐心地询问孙子，了解详情，做到了与孩子真正诚挚地交流，让旺旺感受到了爷爷的尊重，从此上学就再也没有迟到过。

其实，不论孩子的话题多么简单，只要我们能表现出认真的姿态，那么孩子就会饶有兴趣地告诉我们。如果孩子诉说时你总是沉着脸，一言不发，那么就会令孩子十分失望，慢慢地，他也会养成对什么事都不关心的毛病。要知道，孩子从小没有感受过自己语言的魅力，必定会对自己的语言表达能力失去应有的信心。比如，孩子才说两句，你就不耐烦了：“知道了，早知道了。别烦我！”或者是“该干吗干吗去吧，谁有工夫听你乱说！”这样就会使孩子非常扫兴。

技巧2　做出听的姿势与表情，不能在孩子讲话时心不在焉

听孩子说话，姿势还要正确。一定要与孩子平视，不可居高临下，最好能将身体稍稍向前倾，这是表示有兴趣的姿势，或者，搂着孩子的肩对他说：“宝贝，你说吧，我听着呢。”或者“真的吗？往下说，我听着呢。”

李奶奶也与大多的爷爷奶奶一样，退休在家给儿子带养孩子。可是，前两年李奶奶被选为所在社区老年人娱乐活动的负责人，为了搞社区活动，平时她总是很忙，每天都要忙着操持社区里的事情，下班回到家还要做一堆家务。因此，每当宝贝孙子然然和她说话时，李奶奶总是漫不经心地敷衍着。

开始，年幼的孙子不知道奶奶每天有那么忙，总是饶有兴致地给奶奶讲自己在幼儿园里发生的事，可遗憾的是每次给奶奶说时，奶奶总是一副很忙碌的样子，不但眼睛左顾右盼，而且手里还不停地做这做那，心不在焉，完全不像一个倾听者的样子。

没想到，奶奶的“忙碌”却给然然的语言表达带来了障碍。由于然然是个思维能力很强的孩子，为了尽量不耽误奶奶的工作，总是急着在有限的时间里把话说完，但是由于讲得很快，再加上着急，慢慢地变得讲话结结巴巴了。

从上可以看出，由于奶奶不能全心全意地听然然讲话，使然然没有感受到奶奶对自己的关注和鼓励，反而感受到一种对自己的漠不关心，长期以往就致使然然的情感和语言表达受阻，久而久之竟使然然形成了说话结巴的毛病。

孩子说话期间不要讲太多的话，也不要问太多的问题，让孩子诉说。不但要用眼睛注视着孩子，而且还要会用眼睛“听”，当孩子说话时，你要睁大眼睛看着他，并自然地用眼睛来表达你的兴趣和愉悦，这样，孩子就会非常高兴地说出来。另外，切不可制造“墙壁”，比如当孩子讲话时你用手捂着嘴巴，或两手抱着胳膊，或做其他事情，要明白，这些举动对孩子来说，都是一种心理障碍。

当孩子讲话时，也可以使用表情变化来传达自己的诚意。比如保持微笑，并常常做出吃惊的样子。其实，孩子最爱大人吃惊的样子，他们希望看到大人对自己所说的事情表示出吃惊的表情。因为能把大人“吓住”，说明自己很有本事。因此，不断地送给孩子最好的赞美，让孩子知道他所说的每一句话，你都认真听到了，孩子就乐得美滋滋的。

第17招

用赏识与鼓励赢得孩子的心

孩子能成为怎样的人，全在大人的教育。俗话说没有种不好的庄稼，只有不会种庄稼的农民，农民怎样对待庄稼，决定了庄稼的命运。同样没有教不好的孩子，只有不会教的家长，家长怎样对待孩子，决定了孩子的一生。还有话说："数子一过"不如"奖子十长"，在孩子遭遇困难与挫折时，如果长辈能用自己的赏识去点燃孩子心中的希望之火，及时地给孩子一个鼓励的微笑，送上一句勉励的话语，或者是传递一个信任的眼神，就可以让孩子在充满关爱与温暖的氛围中成长，从而从颓废的困境中振作起来，这无疑对孩子的性格发展大有裨益，对孩子的健康成长与前途发展有巨大的促进作用。

诺诺是个非常聪明的男孩，可是他说话却很晚，现在都快三岁了，才会说一些很简单的句子，而且稍一紧张，总是词不达意。这下可急坏了诺诺的爷爷奶奶，于是两位老人便想尽办法培养诺诺的语言表达能力。

聪明的爷爷明白，那些刻意、呆板的教学方式只能加快孩子的逆反心理，只有引发孩子的兴趣才能起到应有的效果。但怎样引发孩子的兴趣呢？俗话说"行万里路，读万卷书"，借着诺诺的爸爸妈妈在北京工作的机会，爷爷奶奶就常常带着小诺诺到北京观光，借此机会多带孩子四处走走，开拓眼界，以丰富诺诺的语言能力。于是，天安门广场、故宫、军事博物馆、鸟巢、水立方、香山、石景山游乐园等，到处留下了小诺诺的足迹。尤其可贵的是每走到一处，爷爷都会用日记的形式记录下这一天所到旅游胜地所发生的趣事，并且到了晚上都讲给诺诺听，并鼓励诺诺一起说今天好玩的事情。这样，诺诺就一边听，一边兴高采烈地与爷爷一起说自己所见到的趣事，而这些亲身经历的故事每天伴着快乐的诺诺入睡。

久而久之，耳濡目染，诺诺不仅爱看爱听，在爷爷奶奶的热心鼓励下，渐渐可以自己说出来，并且可以讲给大家听。后来，每当和小朋友一起玩的时候，诺诺都能够用自己熟练的语言给小同伴们讲述“北京的故事”，居然还搞得邻居家的好多小朋友对诺诺的旅游见闻佩服得五体投地，直夸他见多识广呢。

诺诺在爷爷奶奶循循的教导和鼓励下，语言能力不断进步，终于赶上了同龄孩子，而且还成了见多识广的小小旅游家。其实，这就是孩子。你说他行他就行；你说他不行他就不行。你说他不如别人，他会用行动证明他真的很笨；你为他喝彩，他会给你一个又一个惊喜。

赏识教育的特点，就是注重孩子的优点和长处。家长在赞扬孩子的时候，应该不断地提出新的目标，但这个目标应切合实际，一步一个台阶，鼓励孩子去超越。而当孩子不能超越时，则要适当地加以指导，和他一起战胜困难，尤其是要让孩子懂得，获得必须付出努力和代价。

人性中最本质的需求就是渴望得到赏识、理解和爱，每个孩子都是为得到赏识而来到人世间，因此赏识是爱的教育，是充满人情味、富有生命力的教育。无论对于多大的孩子都适合采用这种教育。因此，家长的循循善诱可以教导孩子进行心灵的感悟与自我反思，使他认识自身的不足，从而正确对待挫折，增强克服困难的信心。

给爷爷奶奶外公外婆的家教技巧

适时地利用鼓励和表扬，可以帮助孩子树立信心，可以挖掘他学习生活的潜力。充满爱心的赏识的目光可以调动孩子的积极性、主动性，从而使孩子向着更健康的方向发展。通常对于幼儿来说，爷爷奶奶的亲吻、拥抱、翘大拇指等肢体语言和用“真能干”“你真棒”“我相信你是最优秀的”等语言进行精神鼓励，都能使孩子享受到精神之爱。因此，走出打骂孩子的教育误区,通过赏识来激发孩子的潜能和对于人生的信心,把成长的快乐还给孩子,那么每个爷爷奶奶都可以用正确的赏识塑造出优秀的孩子。

不过，要真正做到赏识孩子，是一个艰难而曲折的过程。那么，平时爷爷奶奶该如何赏识孩子呢？聪明的老人可以从以下几点做起：

技巧1　赏识孩子要及时，但不能急于求成

其实，每个孩子都是优秀的，只要你能够赏识他。一个考试常常不及格的孩子，只要偶尔考了60分就值得夸；一个不爱坐下来学习的孩子，可能他在体育方面很不错；那些平时比较“爱顶嘴”的孩子，可能对问题会有自己独到的见解。对此，聪明的家长要善于用爱心去发现孩子的优点，进而具体地告诉他，比如“你很会思考”，“你的数学成绩比以前有进步”等，这些鼓励都是孩子上进的阶梯。

近来，刚刚七岁的文文特别喜欢帮大人做事情了。只要周末在家，什么倒垃圾啊，打扫房间啊，叠衣服啦，收拾书本啦等等都会做得不亦乐乎。一到这个时候，姥姥就特别高兴地对人说：“呵呵，你看，文文又帮我做事了，这孩子越来越懂事了！”在姥姥的表扬和鼓励下，文文干得更欢了，衣服叠得越来越好，鞋子、书本等物品归置得整整齐齐。

后来，收拾东西、做家务对文文来说已经成了一种乐趣。她不但自己的事情要自己做，大人的许多事情她也要帮着做，比如帮外公倒水、端水，清理桌子，去外面倒垃圾，有时候文文还会从商店帮家人买一些生活用品回来。而每当文文完成一件事，就算她做得有些不合人意，姥姥与外公也会不遗余力地夸奖她，鼓励她。每当这个时候文文就特别兴奋，自觉很了不起，好像自己有很大的本事一样，居然可以做好多大人才可以做的事情。

越脆弱的孩子越要赏识和鼓励

反例

正例

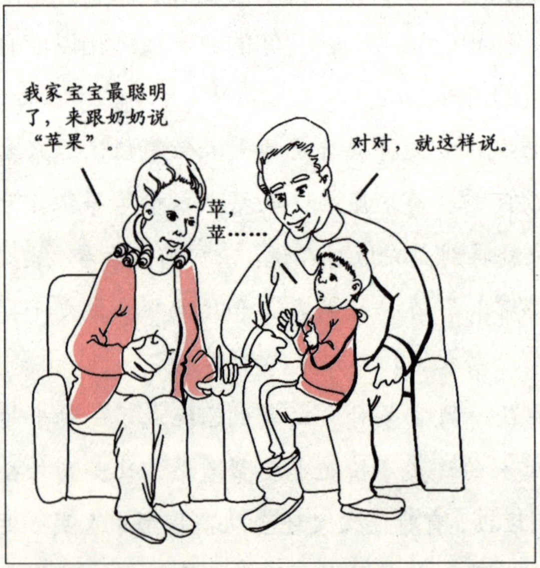

孩子说话能力发展迟缓，就越要鼓励，如果一味地否定或在外人面前让孩子出丑，孩子就会越来越懦弱。

从上文可以看出，文文在姥姥的鼓励与赏识之下，做得越来越棒，越来越懂事。不过，赏识孩子也要注意方式，比如，孩子取得成绩要及时给予肯定，也就是说赏识孩子一定要及时，如果等事情过去了再提起，就达不到应有的效果。而且，当孩子受到挫败时，及时给予鼓励也是赏识教育。有时候，孩子做得不对，批评时要就事论事，不要伤及孩子的自尊心。

俗话说“十年树木，百年树人”，良好的教育应该一直伴随着孩子的成长，因而赏识教育也不可急于求成。要知道，不是我们夸奖了孩子，他立即就能变成我们期望的“好孩子”了，因为凡事都要有一个接受、消化、良好反馈和稳定提高的过程，如此教育才能起到真正的作用。

技巧 2　有时无声胜有声，赞赏孩子要恰到好处

如果赞赏不符合实际，一味地夸奖孩子，动不动就用“很好、乖、棒极了”等词语，甚至就算做得再糟糕也会得到一个“不错”的表扬，那么就会把孩子引入到一个不能分辨好坏、自以为是、逞强好胜的恶性循环中。因此，赏识教育一定要切合实际，找出孩子的优点进行恰当地赞赏。赏识不能过度，要正确客观地认识孩子，聪明的爷爷奶奶要了解孩子的身心需要，进行理性赏识。一定要把握赏识的度，对不同的孩子赏识的程度应有所不同，切不要把别人的药方强加给孩子。

随着孩子渐渐长大，可以逐渐变为抚摸，比如，摸摸头、拍拍肩等肢体语言，可以使孩子感受到温暖无限。其实，一个肯定的点头，一个信任的注视，一个幸福的微笑，都如同暖流注入孩子身体。这种无声的爱却有着无形的力量，会在孩子的脑海中不断回想，从而伴其快乐成长。

另外，家长对孩子的赏识教育应该是全方位的、立体的，对孩子的各方面综合地进行发现、表扬、鼓励、引导，要注意赏识孩子所有的劳动和努力，切不可只对自己感兴趣的“成绩”进行赞赏。让孩子在赏识中认识不足，在对比中发现问题，在自信中勇于面对，进而实现超越。

第18招

支持孩子做他喜欢做的事

孩子在一天天长大,对所有的事物充满好奇心,活泼好动地探索这个世界。因此,作为祖辈,要知道孩子的想法,要了解孩子成长的需要。如果你只知道孩子回来做不做作业,却不知道孩子为什么不做作业,不知道为什么作业总出错;只关心孩子考了几分,却不知为什么只考几分?而孩子竟然无动于衷等等,那么,你就不是一个合格的家长。要知道,合格的家长应该知道孩子需要什么,知道孩子在想什么,所以,有心的祖辈要注意观察孩子的思想变化、行为变化、习惯变化等,认真分析变化原因。了解孩子喜欢做什么,并给予一定的支持,孩子才会觉得你是他信赖的朋友,也才会毫无保留地与你交谈,这样也就不会有思想的代沟出现。

作为祖辈,平时不妨去尝试做一些孩子喜欢做的事,唱孩子们喜欢唱的歌,做孩子们喜欢做的游戏,和孩子们读同一本书。让孩子们知道:爷爷奶奶和我们一样喜欢某些事,你就会和他有很多共同语言。正所谓“亲其师才能信其道”。他喜欢的你都不喜欢,他就不会和你说心里话,更不可能亲近你,你就不可能对他施行教育。

给爷爷奶奶外公外婆的家教技巧

在我们的日常生活中，多支持孩子做他喜欢的事情，才能更了解他们的心理需要与发展，才能更亲近他们，才能与他们进行有效沟通，而我们的教育也才能更符合孩子的需要。这样，孩子与你的交流才会越来越多，隔辈之间的沟通才会越来越通畅，也只有这样才能使隔代养育越来越容易！尤其是随着自主意识的不断增强，孩子都渴望着能独立活动，做一些自己喜欢的事情。对于孩子喜欢自己做的事，作为祖辈一定要鼓励他、支持他。

聪明的祖辈还可以参考以下方法：

技巧 1　在平时的生活中，支持孩子想做的事情

孩子虽然年龄小，但也有自己的思想。当他要做某件事或者不肯做某件事时，都会有他自认为很充足的理由。比如，当孩子不肯睡觉、不肯起床、不肯做某件事，或者孩子听不见我们的提醒时……所有这一切都可能使我们失去理智，进而将一团怨气发泄在孩子身上，从而使孩子产生强烈的抵触情绪。反过来，如果大人能多理解与支持孩子，则往往能产生意想不到的奇迹。

今年暑假，爸爸妈妈决定让明明回老家与爷爷奶奶一起生活。一见到明明，爷爷对他亲得不得了，好吃的好玩的准备得应有尽有。可是还没几天明明就有些不高兴了，原来爷爷奶奶非常喜欢看古装电视剧，尤其是戏剧，每天吃完晚饭后，两位老人就会坐在电视机前收看戏剧节目，而且嘴里还跟着哼哼唱戏。而明明却嫌戏剧节奏太慢，他喜欢的是科幻片与流行歌曲。但每当明明看自己喜欢的节目时，爷爷奶奶就撇嘴，还说："这是什么呀，一点也看不懂，别看了，还是看唱戏的吧。"这时明明非常不悦，就打电话告诉爸爸妈妈了，并且说自己不想待在爷爷奶奶家了。爸爸将这事跟爷爷说了，爷爷得知宝贝孙子要走，哪里舍得啊。于是爷爷奶奶商量了一下，马上向明明承诺：只要他不走，想看什么电视就可以看什么电视，再也不强迫他看戏剧了。

于是，爷爷奶奶在选择节目上尊重明明的意愿，有好的现代影视剧，就让给明明看，有好的流行歌曲也跟着孙子学几句。这样一来，明明非常高兴，

支持孩子做喜欢做的事

反例

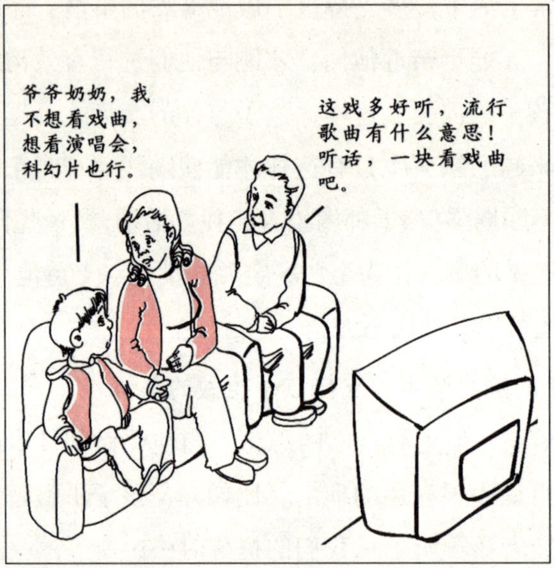

正例

生活中，老人要支持孩子喜欢的事，并试着去了解，让孩子意识到爷爷奶奶其实是跟他们有共同语言的。

有好的戏剧片，他也就让给爷爷奶奶看。就这样，尽管他们老少两代的兴趣爱好不同，但无形中也受到彼此的感染。一年之后，学校开办戏剧课堂活动，明明因为经常受爷爷奶奶熏陶，比别的同学了解更多的戏剧知识，还会学唱几句，受到老师的表扬。而明明的爷爷奶奶也能哼几句流行歌曲，心态越来越年轻了。

平时，支持孩子做自己喜欢做的事，祖辈可以从这几点做起：平时不能害怕有危险而处处牵制孩子，而应该在生活环境中，放手让孩子做一些他喜欢的事情，这样才能培养孩子的冒险精神；无论孩子的想法多么幼稚，说的话听起来多么没有道理，作为长者都不要严厉地责备，而要学会理解，支持孩子的观点。通常一些幼小的孩子，对什么都感兴趣，有时看到路边的沙子、石头或其他什么东西，都会引起强烈的兴趣，想跑到那里去看一看、摸一摸。对于孩子的这种行为，聪明的爷爷奶奶一定要多支持，要知道孩子对环境充满好奇、积极探索的态度是极为可贵的。

技巧 2　抓住时机，赢得信赖

支持孩子，要先走进孩子的心灵，多与孩子谈心。比如，当孩子在遇到困难想求助的时候，你去关心，孩子就会感到特别温暖，这时也就容易讲出心里话，你就可以给孩子以支持；当孩子考试得到了好成绩，在学校受到了表扬后特别高兴，这时问他什么事情，孩子都愿意讲，这时你可以鼓励他；与孩子一起完成某件事情的时候，或一起外出游玩等，也都是很好的支持。

一般来讲，孩子由于身心的不断发育成熟，使独立意识、自我意识开始增强，他们试图摆脱家长的约束和管教，但同时他们也渴望家长能了解自己的思想动态、兴趣爱好，从而理解、支持自己。那么，这时聪明的爷爷奶奶可以多与孩子聊聊，比如“今天学校有什么好事情发生”“你这一天有什么收获”“你有什么事需要我帮忙的吗”等，而不要孩子一回家就问：“今天作业写了吗？”或者：“有没有被老师批评？”要知道，这些话是最会让孩子反感的，因为这样，孩子会觉得你只关心他的学习成绩，而不关心他的思想感情。

第19招

降低姿态，学着与孩子做朋友

在忙碌的生活中，人与人之间往往有太多的冷漠、太多的不信任，然而我们有意无意漠然的态度却可能影响孩子的一生。可以说很多家长在教育孩子时，很少考虑到孩子内心的想法，而是早已习惯了居高临下，向孩子发号施令，把自己的思维和主观愿望强加到孩子身上。而当自己的愿望与孩子的想法产生冲突时，就会强制孩子按自己的意愿行事，不考虑孩子的感受。有很多家长，不知道持这种高姿态去关心孩子，往往会使孩子产生逆反心理，这样不但起不到应有的教育效果，还会起到反作用。因为孩子的世界和成人的世界，隔着岁月的距离。

刘奶奶说孙女珍珍今年都十一岁了，打她小时候起，她就跟我一起生活，但我从来没有将珍珍看成不懂事的小孩子，凡事我总是与她平等相处。每当休息日或者晚饭后，我都会与孙女牵着手去散步或玩游戏，看我们玩得那样开心，邻居与一些朋友看到后，经常开玩笑："看你们这祖孙儿俩，就像一对好朋友似的。"

没错，珍珍与奶奶就是一对忘年交的朋友。在珍珍刚学会说话的时候，每当看到奶奶从外面回来，她都会得意地叫奶奶的名字，逗得大家哈哈大笑，这时爷爷总会对奶奶说："你还笑呢，还不好好地教训她，哪有小孩叫大人名字的？”而奶奶却不以为然，说：“珍珍叫我，我不生气，名字就是让叫的嘛。”就这样，祖孙俩，一个叫着，一个应着，其乐融融，而当珍珍大一些后，觉得自己直呼奶奶的名字是不礼貌的，也就不再叫奶奶的名字啦。但从那时起，她觉得奶奶是那么的和蔼可亲、那么的平易近人，因而自己不论有什么事情都会悄悄地告诉奶奶，很多时候一些心事不愿意告诉爸爸妈妈而愿意说给奶奶听。

奶奶说，珍珍小时候很顽皮，经常为了玩游戏而忘了写作业，到了星期天，晚上常常会临时抱佛脚，写得很苦很累。这时奶奶就会假装生气地说：“我做事可是从不拖拉的，我的朋友怎么能这样，谁也不会交这样的朋友，以后我不和你玩了。”珍珍一听奶奶这话就急了，就会央求道：“老朋友，就这一次，以后决不这样了行吗，现在拉勾好不好？”于是奶奶就会与珍珍快乐地拉勾，而珍珍也就不声不响地改了自己的坏毛病。

在与孩子相处的过程中，大人更应该主动跨前一步，放下长辈的姿态，从而使自己成为孩子的朋友。只有学会与孩子像朋友一样相处，孩子才愿意与你交心，也才能进行良好沟通，教育也才能起到应有的效果。因此，就让我们每个做祖辈的在想树立家长威严与权威时，都先学着去做孩子最信赖的好朋友吧，这样会让你体会到同孩子做朋友是一件非常有趣、非常快乐的事情。

给爷爷奶奶外公外婆的家教技巧

明智的家长不应将冷漠的处世态度传给孩子，更不能在孩子面前摆出一副高高在上的姿态，而应该与孩子平等相处，并试着与孩子做朋友。这时你就会惊奇地发现孩子是多么的天真可爱，带给我们许多快乐与温馨：春天，他是满园的绿色，带给我们生命蓬勃的希望；夏天，孩子就像我们心仪已久的那块“冰淇淋”，伴我们清凉度夏；秋天，孩子就是我们渴望得到的硕果，让我们体验到做家长的骄傲；冬天，孩子就是我们的贴身“小棉袄”，带给我们无限的温暖。想真正成为孩子的好朋友，聪明的爷爷奶奶还可以参考以

降低姿态和孩子交流会更容易

反例

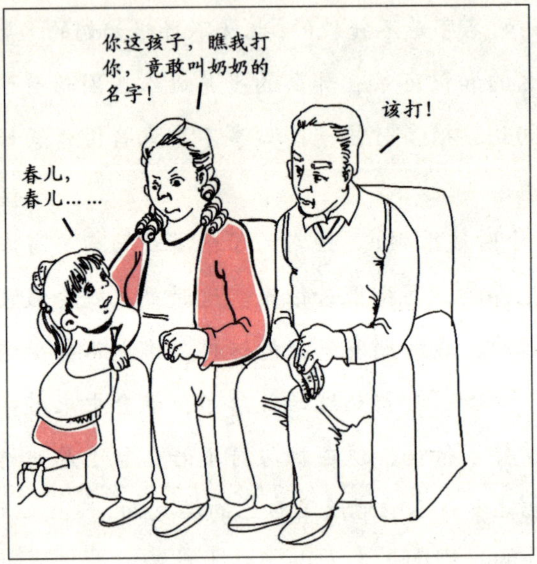

正例

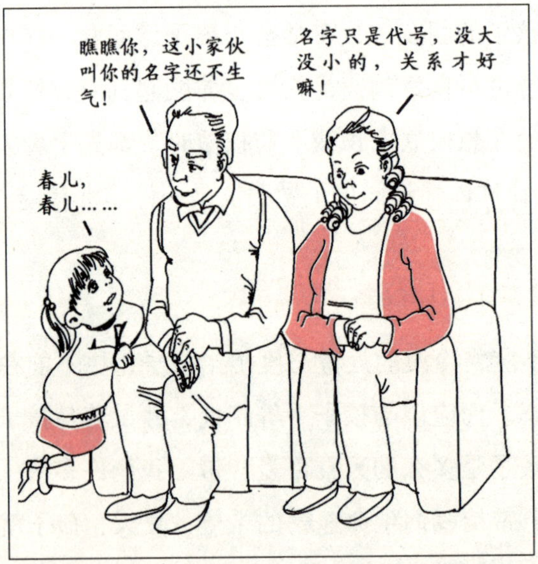

居高临下，以长辈自居，只会跟孩子的距离越来越远。

下方法：

技巧1　别高高在上，“蹲下来”与孩子交流

作为祖辈，在与孩子的沟通中，不要高高在上，以长者自居，而应降低姿态，“蹲下来”与孩子交流。因为只有与孩子保持在同一个高度上，才能以平等的态度和眼光去看待孩子，才能用认真而亲切的态度去对待孩子，也只有这样孩子才会接受你。其实，蹲下来和孩子说话，就是从孩子的思维方式和年龄特点，去理解去包容去接受孩子的事情，而不是让孩子处在被“控制”的感觉中。有这样一个生活场景，最能说明这一点：

暑假的一天，爷爷奶奶带小信去上海与爸爸妈妈团聚，但在一个火车站等车时，小信却不愿进火车站的候车厅。这时奶奶生气了，就很严厉地训斥他，而小信却一言不发低着头，像没听见奶奶的话似的。这时，小信的爷爷走了过来，他轻轻地蹲在小信面前，看着他温和地低声说：“爷爷知道小信是个聪明、懂事的孩子，你告诉爷爷很想回家找爸爸妈妈是吗？”“是的。”小信说。“那好，那我们现在就去候车室，等火车开过来我们就坐上好吗？”这时小信愉快地接受了，高高兴兴地跟爷爷奶奶手牵手进火车站了。由此可以看出，在对待孩子的问题上，爷爷与奶奶二人采取了不同的方法，就收到了不同的效果。奶奶以居高临下、命令式的姿态根本无法与小信沟通，而爷爷采取蹲下来的姿态，使小信觉得爷爷是理解他的，自然就收起了自己的敌对情绪，听从了爷爷的话。

只有以童年的视角去看孩子的世界，降低大人的姿态，蹲下来和孩子说话，对孩子多一份理解和尊重，才能拉近与孩子之间的那条“代沟”。上文中的小信，不听奶奶的话，而愿意接受爷爷的建议就是这个道理。其实，“蹲下来和孩子说话”，拉近的不仅仅是身高几十厘米的差距，而是大人和孩子心与心的距离，所以降低姿态与孩子交流，是一种非常有效的肢体语言。它告诉孩子，祖辈非常尊重你的独立人格，不管遇到什么事情都愿意跟你协商，如此孩子也就愿意体谅祖辈，从而对事情本身做出合乎情理的判断，而不是叛逆或依赖。

因此，以平等的方式和孩子讲话，可以使隔代人之间进行心与心的沟通与交融。应该多主动听孩子讲自己的事、谈自己的想法、介绍自己的朋友、倾诉感情、发泄不满；不要口口声声都离不开“应该、不该、最好、不行”等告知、讲述、要求、命令、指使、示范等语言，因为这样的行为方式不利于教育。如果家里有什么事，可以摆在桌面上，一家人友好地商量，如果孩子不愿意接受就不要强迫他。

技巧2　坦诚以待，像朋友一样帮孩子

友谊，是两个平等者之间的无私交往，家长与孩子间也一样。因此，聪明的爷爷奶奶有必要告诉孩子“你是他最忠实的朋友，时刻可以出手帮助”，而不要认为孩子说的与做的都不符合自己的想法，或者根本就不对；也不要总是把孩子当孩子，动不动就拿他跟别的孩子比。只要爷爷奶奶能坦诚地与孩子交往，那么就算脾气再大的孩子也会慢慢地接受，有什么话也都会和你交流。因此，不管平时有多忙，有多累，每天一定要抽出一定的时间主动与孩子说说话，或者每天每周安排固定的时间与孩子相处，让孩子从内心感到你对他的关怀。

平时家里的事，在孩子力所能及的范围内可以让他分担，从而把他作为平等的伙伴，与他一起学习一起玩。孩子出了一点小错，应让他承担责任，明白自己应该对自己的事情负责任。其实，作为家长，就是要给孩子提供切实到位的帮助，给孩子自我管理的空间，真正使自己成为孩子的朋友，让孩子心里踏实，心里安全，健康长大。

第20招

信任是打开孩子心扉的钥匙

对于孩子来说，家长的一句话，不管好与坏，都会具有重要意义。如果每天早上总是不忘提醒孩子带这带那，结果他反倒丢三落四。其实，孩子本来有能力自理，而你的唠叨却使他失去了自信。但一句信任的话，却有可能改变孩子的一生，伴孩子走向成功。如果你能对孩子说“你当然可以的，我就知道你能做到的”，那么这种对他能力的肯定，可以让孩子明白自己是受“重视”，从而激励孩子为目标付诸努力。而一旦孩子有了“今后总会有成就”这种希望之后，那么内心就会产生自发地做事情的积极性。

所以，信任是一种很巨大的力量，它能产生强烈的自信心和责任感，能使人充分地发挥自己的潜能，克服重重阻力，从而到达成功的顶点。因而那些获得信任的人，会觉得身后有强大的力量在支撑着自己，虽然是无形的，但却是精神上的巨大鼓励。那些在信任中长大的孩子往往充满自信，信任的力量在于让孩子觉得“我能做到的”。

一句话可以感动一个人，改变一个人，并不是天方夜谭。很多孩子的人生，也许就因为家长的一句话而发生意想不到的改变。其实，每个大人都是从孩童时代过来的，应该能够理解孩子好玩的天性。然而，在许多家长的眼里却只有成绩。要孩子把学习放在第一位固然没错，但不要忘了孩子除了学习，还要玩乐。要知道，对于孩子来说，玩乐跟学习是一样重要的。有玩乐的放松，才有精力把学习搞好。所以，明智的家长应该明白这一点，千万不要随便地呵斥孩子“你给我学习去”，而应当鼓励孩子，让他自发地去学习，这样才能学而不忘。

给爷爷奶奶外公外婆的家教技巧

在现实生活中，孩子因智力原因而导致的学习困难或者成绩不理想是很少的，而绝大部分的孩子在学习中遇到困难，很大程度上与自己情绪、兴趣、心理环境等因素密切相关。而家长对孩子是否信任，却会直接影响孩子的心理和情绪，因此那些学习成绩较差的孩子，家长对他们的学习能力多是持有不信任的态度。因此，鼓励孩子学习，首先要给予他足够的信任，一定要认为孩子自己可以做得好。当孩子听到家长相信自己时，感受的不仅是鼓励，还有来自亲人的最真诚的关怀，这会让他心里觉得温暖，从而化解学习或生活带给他的压力。

以下方法，可以帮助我们的爷爷奶奶培养对孩子的信任：

技巧 1　让信任成为孩子的精神支柱

对孩子有足够的信任，相信即便孩子遇到了困难，他们也能够积极发挥主观能动性，有效地进行自我调整，从而把困难转化为促进自己努力进取的动力。这样，不仅有利于激发孩子的学习兴趣，还有助于孩子保持良好的情绪和心理，从而促进孩子的进步，同时也锻炼了孩子的自主性、创造性以及对自己和他人负责的能力。因此，尊敬的爷爷奶奶，平时在照顾孙子的时候，一定要给孩子足够的信任。要知道，足够的信任可以产生奇迹，让我们从下面这个故事中证明一下信任的力量：

当今提起个人财富达 105 亿美元、大名鼎鼎的亚马逊书店的首席执行官——贝索斯，可能大家都知道。他是美国人，但是在 20 世纪 90 年代时，他是一位身无分文的青年人，当时一文不名的他却特看好电子商务，而且还下定决心要在电子商务这个领域发展自己。那么，既然要发展，就得有投资呀。但他现在没有工作，还没有挣过钱，这一笔资金怎么筹备呢？正在他为这事发愁的时候，他的父母知道了，就将自己准备的30万美元养老金给了儿子贝索斯，并且对儿子说："我们对互联网不了解，更不知道什么是电子商务，但我们相信你——我们的儿子！"

看了上面的故事，我们虽然不能说贝索斯的成功完全归功于他的父母，但他父母所起到的作用却非常重要。因为他们除了给贝索斯资金支持外，更为重要的是他们那信任的态度给贝索斯带来了无穷的精神力量，激励他走向成功。由此可见，信任与鼓励对孩子的成长多么重要。

优秀的家长，应该成为给孩子递出报纸的人，要知道孩子只有抓住长辈伸向他的那份报纸，才能站起来，才会觉得自己也能做到，也才会生出自信。俗话说"千里之行始于足下"，但迈出第一步并非一件容易的事情，很多时候为了迈出这第一步，需要无数次站起、坐下的过程，这时明智的家长一定要及时地向孩子伸出信任的双手，帮孩子站起来。要知道，孩子一旦有了自信，那么他们就算摔倒很多次，也会一次次地再站起来。

技巧2　一句信任的话胜过一千句唠叨

平时，爷爷奶奶不能只在嘴上对孩子有信心，而要表现在行动上。要知道，无论任何孩子都希望自己是最棒的，尤其是那些成绩上不去、心里很压抑的孩子，往往心情十分烦躁，他们多么希望家长能说几句鼓励的话，以减轻心里的负担。

李爷爷是文化人，书法写得很好，但由于参加了社区举办的老年人文化活动，平时也非常繁忙，一天没有多少时间过问孙子小强的事，因而小强的日常生活大都是由奶奶来操持。有一次，李爷爷偶尔有空闲，就陪小强谈话，末了他说："小强，我知道我没怎么教育你。这有两个原因，一来是因为我很忙，二来我看你自己也很努力，功课不错。因此，我一直相信你能做到的。"小强听爷爷这么说，觉得是在表扬自己，因而决心一定要自己管好自己，不

信任能给孩子带来动力

反例

正例

信任会让人产生极大的力量和责任感，这一点对大人和孩子一样适用。

用爷爷为自己操心。其实，这时刚上小学五年级的小强，学习成绩不怎么好，因为他平时玩得特别疯。但是，自从爷爷对他说了这句“我一直相信你能做到”的话，就让小强在心里觉得愧疚不已，同时他感受到了一种绝对的信任。小强就在心里暗暗告诉自己：一定不能辜负爷爷的信任和关心。从此以后，小强不再像以前那样疯玩了，学习时特别认真，表现很好，终于将成绩赶了上去。

因此，作为家长，如果这时不理解孩子的心情，而总是在孩子的身边一遍遍地唠叨，那么，就很容易因此伤害孩子的自尊心，招来孩子极大反感，从而不愿与你沟通。而且，更重要的是，这样往往还会导致孩子自卑、怯懦、缺乏进取的勇气，甚至厌学或染上不良习惯。因此，来自家长的充分的理解与信任对孩子来说非常重要。

第21招

别当众揭孩子短

英国教育家洛克说过："父母不宣扬子女的过错，则子女对自己的名誉就愈看重，他们觉得自己是有名誉的人，因而更会小心地去维持别人对自己的好评；若是你当众宣布他们的过失，使其无地自容，他们便会失望，而制裁他们的工具也就没有了，他们愈觉得自己的名誉已经受了打击，则他们设法维持别人的好评的心思也就愈加淡薄。"是的，如果家长对孩子当众揭短，甚至揭开孩子心灵上的"伤疤"，那么孩子自尊、自爱的心理防线就会被击溃，甚至会产生破罐子破摔，以丑为好的变态心理或产生敌对心理。

但现实生活中，却有好多家长总是当着亲戚朋友或老师、同学的面，揭孩子的短："他真的是那么笨哦，教死都教不会。""你们不知道，我家这孩子十岁了还尿床，真是气死人。""你怎么那么笨，考试成绩老是不及格。""他五音不全，还要去学什么音乐啊。""我家小淘，昨天又掏他爸的裤袋，学会做贼。"这些家长，总是不管在什么样的情况下，都会对孩子严厉地指责，然而，这类家长却不知道，自己这样做非但谈不上有什么教育作用，还会影响孩子的心理健康。因为这样会让孩子逐渐对自己失去信心，从而真的走上歧途。

孩子在外面犯了错误，当着众人的面就训斥孩子，并故意称赞别人的孩子，认为自己孩子不争气，做错事，当众揭他的短，让他觉得羞耻，以为这样可以刺激孩子为挽回自尊而下决心改正，还以为这样可以让孩子学习别的孩子身上的闪光点。殊不知，其实，这种观点是极端错误的。这么做很容易伤害孩子的心，挫伤孩子的自尊心和自信心。要知道，家长这样做是在拿子女的痛苦来发泄私愤，是家长自己心理不健康的表现。

尊重孩子，保护他的面子，对孩子的成长是极为重要的。尤其对于年幼的孩子，一定要培养他的自尊心。因为年龄较小的孩子，往往缺乏健全的认知能力和判断能力，如果家长一味地夸奖别人而责怪自己，就会认为家人更爱别的小朋友，而不爱自己。这样，大人原本是想借助表扬别人的机会教育自己的孩子，却起不到应有的作用，反而会伤了孩子的心。如果长期这样，孩子就会固执己见，用消极和敌对的眼光看周围的人和事，缺乏良好的心理感受和积极进取精神。而且，还极有可能诱发孩子产生各种心理问题，比如，自卑和偏执；缺乏安全感；走向孤僻，对家长不信任，严重的还会引发孩子的攻击性行为。

这天吴奶奶从外面回来，发现家里洁白的墙壁被画得乱七八糟。她大为恼火，正想发作时，看见与五岁的孙子小伟在一起玩的还有邻居家的孩子小牛，于是奶奶就忍住了火，没有责怪他们。等小牛走后，奶奶把小伟叫过来，问墙壁的画是怎么回事。“不是我。”小伟低着头，小声地说。“那一定是小牛喽，这样乱画，以后不让他来我们家玩了。”奶奶说。“哦，也不是小牛画的。”小伟又低声说。虽然知道小伟在撒谎，但聪明的奶奶这时并没有点破。她说：“哦，那我知道了，那一定是我们家的那只小花猫乱画的，是吗？”“是的，就是小猫咪画的。”小伟仍低声说。“哦，是猫咪把墙壁弄脏了呀。这只小猫咪可真淘气，不知道弄脏墙壁是不对的吗？这样奶奶会难过。哦，好了，这次奶奶不责怪它。你告诉小猫咪，下次它要是想画画，可以叫奶奶拿张白纸来，在纸上才能画得更好更漂亮呀。”小伟看着奶奶，点点头。

不揭穿孩子谎言，也能让他认识到错误

反例

正例

教育孩子，让他知道为什么错了才最重要，一味的责骂、惩罚并不能达到目的。

愿上面这个故事可以给我们的爷爷奶奶一点启示：孩子因为生活经验的不足，经常会犯错误，如何在批评孩子的时候维护孩子的面子是一件非常重要的事。其实，孩子的面子比大人的面子更重要，而且孩子都渴望被爱，被保护，更渴求得到尊重和理解，而尊重孩子，会有益于孩子自重、自爱、自尊。因此，爷爷奶奶不要当众批评孩子，因为孩子的每一个行为都是有原因的。也许一些在成人看来是微不足道的事，但在孩子的眼里那是很严重的，所以，当你在不了解原因的情况下，当众批评孩子，非但不能解决问题反而会使问题变得更糟，使孩子产生逆反抵触情绪，导致对孩子的教育很难继续下去。

给爷爷奶奶外公外婆的家教技巧

每个孩子都是活生生的个体，他不仅仅满足于被爱，被保护，也更渴求得到尊重和理解。要知道，孩子也都是有自尊心的，并且，越大自尊心就越强。通常来说，中学生比小学生自尊心要强得多。因此，如果孩子有缺点，明智的爷爷奶奶一定要在没有外人的情况下，对孩子进行善意批评，并指出改进的措施，以维护孩子的自尊心。所以，聪明的爷爷奶奶千万不可当众揭孩子的短，这并不是说要掩盖孩子的过失，而是要采用正确的教育方式：

技巧 1　“打人莫打脸，骂人莫揭短”

有话说：“打人莫打脸，骂人莫揭短”，如果孩子的过失属于道德范畴的，如偷东西、撒谎、打架等，作为家长，这时要指出孩子不对的地方，要领着他去给当事人赔礼道歉，必要时可给予孩子适当的惩罚，但不要当众打骂孩子，使孩子下不了台，无法再面对生活。林肯曾说：“一滴蜂蜜比一滴苦汁能吸引更多的昆虫。”这滴蜂蜜，就是家长对孩子发自内心的尊重与信任。

雷雷今年十二岁了，他是个自尊心很强的孩子。有一个周末，爷爷奶奶没在家，他邀请几个同学来家里玩，可是，正当他们玩得很开心的时候，爷爷回来了，看到家里被孩子们弄得乱七八糟，心里便火冒三丈，就当着同学的面把雷雷大骂了一顿。这时，雷雷的几个同学感觉下不了台阶，都急匆匆地离开了，而雷雷更是觉得自尊心受到严重挫伤，一气之下就和爷爷吵了起来。后来，奶奶从外面回来，进行了好一番劝阻，祖孙俩才停止了争吵。而且，雷雷从此就不与爷爷说话了，一直僵了两个星期，还是爷爷主动承认错误，化解了矛盾，雷雷才原谅了爷爷。

教育孩子，一定不能伤及孩子的自尊心与自信心，这是教育的原则。在外人面前，只要不是非立即制止不可的错误，最好还是忍一忍，给孩子留足面子。爷爷奶奶一定要知道，教育孩子的最终目的是让孩子认识错误并改正错误，而不是让孩子无地自容，无法面对。可以采用“堂下教子”的办法，在家中无外人时再对孩子进行过错教育。

此外，为了保护孩子的自尊心和自信心，祖辈一定要知道：孩子越小，心灵越不设防，越容易受伤害，所以爷爷奶奶需要给予小心呵护。

技巧2　批评要就事论事，不要在孩子之间做横向比较

平时批评孩子要就事论事，要有针对性。如果在批评孩子时东拉西扯算旧账，把好几天，甚至一年前、两年前的过失都放在一块儿算是很不好的。这样，不但冲淡了批评过失的主题，还会让孩子不知道挨批评的重点是什么，还会觉得自己这也不是，那也不是，总是有缺点。并且，也不清楚你让他改正什么，于是就容易使孩子产生消极情绪，失去信心。

这天奶奶带青青去莲莲家里玩，一见到青青与奶奶，莲莲就高兴地跑了过来，向青青与奶奶问好，莲莲的奶奶也热情地招待她们，还拿出许多好吃的给青青吃。这时，青青的奶奶说：“青青，你叫奶奶没有啊？你看看人家莲莲与你一样大呢，就比你懂事多了，你真得好好向莲莲学学了，要不我以后都不带你出来玩了。”青青点点头，就与莲莲一块儿去玩了。

这时，两位老人一边看孩子玩，一边聊天。但是，青青的奶奶却开始列举青青的“罪过”：“我家青青，可没有你们莲莲懂事，你让她干吗她偏不干吗，这不在家里我跟她说得好好的，见人要主动打招呼，跟老人要主动说话，谁知这一来到你们家就给忘了。平时在我们家，她自己有个好玩具也不愿意拿出来和人家一起玩，真是一点也不懂事。”这时在一旁玩得高兴的青青走过来，眼睛直盯着奶奶说：“我不想玩了，我要回家。”“哦，这刚来一会儿，就要回去呀，再玩一会吧。”奶奶说。“不行，我现在就要回家。”青青坚持说。奶奶无奈，只好带青青回家。从这以后，奶奶每次说要带青青去小朋友家里玩，青青都磨磨蹭蹭地不想去，并说还不如一个人待在家里呢。这让奶奶很纳闷，青青以前那么爱去找小朋友玩耍，现在怎么不爱外出了呢？

青青不愿意再去找小朋友玩能怪青青吗？其实，奶奶不知道，这得怪自己，不该当着青青的面说她不好，更不该不停地夸别人的孩子，这让青青觉得自尊心受到了伤害，感觉很没有“面子”，所以，就再也不愿和奶奶一起出去玩了。

不要在孩子之间做横向比较。很多家长“恨铁不成钢”，看到别人家的孩子，不自觉会进行横向比较，比如，怎么人家孩子考那么高分呢？怎么自己的孩子就不会画画？殊不知，这样的比较，会伤了孩子的自尊心，对孩子造成永久的伤害。所以，聪明的爷爷奶奶应该反思自己的行为，不要在孩子当中使用横向比较。要知道，每个孩子都有自己的闪光点，作为家长，你要赏识孩子，尊重、理解孩子，保护孩子的面子。

总而言之，家长当众揭孩子的短，会让孩子变得自卑、羞怯、叛逆，不利于孩子的健康成长。因此，这种错误的教育方式，爷爷奶奶一定要切忌为之。

第22招

批评孩子不在声高气粗

生活中，很多家长往往以成人的标准来衡量孩子，孩子有了过失常常小题大做，大发脾气，用否定、粗暴的训斥来对待孩子，如“你真是笨，越长越没有出息”，“你真任性！一点儿都不讨人喜欢”，“现在就学会了撒谎，长大后不知道成什么样子”，张口闭口总是斥责或辱骂孩子。其实，这样一点儿作用都没有，反而会使孩子更任性。

晓晓今年七岁了，平时还算懂事可爱。可是今天刚吃过晚饭，她就在家里蹦蹦跳跳，兴奋地从这个房间蹦跳到那个房间，原来是奶奶今天上午带她去买了一双漂亮的红皮鞋，这下可把晓晓给乐坏了。蹦来蹦去的晓晓一会儿就觉得脚上太热了，就脱了鞋子玩起来，可是一会儿她要小便，于是就光着脚进了卫生间，之后没有洗脚又跳到了床上。这下可好了，干干净净的床单立即留下了几个黑糊糊的脚印，这下一向疼爱她的奶奶给气坏了，立刻扬起手来，想打她两巴掌，但想了想又将手放下了。这时奶奶平静了一下心情，把晓晓 弄脏的床单扯下来，拿进卫生间的洗衣盆里，之后对晓晓说：“今天我不打你，你必须自己把床单洗干净，算是对你的一点惩罚，以免老是犯错误。”

这时，晓晓看着被自己弄得脏兮兮的床单，就一边点头答应，一边噙着眼泪用一双小手搓洗床单。这时奶奶在旁边默默地看，乘机问晓晓：“怎么样，洗得累不累？”“累。”晓晓小声回答。“哦，那奶奶每天都要给你洗那么多衣服，也都是这么累，你感受到了吗？”奶奶说。这时晓晓不好意思地涨红了脸，她说：“奶奶，对不起，我知道错了，我以后再也不这么做了。”果然，从那以后，晓晓做事知道考虑后果了，懂得什么能做什么不能做了，这样一来，奶奶也省心多了。

适当的惩罚可以加深孩子的印象，使孩子自己承担犯错后果，其实，无论什么人，受激励而改过是很容易的，而受责骂而改过比较来讲是不大容易的。

给爷爷奶奶外公外婆的家教技巧

在生活中，有时大人也会出现这样那样的过失，更何况不谙世事的孩子。因此，面对孩子的过失，爷爷奶奶一定要冷静对待。批评孩子时，一定要就事论事，恰如其分。孩子有缺点，最好能在没有外人的情况下进行善意的批评，并指出改进的措施。尤其对孩子要有全面的评价，既要看到孩子的过错，又要看到孩子的优点，同时更要保护孩子的自尊心。

技巧 1　不可只用“武力”教育孩子

作为老人要学会制怒，孩子犯了错，应以一颗平常心来对待，把它看作是正常现象，是孩子成长中不可避免的。武力解决不了任何问题。

所以，平时要将教育与批评结合起来，使教育深入到孩子的内心。批评孩子时一定要讲清楚什么是不良品德、不良行为、不良习惯与不良学习态度，从而使孩子感到非常有必要克服这些缺点，从而改正错误。

这天，奶奶带着琪琪到楼下的小区院里玩，几个小朋友在院子里玩皮球，热闹非凡，琪琪一见非常高兴，也快乐地参与其中，与大家一起玩。但是，正当大家玩得开心时，琪琪却把另一个年龄小的小朋友的皮球抢走，一个人独自玩起来，而被抢的小朋友见与琪琪争不过皮球，就在那儿大哭起来。奶奶看到这里，非常生气，就走过来想打她，厉声对琪琪说：“你怎么可以这样？把皮球还小朋友。”可是琪琪还没玩够，就是不给，并且还抱着皮球飞快地

不在大庭广众之下打骂孩子

反例

正例

即便有时候孩子错了，那自尊心也是很强的，当众让他丢脸，只会让孩子心生怨恨。

跑得远远的，生怕奶奶过来给她要走。这时，奶奶没有再追过去向琪琪要皮球，而是说：“哦，既然你那么想自己玩，就在那玩一会儿吧。”

一会儿过去，琪琪见自己一个人在这玩没什么意思，就又跑回来与大家一起玩。可能是她自己也觉得不好意思，不但将皮球还给了那位小朋友，还把兜里的糖果拿出来，给小朋友吃。这下小朋友一下子转怒为喜了，还和琪琪一起高高兴兴地玩起来。

孩子犯过错，是很正常的。一定要心平气和地启发孩子，而不直接批评他的过失。其实，孩子是很聪明的，很快他们就会明白大人的用意，愿意接受家长的意见。就像上面说的琪琪，抢了别人的皮球，奶奶没有严厉地指责她，而是让她玩一会儿，但一会儿过去，她自己反而觉得自己不对，于是便主动地将皮球还给小朋友，并且将自己的食物分给别人吃。这说明孩子都是有自觉性的，都能知错就改，所以，作为长辈，没有必要对孩子大吵大骂。

技巧2　批评孩子一定要避开的三个时间点

批评孩子要注意时间，有爱心的爷爷奶奶一定注意不要在睡觉前批评孩子，因为批评之后孩子会情绪不好，从而会影响睡眠，休息不好就会影响孩子的身体发育。还要注意不在清晨批评孩子，因为“一天之计在于晨”，如果一大早就批评孩子，可能会破坏孩子一天的好心情，使孩子这一天做什么都不高兴。另外，也不要吃饭时批评孩子，因为孩子一生气就会影响食欲，长此以往就会影响消化，从而对孩子的身体健康不利。

其实，批评孩子也是一门艺术，爷爷奶奶都应该努力去学习、去探讨这门艺术，以便使自己对孩子的批评能做到有的放矢，如春风化雨般滋润孩子的心田，从而达到良好的教育效果。

第四章

千万别溺爱！早独立的孩子最有前途

对孩子百依百顺，有求必应，生怕孩子受一点点委屈。这是真爱孩子吗？

不是！真正的爱不是让孩子永远做一朵温室里的小花，而是让孩子独立生活的能力越来越强，最终成长为一棵能经受住风吹雨打的大树。

第23招

爱孩子，但绝不溺爱

一些教育专家，将从小在幼儿园长大的孩子与祖辈带大的孩子进行比较，发现那些由祖辈带大的孩子，生活中的一切事都不能或不想自己动手，碰到一些问题就不知如何解决，而稍不如意就哭泣、撒娇，有的孩子都上二三年级了，还要爷爷奶奶每天去接送自己。他们不但缺乏应变能力，而且也不合群，不能与其他伙伴很好地合作。而那些在幼儿园长大的孩子群体意识很强，适应能力很强，很多事情都能自己动手做，而且这些孩子的胆子也很大，社交圈子比较广，很小就能横穿马路。因此，祖辈庇护下长大的孩子，不但生活自理能力差，而且社会适应能力也很差。

灿灿的妈妈说，自己在一家房地产投资公司做法律顾问，生了女儿灿灿后就把婆婆从老家请了过来，帮忙照看孩子。而婆婆也把带养孙女灿灿当成了自己的首要任务，每天像宝贝似的捧在手心里。如果灿灿不小心摔倒，奶奶就好像比自己受伤都心疼，总是又哄又抱地心疼得不得了。一旦天气稍有变冷，就给灿灿穿上一层又一层的衣服，生怕孩子受到一点点凉气。更让灿灿的爸爸妈妈看不惯的是，灿灿不管做了什么错事，奶奶总是用自己的方式宠着、护着，不许灿灿的爸爸妈妈责备一句。

孩子的性格是从小培养的，等到懂事的时候再更正恐怕来不及了。上文中奶奶的过分溺爱，娇惯出灿灿的坏脾气——任性、不习惯吸收别人的意见、自以为是、受不得半点委屈等，孩子的许多不良行为习惯就是在溺爱中形成的。因此，许多祖辈带的孩子往往缺乏自理能力，吃饭、穿衣、大小便等全需大人的帮助才能完成，而且，这类孩子还往往不珍惜物品，浪费金钱和不体贴他人，只讲究自己的物质享受，并且没有一点忍耐力和吃苦精神……

通常来说，在爷爷奶奶们的庇护下，孩子容易出现两个极端：一个极端是，孩子过于放纵、专横跋扈、难以管理，其性格“特外向”，但在家里是个小霸王，到了外面却毫无独立能力，碰到问题只知道躲到大人的身后寻求保护；另一个极端是，孩子过于胆小怕事、不合群、寡言少语、应变能力差，其性格过于“特内向”，遇到事情不知怎么处理，而且缺乏自理能力。

给爷爷奶奶外公外婆的家教技巧

虽然孩子与大人有着同等的社会地位，但孩子毕竟是没有生活经验、心智不成熟的，因此孩子需要大人的领导和指引。想做一个合格的、新时代的爷爷奶奶，就要学习和掌握更有效的办法，帮助孩子朝着正确的方向发展。平时教育孩子，爷爷奶奶要注意以下方式：

技巧1　别总是“心太软”，不能对孩子有求必应

通常来说，爷爷奶奶往往仁慈、心软，对孙辈总是有求必应，这是由于“隔代亲”的亲情，形成了爷爷奶奶对第三代人的格外疼爱。但是，这样很容易养成孩子霸道、一意孤行等坏毛病。所以，爷爷奶奶在实施教育时，不要心肠太软，而要学着心肠硬一点，并且一硬到底，才不至于使孩子一意孤行，胡作非为。比如，平时教育孙子时，凡是既定的原则，就不能允许孩子有“例外”，一切均要按原则办事，还要注重赏罚分明。尤其是在学习、品德和遵守学校纪律上，更要严格要求，向高标准看齐，不能对孩子随意降低标准。任他哭闹不休，在原则问题上不退让一步。而且，在日常生活中，也要按规矩要求孩子，做到一丝不苟，才能使孩子养成好习惯。

老人绝不能溺爱孩子

反例

正例

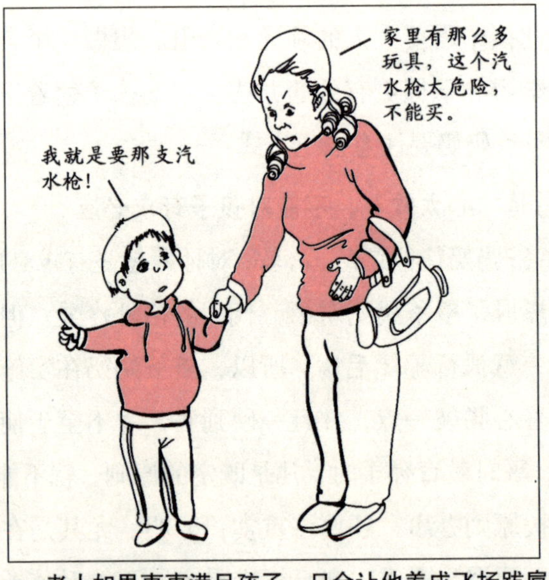

老人如果事事满足孩子，只会让他养成飞扬跋扈、专横霸道的性格。

一天吃晚饭的时候，龙龙忽然想吃“油爆大虾”，妈妈说明天再去菜市买，现在饭菜都做好了先将就着吃吧。可是，龙龙非但不听，还以哭威胁，并且还坐在地板上耍赖。这下奶奶可慌了，非要现在就去给龙龙买大虾去，但妈妈坚持不同意。于是，龙龙就大哭，妈妈给她讲道理，但越讲道理龙龙就哭得越来劲。这时奶奶就训妈妈不要责骂，怕吓着龙龙。可是妈妈认为，不能因为孩子突然想要什么就给什么，更不能毫无道理地立刻兑现，这样会养成孩子任性的性格。最后，一家人都闹得很不愉快，晚饭也没吃好。

我们知道，教育好孩子是爷爷奶奶和孩子爸妈的共同意愿。因此，聪明的爷爷奶奶，要做孩子爸妈的同盟军，在教育理念和实施行动时，要与子女保持一致，不能偏袒和溺爱孙子孙女。平时，要多和子女沟通，听取他们的意见，尊重他们的想法。作为老人，千万不能倚老卖老，固执己见。要维护事实，不能偏袒与护短。

技巧2　多磨炼，让孩子学会独立自主

俗话说：宝剑锋从磨砺出，梅花香自苦寒来。爷爷奶奶平时要多磨炼孩子的能力与性格，孩子们可以自己完成的事，就不要替代他们，让孩子做到自己跌倒后，自己爬起来。祖辈要知道独立性是人的心理特征，它是靠引导、培养锻炼以及环境造就而形成的。但现在的孩子，其物质享受大都比较丰富，文化生活也比以前多了许多，所缺少的是独立自主的精神。

因此，平时教育孩子还要培养他们的独立性，具体可以从这几方面入手：为孩子安排独立活动的内容，比如，引导孩子去旅游、做手工、制订学习计划等；让孩子做些力所能及的事情，比如，吃饭时摆碗筷、端小椅子、洗小手帕、拿物品等；让孩子参加集体活动，在一些集体活动中，可以让孩子学会团结、大方、礼貌、遵纪、自尊、竞争、组织能力和服从精神等，可以让孩子参加一些体育比赛、夏令营、集体娱乐等；让孩子学会正确评价自己，比如，让孩子总结学习功课的得失、分析自己的优缺点、独立检查作业等。

第24招

别把孩子惯成任性的“小霸王”

可以说，没有一个祖辈不爱自己的孙子。可是孩子们要的爱，不是祖辈要取代一切的疼爱，不是一切都百依百顺的溺爱，更不是像行星围绕太阳那样天天围着孩子转。我们知道，那些天天围着孩子转的爷爷奶奶都是好保姆，他们对孙子百依百顺，概括起来有这三点：“包办过多”，“保护过度”，“照顾过份”，而这种一切都以孩子为中心的宠爱，却造成孩子自理能力方面的欠缺。

因此，在隔代教育中，老人处处以孩子为中心，却使很多孩子因此养成只顾自己、不管别人、没有规则意识和群体意识的简单思维模式。过于袒护容易养成孩子顽劣、冷漠的性格，缺乏爱心，不懂体贴，任意胡为，不守规则。

会会的爷爷奶奶对她宠爱有加，平时总是将她视为掌上明珠，不知道怎么疼爱才好。会会五岁多了还要喂饭，还让奶奶给自己穿衣服，而且吃的、玩的，要什么就给什么，真是娇惯得无以复加。电子琴，小提琴，游戏机，乃至手风琴、钢琴，可以说会会样样都有，并每每在小伙伴面前引以为豪。

自从会会开始上小学之后，每天早晨，爷爷奶奶两人都会轮流送她到学校，并要一直送进教室，帮会会把课本拿出来，再帮她把铅笔盒打开，等老师来上课才肯离开。而且，每当上午第二节课之后，会会的奶奶就会准时提着保温瓶给孙女送奶喝，等会会喝完、擦完嘴才走。尤其是轮到会会做值日的时候，爷爷奶奶便纷纷来学校做义务劳动，什么擦玻璃、扫院子等等都包下来了，从不舍得让会会干一点活。就这样，会会都上三年级了，还每天衣来伸手，饭来张口，什么事情都没有亲自做过，真是一个名符其实的小公主。

生活中，有不少祖辈人舍不得批评、训斥孩子，更别说打了。虽然我们不提倡打孩子，但是适度的批评和约束不可少。所以，一些做人原则性的东西不能丢，哪怕孩子不乐意也要坚持。切不可像上文中会会的爷爷奶奶，在一切都代办的养育之下，使会会成长为“饭来张口、衣来伸手”的文明低能儿。

爱孩子就要为他提供一个良好的生活环境，任由孩子自由地去选择，使生命能够自然和谐地发展。要知道，祖辈“保姆型”的教育方法，只能养成孩子“懒惰”的心理行为，这样会害了孩子。因此，孩子不是太阳，爷爷奶奶也不是行星。为了孩子好，爷爷奶奶就要科学地把对孩子的爱表达出来，给他们理智的爱。

给爷爷奶奶外公外婆的家教技巧

任何事情都不让孩子操心是不行的，原则性的东西一定要坚持，比如道德、尊敬长辈、生活自理等，不要再事事替孩子代劳，以致让孩子受到过分宽容和保护，因此，对于爷爷奶奶来说，适量地让孩子受点苦，是十分必要的。平时要训练孩子独立能力，提升他们的自理生活的能力，一定要让孩子早点懂得做人的责任，让他学会早点操心自己的事情，关心家里的事情，这样培养起来的孩子才能坚强懂事。

技巧1　小小的惩罚更能让孩子认识到自己的错

有时候孩子任性，要进行一点点小小的惩罚才能改正。比如，当孩子不肯吃早饭时，爷爷奶奶既不要责骂，也不要威胁，只需饭后把所有的食物都收起来。等过一会儿，孩子说肚子饿时，你告诉他肚子饿是不吃早饭的结果，这时孩子尝到饿的滋味以后，就会乖乖地按时吃饭了。如果孩子一直不能按

老人对孩子的行为要有所约束

反例

正例

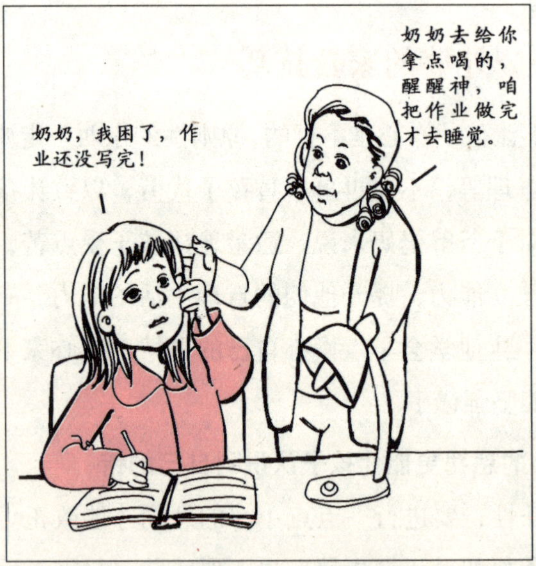

教养孩子，一定要分清事情的性质，不能迁就的坚决不迁就。

时完成作业，就要给他一定的惩罚，不要随他的便，一味地姑息纵容。尤其是对于年龄小的孩子，还听不懂正面的教育，而适当惩罚是一种极为有效的方法。因此，当孩子任性时，爷爷奶奶在情绪上要表示理解，但在行为上要坚持对他的约束，才能起到应有的作用。

一向快乐得如小鸟一样的翔翔，在开学的第一天就像瘪了气的皮球，一点活泼的精神都没有，回到家里就埋头做作业，不敢再贪玩。直到奶奶做好丰盛的晚饭，他都不肯去吃。原来，今天老师在教室里的批评真是太让翔翔惧怕了，因为当时全班的同学都在看着他，令翔翔羞得无地自容。因此，不管奶奶怎么劝说，翔翔都不肯吃饭，而要坚持写作业。

这时，爷爷看不下去了，怕饿坏了孙子，就说："翔翔没事，你先吃饭，作业完不成，让你爸爸吃了饭替你做，再不行，明天我去你们学校，找你们班主任给你说情。"翔翔听了爷爷的话，有了精神，打算像往常那样丢下作业去吃饭。可是，这时爸爸却严厉地说："不行，从今以后，翔翔一定要改正以前的生活习惯，必须自己的事情自己做，谁也不能再袒护他。"翔翔一看爸爸发这么大的火，只好再乖乖地去写作业。这时爸爸给翔翔指定了10道数学题，告诉他完成、做对就可以去吃饭，另外，将翔翔未完成的暑假作业，按一周时间分好每天的工作量，每天晚上必须完成才能睡觉。这样，在老师与爸爸的严格规定下，翔翔终于完成了作业。后来，翔翔逐渐地改掉了以前的生活习惯，改掉了任性的毛病，从而学会自己的事情自己处理。

对孩子的生活自理能力，应尽早培养，让孩子承担力所能及的家务劳动，尤其学会自觉为别人服务，对于锻炼孩子的动手能力至关重要。

此外，当孩子一再任性，屡劝不改时，爷爷奶奶可以尝试让孩子承担他因任性而造成的恶果。比如，孩子任性时摔碎了东西，可以用他积攒起来的零用钱去作赔偿，好让他知道任性是没有好处的，从而让他渐渐改变任性的行为。

技巧2　绝不满足孩子的不合理要求

聪明的爷爷奶奶平时要注意了解孩子任性的原因，在教育孩子时，要就事论事地告诉他这次错在哪里，由于孩子任性的表现千差万别，因此解决任性的方法也要因人因时因事地加以实施。不要不明原因地、泛泛地教育孩子“你这样做不对”“你太任性了”，或是全盘否定孩子，这样不但起不到应有效果，还会加重孩子的逆反心理，使任性更加难以纠正。

当孩子不合理的要求没得到满足而对你纠缠不休时，爷爷奶奶可以采取回避的办法，暂时不去理他，让他自己去哭闹。这样，当他觉得无人理睬时，自己就会感到无趣而停止任性的行为。

此外，预防孩子任性，平时可以多鼓励他参加集体活动，多和同伴一起玩耍。比如，经常请邻居的小朋友到家里；适时地放孩子出去找伙伴等。这样，孩子在与别人的沟通中，会体会到任性无用武之地。

第25招

不准备“专利菜”

可以说，偏食、挑食、厌食是现代孩子最常见的现象之一，但这种不好的饮食习惯却大大影响了孩子的身体健康与发育。生活中，有很多祖辈过分娇惯孩子，一切由着孩子的性子来，在饮食上总是由着孩子一时的胃口，于是很多孩子在日常饮食中常常只挑几种食物吃，不吃其他食物，这样长期下去使食欲日渐减退，甚至产生拒食的现象。因此，很多孩子患上了营养素缺乏性疾病，比如，瘦弱矮小体重低，以及佝偻、贫血、反复呼吸道感染等；而且少吃或者不吃蔬菜的孩子，还会经常出现腹痛和便秘。

还有些祖辈，有更多的时间去料理孩子的饮食，于是在每天的餐桌上常会出现一两道“专利菜”，而且一家人都不能碰这道菜，因为一旦这道菜被侵犯，孩子就会大哭大闹、不依不饶，因为他认为这是“我”的东西，别人绝不能“染指”，俨然一个小皇帝。但这样却极大地影响了全家人吃饭的快乐，同时孩子只吃这道“可口的专利菜”，就会导致体内营养不全。

给爷爷奶奶外公外婆的家教技巧

有爱心的祖辈们，平时在对待孩子的饮食上，一定要严格要求，让孩子养成良好的饮食习惯。一定要注意让孩子摄入均衡的营养，对孩子提出适当的饮食规则，不能处处迁就，从而帮助孩子建立良好的饮食习惯。祖辈一定要明白，无论多么小的孩子，都要让他学会与别人分享，千万不能让孩子养成吃“独食”的坏习惯。

聪明的爷爷奶奶要认识到，孩子吃零食是一种不卫生的坏习惯，因此一定要花大力气教育孩子改变吃零食的习惯。平时可以结合具体事例，通过多种途径教育孩子不要吃零食，要耐心地向孩子讲清吃零食对身体健康的危害，从而让孩子从思想上认识到吃零食的坏处。

要想改掉孩子上面这些毛病，平时可以参考以下方法：

技巧1　建立良好饮食习惯，少吃零食

平时，让孩子建立良好的饮食习惯非常重要。而建立良好的饮食习惯，首先要拒绝零食。要知道，零食虽然好吃，但绝不能吃得太多，很多零食虽然味道不错，却没有多少营养，而且有的零食里还添加了一些对身体不健康的化学成分，这样，孩子吃多了零食之后，不但会使胃肠负担加重，导致消化系统的功能紊乱，甚至还会引发某些疾病，大大地影响身体健康。尤其是每天吃饭前，绝不可给孩子吃零食，以免影响食欲。可以先经常告诉孩子在饭前一个半小时，绝不能吃零食，而且要监督几天，如果发现孩子有进步，应及时表扬；否则，就要给以适当的批评，以帮助孩子改掉吃零食的习惯。

攀攀是个非常可爱的女孩子，不但长得漂亮，而且聪明伶俐，这下可乐坏了爷爷奶奶，对自己这个宝贝孙女不知道怎么宠爱好，凡是攀攀的要求一概都满足。特别是在吃零食上，攀攀的小嘴巴一天到晚都不消停，奶奶几乎天天都会买好多零食回来，而且都是攀攀平时最爱吃的，而聪明的攀攀一看到奶奶拎着一大包好吃的回来，就会飞快地跑过去，说：“奶奶真好，奶奶最疼我。”而且，还会抱着奶奶的脖子，在脸上香几下。这下可乐坏了奶奶，老人高兴得脸上的皱纹都展开了。就这样，攀攀经常把零食当成正餐来吃，越吃越想吃，而到了每天吃饭的时候却不想动筷子了。由于没规律的进食，再加上营养不良，攀攀的体质越来越差，而且总是爱生病，这时，奶奶才感觉情况不妙。

像上文中的攀攀长期吃零食而不吃正餐，从而造成了体弱多病。有些家庭饮食没有规律，吃饭时间或早或晚，不能养成定时定量的习惯，有时做饭晚了怕孩子饿着，就让孩子先去吃些零食。殊不知，这样就会降低孩子的食欲，孩子到吃饭的时候就吃不香了。因此，为了孩子好，慈爱的爷爷奶奶不要太心软，要合理地调整饮食，要想办法将孩子的饮食引到正餐上来。平时，祖辈可以和孩子的父母积极配合，共同帮助孩子改掉吃零食的坏习惯，并要让孩子养成定时饮食的习惯。

为了让孩子健康快乐地成长，细心的爷爷奶奶可以根据孩子的情绪变化，调换相应的饮食，以调理孩子的情绪。据美国儿科专家调查显示，当孩子情绪不佳，心神不安，发生异常变化时，应考虑到是否体内某些营养素缺乏。如果孩子行为反常，也可能是营养不良所引起，大体上可归纳为这几种：如果孩子在夜间经常磨牙，并且手脚抽动、易惊醒，这常是缺乏钙元素的一个信号，这时就应及时在孩子的饮食中增加一些绿色蔬菜，以及奶制品、鱼松、虾皮等；如果孩子不爱交往，行为孤僻，动作笨拙，多为机体内缺乏维生素C和甲茎水植酸的结果。这时可在孩子的饮食中添加富含此种维生素的食物，如番茄、桔子、苹果、白菜与莴苣等，从而缓解或消除这些症状；如果孩子有“异食癖”，喜吃一些纸屑、煤渣、泥土等异物，那么则与缺乏铁、锌、锰等元素有关。这时就要及时地在孩子的饮食中增加一些含这些营养元素的食品，如海带、木耳、蘑菇等；如果孩子的行为表现与他的年龄不相称，总是较同龄孩子幼稚可笑，那么则表明孩子体内的氨基酸不足，这时就宜增加高蛋白食物如瘦肉、豆类、奶、蛋等食物。

技巧2　防止偏食，平时饭菜要多样化

要使孩子得到足够营养，就要防止孩子偏食，保持平衡的饮食习惯。可以说几乎每一种食物中都包含着人体需要的某种营养，但没有一种食物能包含人体所需的全部营养。因此，每样食物都不要吃得过多，但也不能一点不吃。

不给孩子备“专利菜”，养成良好的饮食习惯

反例

正例

经常吃“专利菜”很容易造成营养不良，最后害了孩子。

如果某一类食物吃得过多，别的一些食物量自然会相对减少，这就会导致其他营养素缺乏。

七岁的洋洋还不会自己吃饭，每天吃饭的时候还要外公或外婆喂。而且洋洋还特别挑食，平时不管外婆做什么饭菜他都说不好吃，却偏偏爱吃红烧肉，每天都要求外婆给他做着吃。于是，每天吃饭时，外婆都要费尽心机为洋洋做上他的“专利菜”，而洋洋总是一个人霸占这道菜，连外公都不能尝一口。洋洋的妈妈从外地回来知道后，认为不可以这样，这样下去不但会使身体营养不良，而且还会让洋洋变成一个自私自利的孩子。外公觉得洋洋的妈妈说得对，就决定撤销洋洋的“专利菜”，可是妈妈离开外婆家去外地上班后，洋洋仍然缠着外婆做给他吃，外婆不肯做，他就哭闹个没完，甚至以拒食要挟，外婆经不住洋洋的闹腾，又开始天天做“专利菜”给他吃。

就这样，半年时间过去，妈妈再见洋洋时，发现孩子竟然吃成个大胖子，妈妈大吃一惊，带洋洋做体重检查，才几岁的孩子竟然将近五十千克重了，这下可急坏了妈妈。可是，体形如此彪悍的洋洋，身子骨却不硬朗，经常吵着自己的小腿抽筋，身上没力气，这是怎么回事呢？妈妈又带洋洋去医院做全面健康检查，医生说洋洋体内严重缺乏维生素、钙、锌及其他微量元素。这时妈妈恍然明白这都是洋洋平时饮食只吃“红烧肉”而不吃其他食物的结果。外婆得知后，更是后悔莫及，没想到自己一向疼爱洋洋却害了他。

为了增进食欲，使孩子好好吃饭，爷爷奶奶要尽量把饭菜做得好一些，变换一些花样，在烹调时尽量使色、香、味俱全，再取个好听的菜名，这样孩子一定很爱吃。为了配合孩子的身心发展，对于孩子不喜欢的食物，不可轻言放弃，要知道，如果食谱越来越窄，就容易使孩子营养摄入不均衡。因此，平时爷爷奶奶应当尽量扩大孩子的食谱，让孩子从小接触到更多的食物，以避免孩子长大后挑食厌食。而且，还要让孩子更多地接纳蔬菜和水果，以使营养更加全面而平衡地吸收。

第26招

事事包办不如事事“不管”

有很多祖辈对孩子生活中的一切总是大包大揽，施行“一条龙”“全方位”“系列化”的服务，使孩子过着衣来伸手饭来张口的生活，娇嫩得如同温室中的花朵，经不起一点点风吹雨打。这还不说，调查发现，现在的孩子差不多都是劳动观念淡薄，缺乏劳动技能，而且自私、懒惰，办事没有主见。归根结底，这都是由于祖辈自身对劳动存在着认识误区，因此这完全是爷爷奶奶、外公外婆们忽视劳动教育以及凡事包办代劳的结果。

爷爷奶奶应当明白，照料孩子的目的，不仅仅是为了使孩子生活得舒适，更重要的是在照料过程中，让孩子学会生活自理，进而掌握独立生活的能力。如果孩子生活中的大事小事都由自己一手包办，那么，孩子就根本得不到锻炼的机会，长大后，又如何能够自食其力呢？所以，凡事代办是一种非常不利于孩子的教育方式，一定要及时地纠正。

给爷爷奶奶外公外婆的家教技巧

为了培养孩子的独立人格，为了使孩子健康成长，家长常常给予孩子充分的爱。无论给予孩子多少爱都是没错的，但一味的溺爱、包办则是错误的。因此为了让您的宝贝孙子成长得更懂事更有能力，聪明的爷爷奶奶在日常照顾孩子时还要注意以下方法：

技巧1 对孩子事事“不管”才是最好的“管”

可以说，现代孩子的致命弱点，就在于依赖性强，做事没有自主性。而发生这种现象的主要原因就在于家长的凡事包办，使孩子丧失了自我实践的机会。其实，许多事情就是这样，家长事事替孩子考虑周全，孩子就不用思考该怎么办，而只会在长辈的“周全”中去享受本来该自己处理的一切。相反，如果家长事事“不管”，却是调动孩子思维和四肢的最好方法，这样孩子就不得不自己去“管”。

一次，小邓外出办事回来路过女儿的学校，正好赶上孩子们放学，于是他就到学校门口接女儿回家。女儿娜娜一出学校的大门看见爸爸，就高兴地跑来，来到爸爸跟前就将手里的书包往爸爸手里一塞说：“爸爸今天该你给我背书包了。”“哦？呵呵，好。今天爸爸就替娜娜背一回。”小邓对女儿说。“嗯，你今天还是第一次给我背书包呢，以前都是爷爷给我背书包。”女儿还不高兴地说。“哦？以前都是爷爷给你背的书包？你自己怎么不背？”小邓惊讶地问女儿。“有爷爷呢，我干吗要背！爷爷说我年龄还小，背书包会累坏的，以后都不长个子啦！”娜娜撅着漂亮的小嘴生气地说。“啊？怎么能这样！真是岂有此理，你自己上学怎么能让老人给你背书包！”小邓生气了，大声地训教女儿。

这时爷爷从家里来接娜娜正好赶过来，老人生气地说：“你怎么能这样对孩子？我给娜娜背个书包也没啥，再说孩子小，这样的书包对她来说确实太沉了，会累着她的。”小邓听了老爸的话，真是又气又急，就脱口说道：“你知道吗？你这样事事都替她去做是为她好吗？其实，你这是在害她呀。”

爷爷听了儿子的话，非常生气，但他转念一想，自己对娜娜确实是一味地溺爱，很少严格要求，她的什么事情都是自己替她去做，而且还常常无条件地满足她的各种要求，失去了分寸，而自己这种无原则的大包大揽的确给娜娜的成长添了许多麻烦，与其他小朋友相比，娜娜的自理能力确实很差。

事事包办不是爱孩子

反例

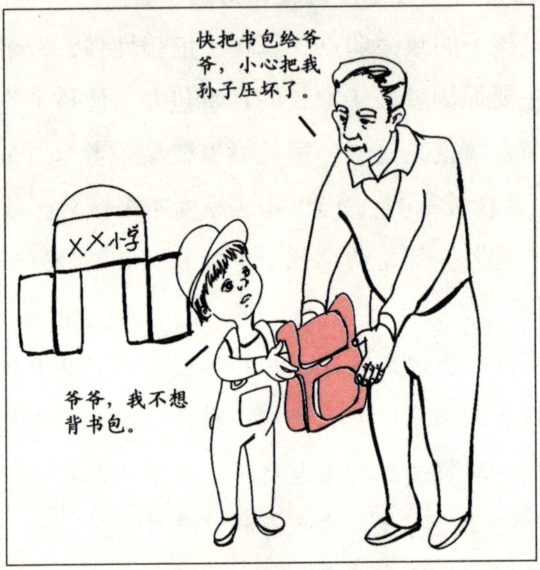

正例

事事包办只会剥夺孩子生活实践的机会，阻碍孩子成为自己的主人。

于是爷爷豁然明白，决定从此改变对孙女的教养方式，使她能尽快地走向独立的道路。

苏联工读学校创始人马卡连柯说过：“你想害死你的孩子吗？请给他一剂足够的幸福。”是的，溺爱对孩子来说不是幸福，而是危害。爷爷奶奶把一切都包办了，这表面看似幸福，实则背后却是后患。要知道，一旦孩子过惯衣来伸手、饭来张口的日子，内心就会产生强烈的依赖性。那么，将来孩子长大，离开家庭、亲人，进入社会独立生活、工作后，就没有生活自理的能力，因此，一味地包办是祸害孩子的罪魁祸首。

因此，教育孙辈，聪明的爷爷奶奶、外公外婆应采取无为而治的办法，让孩子学会凡事“自己管”，这样孩子才能够逐渐地“管”好自己。因此，从这个意义上来说，对孩子事事“不管”才是最好的“管”，平时一定要多培养孩子的自理能力。

技巧2　多鼓励孩子参加集体劳动

平时多鼓励孩子参加集体劳动，也是培养生活能力的一个好办法。孩子在集体劳动中可以提高自己的劳动技能，并且通过与伙伴们的共同努力，学会与他人配合协作，增强集体观念，增强适应社会的能力。

聪明的爷爷奶奶还要知道，孩子年龄小，缺乏技能和生活经验，学做事情难免会出差错，这时不要着急，而要耐心教他们去做。如果因为怕孩子出错，就剥夺他们锻炼的机会，那么，孩子的劳动能力就无法提高，也就永远成不了生活的主人。

第27招

教会孩子说“我自己来”

可以说，“望子成龙”是现代家长普遍的心愿，不过，这种心愿虽然美好，但如果教育的方法不恰当，那么孩子成“龙”的愿望就会成空。试想，现代的孩子在大人的极力宠爱之下，好几岁了，连自己的饮食起居都不会打理，因为早有人把生活所需的一切事情都给包办了，特别是那些在祖辈庇护下长大的孩子，生活自理能力往往更差，什么事都靠爷爷奶奶或外公外婆去做，这样的孩子长大以后，你又怎么能指望他成龙成凤呢?

在小时候，祖辈通常习惯于包办孩子生活上的一切事情，这样也会使孩子逐渐怠懒了自己的手脚。比如，当孩子自己学吃饭时，大人总是担心孩子弄得一塌糊涂，或怕孩子吃不好饭菜凉了，就一口一口地喂；当孩子蹒跚着上下楼时，爷爷奶奶或外公外婆们又总担心孩子会摔倒，于是就会抱着孩子上下楼梯等等，这种种做法使得孩子的手脚得不到充分的运动，就很容易导致孩子动作发展缓慢。而且在大人一味地代办之下，孩子的大脑也用不着独立思考，并且会产生对大人的依赖，于是独立生活能力就会很差。

亮亮现在四岁半了，他可是爷爷奶奶的掌上明珠，整天被两位老人宝贝得不得了。瞧，每天吃饭时，亮亮总会说：“奶奶我饿了，快给我喂饭吃。”每天睡觉的时候，亮亮又会说：“奶奶，帮我脱了衣服。”“奶奶帮我洗洗手”，“奶奶帮我穿上鞋”，“奶奶帮我把香蕉皮剥了”……总之，不管是生活中的什么事情，亮亮总要在奶奶的帮助下才能完成。而且，更让人费解的是每次到外面去玩，只要奶奶在身边，亮亮总是走不了几步就说累，非缠着奶奶抱着他。这天去公园玩，离开家门刚走了几步，亮亮就赖着不走了，非要奶奶抱才行。于是奶奶只好像往常一样抱着他，等逛完公园，却把奶奶给累坏了。

一天放学时，幼儿园的阿姨要求孩子明天都自带手绢到学校来。但是，第二天到了幼儿园里，亮亮却忘记带手绢了。当阿姨检查小朋友带的手绢时，亮亮居然理直气壮地说：“阿姨，这事不怪我，都是我奶奶太糊涂了，忘了让我带手绢。”“呵呵，是吗？原来是奶奶忘了让你带手绢，而不是你自己给忘了啊。”幼儿园阿姨哭笑不得地说。这孩子丝毫没有意识到忘带手绢是自己的事，还怪到了奶奶的头上。

一个人只有具备了自立意识和自我服务的技能，才能保证良好的生存与发展。但是，这种能力不是天生的，是要从小加以培养和鼓励的。所以，平时凡是孩子自己能做的事，都应该让他自己去做。像上文中的亮亮，平时什么事情都让奶奶替自己去做，就连自己忘了带手绢还怪罪奶奶，从没想到是自己的不对。所以，爷爷奶奶如果想锻炼孩子自己动手解决问题的能力，平时一定要多让孩子“自己来”，让他们自己面对生活中的各种问题，从而在不断地磨炼中学会自己解决问题,这样孩子长大才能成为一个有责任心的人。

给爷爷奶奶外公外婆的家教技巧

培养孩子的独立意识和自理能力很重要，但同时培养孩子的责任感也很重要，因为责任感能使孩子对自己的生活、行为负责。因此培养孩子，爷爷奶奶要从小让孩子学会独立，学会说“我自己来”。平时要多给孩子一些锻炼的机会，多引导孩子做一些力所能及的事，比如吃饭时，让孩子自己学拿筷子夹菜；起床时，让孩子自己学穿衣、学系鞋带；上幼儿园后，让孩子整理自己的书本文具等。总之，对孩子的期望越大，就越要趁早培养孩子的独

要有意识地培养孩子的独立能力

反例

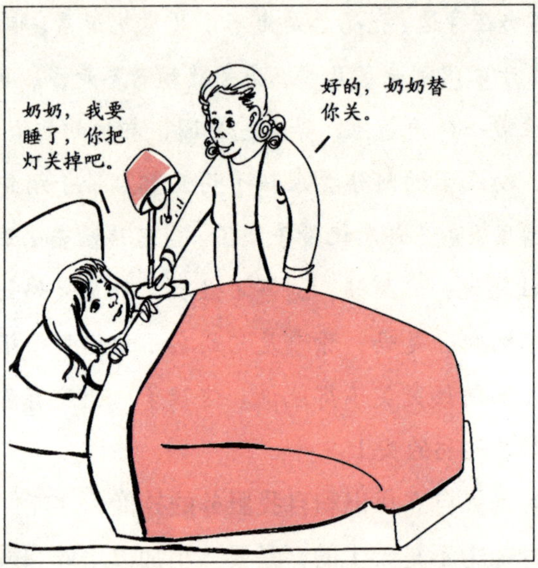

正例

如果不从小开始培养孩子的独立意识，不但影响孩子将来的生活能力，还会让他不能成长为精神独立的人。

立自理的能力，让孩子做到自己的事情自己做。

事实上，孩子是有很强的模仿欲与模仿能力的，当他们看到大人做事时，也常常想去帮忙。比如，看到爷爷推车子，自己也想去推一推；看到奶奶洗碗，自己也想试着去洗。可是，由于爷爷奶奶总是宠着，怕他们受伤了或累坏了，什么都不肯让孩子做，那么孩子就会连一些力所能及的事也不愿做了。因此，爷爷奶奶代办的结果有几点明显的副作用：孩子提高生活能力的机会失去了；剥夺了孩子自己动手的机会；剥夺了孩子求知的欲望；剥夺了孩子意志力锻炼的机会。因此，明智的祖辈一定要有清醒的认识，保持一点爱的距离，放开手让孩子自己来。

技巧 1　学习自我服务，支持孩子"自己来"

自我服务是一个人生存的基本需求，因此让孩子学会洗手、洗脸、刷牙、洗脚、剪指甲等，孩子才可以照料好自己的生活。此外，作为学前班的孩子，还要能自己穿脱衣服，系鞋带；学会削铅笔、包书皮等，从而对自己的学习用品进行分类整理和保管。

六岁的月月还不会自己穿衣服。每天早晨上学时，妈妈都要自己早早地起来为月月穿衣服，给她梳洗打扮好，才能送她去上学。最近姥姥从老家过来了，看到月月还不会自己穿衣服，就对月月的妈妈说："六岁的孩子应该自己学会穿衣服了，从明天开始每天早晨我来给月月穿衣服，保证这孩子几天就能学会自己穿。"

聪明的姥姥便把幼儿穿、脱衣服的方法编成了生动的儿歌，每当给月月穿衣服的时候就唱："抓领子，盖房子，小兔子钻笼子，左钻钻，右钻钻，吱哟吱哟上房子。"月月听了非常高兴，就如一只机灵的小兔子，左钻钻，右钻钻，乐呵呵地学会了穿衣服。

之前，月月经常说的"妈妈，我不会穿衣服"再也听不见了，随之而来的是"妈妈我自己穿上了""爸爸你看我穿得好吗？"就这样在姥姥的鼓励之下，月月学会了自己穿衣服，并且渐渐地穿得越来越整齐，从此以后越来越自立了。

培养孩子的独立性与爱劳动的品质，是很有积极意义的，因为这是孩子可以良好生存的基础。

一般来说，一岁的孩子吃饭时要自己来，即可满足他要求，不要怕他把饭洒到桌上；两岁左右的孩子要自己洗手洗脸，自己爬楼梯、穿脱鞋子等等都要扶持他。总之，凡是孩子能自己做的事，必须支持他自己做，并且要随着年龄的增长不断扩大“自己来”的范围。只有这样才可以锻炼孩子动作的灵活性、准确性，并增强孩子的自理能力。孩子虽小，但一些简单的家务事，如饭前摆放碗筷、擦桌椅、扫地、倒垃圾等，也能够完成，因此爷爷奶奶一定要坚持让孩子自己去完成，切莫代劳，这样，孩子才能渐渐地自立。

技巧2　耐心启发和鼓励，促使孩子自立

一般来说，小孩子都很会“察颜观色”，会在大人高兴的时候要赖皮。尤其是在爷爷奶奶、外公外婆面前最拿手，碰到自己不愿干的事情，撒几个娇，要要赖，老人往往就会心软而屈服于孩子的要求，为孩子代劳了。对此，聪明的老人，一定要“明察秋毫”，掌握好分寸，对于孩子能自己做的事尽量不要代劳。可以进行适当地鼓励，督促孩子自己去做，从而让孩子不自觉地受到刺激，积极地去独立完成。比如“我家小强最能干，一定会做得很好”或“爷爷相信你一定能做好”，“我知道你一定不会被这点小事难倒”等。

另外，对于那些孩子无意识要去做的事情，可以采取启发的方法，提醒孩子自己动手做。比如，早上起床的时候，可以跟孩子说：“王奶奶说，他们家小明每天起床后都会自己将被子叠好，你会吗？我想你一定不比小明做的差。”这样，孩子往往会很愉悦地接受你的建议而自己动手学叠被子。

通常，孩子由于年龄小，能力差，在尝试“自己来”时，往往会将事情搞得一塌糊涂，这时切不可苛求斥责，否则会导致孩子产生胆怯、消极与自卑的心理。因此，外公外婆、爷爷奶奶一定要耐心指导，做好示范，教会孩子最基本的技能，从而使孩子获得足够的自信心。

第28招

经得起“摔打”的孩子有前途

生活中有很多老人，对孩子的生活与行为表现总是该管的时候管不起来，该严的时候严不起来。尤其是当孩子在玩耍，乱撒一气时，祖辈们往往会一遍又一遍地收拾与整理；而当孩子蹒跚着上下楼时，又总是担心孩子会摔倒，而抱着孩子上下楼梯……而且，不但在家里如此，当孩子学习上遇到困难时，好多祖辈还会想方设法找到答案告诉孩子，有时候甚至还替孩子写作业。这样一来，生活中孩子的一切就会依赖爷爷奶奶或外公外婆，而祖辈们对孩子的吃喝拉撒睡，样样照顾得无微不至。每当孩子吃饭，往往要追半里路去喂饭，理由是为了让孩子吃得更饱些。孩子上初中了，爷爷奶奶、外公外婆仍然坚持接送，理由是路上车多、人多不安全。

随着年龄的增长，孩子们对外面的世界会表现出强烈的兴趣与好奇，探索生活中的一切成了他们这一时期的成长主题。然而，当孩子用语言或行动来表达自己要做什么时，却往往遭到家长的强烈阻止。尤其是祖辈人，过于溺爱孩子，常常会说“你现在还小，不能做这个”“不能走这么快，小心摔着了”“这个地方不好玩”等，极力地限制孩子的行动。长期对孩子过于照顾，就会使孩子的自我意识及独立意识萌发的信号被扼杀掉，会使孩子感到无能与无助。这样一来，在孩子的眼里，似乎所有的事情都是需要大人的协助才可以完成的。所以，在家长的全面保护下，孩子自己往往什么都不会做、也不敢做。

给爷爷奶奶外公外婆的家教技巧

隔代教育的目的，是为了让孩子成长得更好，而不是要把孩子变成没有主见、胆怯怕事和依赖性很强的人。为了孩子的健康成长与快速发展，爷爷奶奶、外公外婆要敢于放手，多给孩子锻炼的机会。平时应放手让孩子去玩，不小心碰了，摔倒了，可以远远地、偷偷地看着，让孩子学会自己站起来。等孩子爬起来后，你可以及时走上去，表扬他一下，也可以装作不知道。此外，祖辈在教育孩子时还要注意以下几点：

技巧1　孩子不冒险，永远不知道危险的存在

培养孩子的自理能力以及对外界的适应能力，平时就要多把探索学习的机会交给孩子自己。祖辈需要更新爱的观念，不要事事代劳，要知道你的“全权代理”，只会使宝宝失去动手学习的机会，造成依赖性。在成长的道路上，许多“挫折”就在孩子身边，如果你不一直 “扶着”他，孩子反而能走得更好。不吃饭，他总会知道饿；作业不会写，要让孩子自己想办法解决，你可以在一旁指点，却不可替他去做；上学的路上也许充满了危险，如果你一直保护在他身边，那孩子就永远不知道这些危险的存在，那么等你不能保护他时，他就不会保护自己。所以，为了孩子今后的健康发展能奠定良好的基础，你的关爱一定要放开手脚。

大家都说倩倩是个非常聪明懂事的小女孩，可是自从上幼儿园以后，园里的老师却说倩倩没有别的孩子聪明活泼，还说倩倩的生活能力较差。原来，在幼儿园里倩倩从不主动跟小朋友去玩，每当老师问她要玩什么玩具或进行别的选择时，她总是犹豫不决，不知道自己该要什么、该做什么。总是要等到老师指定她去做什么，她才会去，自己却从来无法作出决定。对此，小伙伴都称她是一个叫干什么就干什么的“小木偶”。那么，在大家眼里一向聪明懂事的倩倩怎么会这样呢？

原来，倩倩从小跟外公外婆一起生活。而外婆是一个十分细心的人，又非常疼爱倩倩。在倩倩成长过程中，外婆总是事无巨细地替她考虑。平时不论倩倩要干什么，外婆都会事先替她考虑到，并替她做好。比如，每天到幼儿园接送倩倩时，外婆都会把吃的、穿的安排好，就连喝牛奶插吸管这样的事，外婆也都替倩倩做好了。这样一来，倩倩就没有自己动手的机会，更别说让自己作什么决定了。而时间一长，倩倩也就习惯了外婆给她安排好的生活方式，从来都没有考虑到自己还应该做什么。

后来，幼儿园的老师向外婆反映了倩倩在幼儿园的表现。这时外婆才觉得情况不妙，明白了自己格外细心的照顾对孩子的成长并不是十分有利，而且还产生了这么大的负面作用。于是，明智的外婆此后便不再干涉倩倩做什么，也不催促她做什么，而是让她学习自己打理自己的事情。比如吃饭时外婆不再给倩倩喂菜喂饭，也不再一直催促她，而是让倩倩自己吃，吃饱以后也不再让倩倩留在饭桌旁，而是让她学着往厨房送自己的饭碗与筷子。当倩倩要脱衣服或者穿衣服时，外婆就不再替她做，而是放手让她自己去做，如此等等，差不多生活中的一切事情，外婆都尽量交给倩倩自己来决定。

现在，倩倩已经是个独立自主的孩子了，生活中的很多事情都是自己动手来做。因此，现在老师夸奖她是一个有自己的眼光、自己的思维、自己的感受、自己的判断的聪明的孩子啦。

例子中的倩倩外婆后期的做法，明显有利于倩倩的成长，这也是隔辈人教育孩子最为正确的方法。而前期的做法，就是不给倩倩任何做事、思考、说话的机会，一味地让倩倩按祖辈的意志去做，不但束缚了倩倩的思想，而且连孩子好不容易萌发出来的自信心和独立性也摧残了。因此，关心孩子虽然没有错，但也不要太在意，应该给他们一片自己的天空。

有爱心的爷爷奶奶、外公外婆，平时还应要求孩子不断积累生存的经验。因为只有随着经验的不断增加，孩子的羽翼才会逐渐丰满，而生存能力也就

生活中，老人该放手的地方一定要放手

反例

正例

温室里的花是经不起风吹雨打的，因此，生活中，老人该放手的时候就要“狠心”放手。

会越来越强。

技巧2　给孩子一点“挫折教育”未必不是好事

“挫折教育”对孩子来说是必要的，孩子摔倒了，就应该让他自己爬起来。作为家长我们不可能照顾孩子一辈子，尤其是祖辈们更不可能照顾孩子一生。所以，明智的爷爷奶奶、外公外婆们应学会放手，不学会放手，孩子就永远长不大。平时不要给孩子太多的保护与帮助，要让他们自己帮助自己，摔倒后要让他们学会自己爬起来，要给孩子一点“挫折教育”，以使其早些长大。

曾有人说过关于“中国孩子摔倒与美国孩子摔倒”的事例，说是美国的孩子摔倒了，其家长只是平静地说：“宝贝，你是勇敢的，站起来吧！”而中国的孩子摔倒后，其家长往往会惊慌失措地跑过去，心疼万分地将孩子抱起来，并且会不停地说：“摔着哪了，宝贝痛了吧？都怪这石头，我帮你打它。”然而，这样一个是从小学会自强自立，一个是温室里没见风雨，哪一个长大后更能经受风吹雨打，这是显而易见的。

其实，挫折教育，也并不只是让孩子一味地吃苦，而是让孩子在吃苦的同时懂得从中吸取教训，懂得用一种正确的心态去面对困难。而现实生活中许多家长，尤其是老人往往缺少对孩子进行“挫折教育”，从而使孩子在面对困难时，容易选择逃避。

祖辈一定要多注意，要大胆地放开手，让孩子在我们的关照之中健康、快乐成长。平时要及时指导和帮助孩子，在实际锻炼中可以多教给孩子处理困难和挫折的技巧和方法，以增强孩子战胜困难和挫折的信心与能力。

第29招

培养独立意识，让孩子从小爱上劳动

从小学会独立生存的技能，对孩子的生活质量及成年后事业的成功和家庭美满等都会有重要的意义。然而，近年来社会上出现了一个新现象，很多孩子都缺乏独立意识，主要表现为自我服务能力较差，自主判断与选择决定能力缺乏，没有责任心。据调查发现：6 ~ 7岁的孩子只吃喜欢的食物，否则宁愿挨饿；7 ~ 8岁的孩子不会使用筷子夹菜，要大人喂才可以吃饭；8 ~ 9岁的孩子上学不愿背书包，让家长来回帮自己背；9 ~ 10岁的孩子还不会系扣子、系鞋带；11 ~ 12岁的孩子还不敢单独过马路……这是因为优裕的生活环境，造成孩子的懒惰与依赖心理。

据美国多项研究成果表明，童年时代的活动与成年后的性格有着密切的因果关系。那些小时候经常劳动的人，在成年后交游广阔的可能性比其他人高出10倍，获得高薪的可能性大4倍，易失业的可能性要小15倍，在事业、生活、婚姻、家庭以及人际关系等方面都会有很好的表现。相比之下，那些小时候不爱劳动的人，长大后不但社交能力差，成才的几率也不高，并且还很容易出现不良的社会行为。

丽丽的爸爸妈妈工作特别忙，所以她从小便住在外婆家里。外公与外婆对丽丽可好了，什么事情都随着她，整天都是左一个“宝贝”右一个“乖乖”

地宠着。这样使丽丽养成了既任性又依赖的个性，什么都要他人为自己做。上了幼儿园之后，丽丽的表现令老师很不满意。每天中午吃饭时，丽丽总是待在那里等着老师给自己喂饭吃，如果老师有别的事，没顾上喂她，丽丽就没办法将饭吃进肚子里。一套干净整洁的衣服，一到吃饭时就弄得脏兮兮的，满身满脸都是饭菜，别的孩子都整洁漂亮、神采奕奕，唯独丽丽却像一只又脏又臭的小病猫，经常被小伙伴们嘲笑。

由于班里的孩子还不认识自己的名字，幼儿园老师就剪了许多不同的图案，让每个孩子选择一个自己喜欢的贴在水杯上，以确定是自己的杯子。但是，每次喝水时，别的小朋友纷纷拿起自己的杯子去接水喝，而丽丽总是站在那里等着老师给自己找杯子，当老师问她时，她总是说“我找不到我的小水杯了”。其实，不是她找不到，而是她自己根本不想去找。

一般来说，孩子从小就有独立与依附的心理冲突，这时如果不注意培养，那么孩子的依附心理就会压倒独立意识，从而成为一个事事依赖他人、不能自行独立的孩子。就像上文中的丽丽，在外婆外公的全方位照顾下，成了一个事事都要依赖他人的小懒猫，在幼儿园里自己什么事都不会做，于是遭到了小朋友们的嘲笑。隔代人过分保护孩子，事事为孩子代劳，令孩子无需学习种种生活技能，严重的会影响孩子的发展，甚至影响他们的一生。孩子自幼学会生活技能，是将来掌握生存技能的基础，若事事由长辈代劳，他们样样都做不来，将来何以谋生呢？

给爷爷奶奶外公外婆的家教技巧

祖辈可以试想一下，当您有事情不能陪在孩子身边时，他能否一个人料理自己的生活？如果孩子没有自立更生的本领，长大后他该怎么生存呢？因此带孩子一定要明白，孩子的人生之路最终还是要他们自己去走，作为家长我们“帮得了一时，帮不了一世”，只有让孩子学会为自己服务以后，我们才可以放心地让孩子走进外面的大社会。

老人要注意培养孩子劳动

反例

正例

什么都不让孩子做，只能变相的增长他的依赖意识，只有适当的动手劳动，才能让孩子逐渐成长成能干的人。

孩子对周围的事物，往往充满了强烈的好奇心，因此在成人眼里，劳动可能是一种责任、负担，但在孩子看来，劳动也许会是一种乐趣、一种放松，因此，聪明的爷爷奶奶、外公外婆可以将劳动变为好玩的事情，从而激发孩子爱劳动的积极性。培养孩子的独立意识与劳动习惯，可以从以下几点着手：

技巧1　培养独立意识，克服依赖心理

爷爷奶奶、外公外婆大可不必担心会把孩子累坏。其实，孩子往往比大人想象的能干得多，平时完全可以适当给孩子留一点任务让他去完成。比如，可以经常让孩子去买油盐酱醋等一些家中日用品，这样既可以培养孩子的交往能力，又能培养孩子独立生活的能力。要克服孩子的"依赖"心理，可以尽量让孩子独立去做一些小家务，如洗碗、洗菜、倒垃圾等轻活儿。随着年龄的增长，还可以教孩子学包饺子、收拾房间、整理桌面、叠被子等等，这样孩子就会变得越来越能干。

今年刚七岁的楠楠，经常主动地帮外婆做一点力所能及的家务事。他觉得自己已经长大，可以做好多事情，并且为此很开心。对于楠楠的表现，外公外婆都非常高兴，平时也经常让楠楠帮助干一些轻活儿。在小的时候，每天晚上开灯的任务都是由楠楠来完成的，每次楠楠总是搬一张小凳子，踩上去开灯；有时候，外婆梳头的时候想要照照后面，楠楠就会帮忙拿镜子，而且会乐得屁颠屁颠地跑前跑后；每当做饭的时候，楠楠会帮助外婆拣菜。

吃饭的时候，楠楠会帮外公端碗，并且每次吃完饭，楠楠还会帮助外婆将大家的碗盘、筷子送到厨房去。每当外婆洗完衣服要晾晒的时候，就会对楠楠说："宝贝，帮姥姥拿一下夹子来！"这时楠楠总是响亮地回答一声："好的！"便马上跑过来给外婆帮忙，一遍一遍地一点儿都不嫌麻烦。对此，左邻右舍们都夸楠楠是个懂事的好孩子。

在生活中一点一滴培养孩子的独立意识非常重要。要知道，动手劳动可以使孩子增长见识、增强责任心，还能培养孩子自力更生、勤劳的良好品质。在劳动的过程中，孩子不但可以提高自理、自立的能力，更重要的是还可以发展孩子的独立意识和主人翁意识，促进性格和能力的全面发展。

多给孩子找点事情做，孩子会变得聪明伶俐又能干。比如，让孩子学洗碗、学擦桌子、学洗衣服，开始可以先做一些简单容易的，保证孩子能够比较容易地完成任务，之后，可以逐渐增加难度，这样会增加孩子学习的兴趣，而不至于一下子被难倒或再也不听从指挥。

技巧2　多肯定、多鼓励、多表扬

培养孩子爱劳动，祖辈平时要做有心人，适时地发现孩子的优点，多肯定、多鼓励、多表扬，以激发孩子的积极性。如果孩子做得不够好，千万不要抱怨，而应该把标准放低一些。要知道，孩子参加劳动，既是学习又是锻炼的过程，那么在这个过程中自然会有成功与失败，所以祖辈应当和蔼可亲地指出其不足之处，更要鼓励孩子勇于尝试和挑战、不怕困难失败的勇气和决心。

我们知道孩子的耐心是有限的，总做同一件事情会引起厌烦情绪。因此，对于一些较为繁重的事情，有心的爷爷奶奶可以分成几部分，让孩子一点一点学着做。也可以换换花样，比如让孩子与兄妹或其他小朋友们一起轮流来做，这样他们还可以掌握多种劳动技巧。

技巧3　订立规则，让孩子记住教训

对于孩子的依赖行为，如果孩子不听劝告，可以先定下一些规则，例如“不刷牙就不准吃东西”。但确立规则时，不要带有责备的语气，孩子如果抗议可以不理睬他，也不要重复唠叨，只要以行动来证实就可以了。如果孩子不肯按规则去做，可以求助于医生、老师等具有权威性的人。例如，孩子不肯刷牙，可以直接带他到牙医那儿看看病人的痛苦。然后，让医生告诉孩子，这些病人就是因为小时候不好好刷牙，现在才要承受牙痛的痛苦，使孩子明白自我服务的重要性，从而保养好牙齿，养成正确的生活习惯。

第五章

放养：让孩子到外面去闯闯

爷爷奶奶外公外婆一定要明白，只要是孩子，都需要伙伴和游戏，尤其需要一起追跑打闹的同龄朋友，需要有自己玩耍的空间，这样才符合孩子正常成长的规律。因此，做祖辈的切不可将孩子“圈养”起来，不要限制孩子的活动。一定要敢于放手，让孩子自己去创造属于自己的天空！

第30招

让怕羞的孩子勇敢起来

有关专家研究发现，怕别人对自己印象不好是导致羞怯的根本原因，此外，经历挫折、失败或重大打击之后也会使人或多或少变得羞怯，尤其是孩子。因为孩子的心灵是非常敏感和脆弱的，如果孩子在遭到老师的严厉斥责以后，再进入教室时，他就会感到很紧张。由于孩子受到伤害后不知所措，于是就会选择避人耳目的方式来保护自己。因此，有爱心的爷爷奶奶、外公外婆，平时要多从正面鼓励孩子，赞扬孩子、及时解决孩子怕羞的心理问题，这对孩子的健康成长大有好处。

东东的爸爸妈妈由于工作繁忙，就把他送到老家跟爷爷奶奶一块儿生活。由于年龄的原因，爷爷奶奶不喜欢经常出去，总是陪着东东在自己家里玩，再说，奶奶总怕院子里的小朋友欺负东东，于是就不让他跟院里的小朋友们一起玩。这样一来，东东就很少跟外人接触，偶尔出去见到他人，总是胆胆怯怯、不敢声张。

傍晚时，爷爷奶奶带东东散步，见到同院的叔叔阿姨，东东从来都不敢打招呼，如果有阿姨叔叔先跟他说话，他总是拽着奶奶或爷爷的衣角，往身后躲。就这样，等上了幼儿园之后，东东越发地怕羞，平时在自由活动时，小朋友们都聚在一起玩游戏、搞娱乐，而东东却一个人在角落里玩积木，当老师要求一起搞活动时，东东总是一个人躲在小朋友们的后面。上课时，老师提问到他，他总是低着头、红着脸，也不知道他嗫嚅着在说什么。

祖辈带养的孩子更容易患上怕羞心理，因此爷爷奶奶平时应做出表率，多带孩子参加一些社交活动，不要整天圈在家里。就像上面的东东之所以怕羞、不敢与他们交往，其主要原因就是因为爷爷奶奶从来不爱出去与他人交往。

给爷爷奶奶外公外婆的家教技巧

生活中常常有些老人爱当着孩子的面，把孩子所做的可笑的事情说给别人听，或者让孩子向他人表演以前的可笑事情，这样是不对的，因为这样会让孩子以后更加不敢与生人交往。要克服孩子怕羞的心理也不难，只要稍稍创造机会，就能帮助孩子建立自信，从而使一个怕羞、内向的孩子变得活泼、开朗起来。平时，不要在别人面前给孩子戴上“怕羞”的“帽子”，因为这种定性的话只会起到负面的强化作用，加重孩子的心理负担。要知道，孩子的心是敏感和脆弱的，千万不要讥笑他。要想让孩子变得勇敢，不再怕羞，平时可以参考以下几点：

技巧1　创造机会让孩子与人交往

培养孩子勇敢的精神，可以克服怕羞的心理。这是因为，勇敢的孩子能够克服困难，能够自己想办法解决活动与游戏中遇到的小问题。

现在七岁的平平上小学一年级了，老师说平平在班上从不爱举手发言，下课后大家都高兴地做游戏，平平就默默地在一旁观看，从来都没有积极地参与过。如果有同学欺负她了，她也不会与别人大声地争吵，总是一个人暗自哭泣。这样，平平虽然从来都不曾招惹他人，可是她竟然连一个朋友也没有，大家都不愿意与她一起玩。平时，家里来了客人，平平总是悄悄地躲到自己的房间里，不出来。而且，爷爷奶奶越是说她不要太害羞，她就越不理人。爷爷与奶奶觉得这样下去是不行的，于是就想办法培养平平的交往能力。于是，平时他们就多创造机会，让孩子与生人交往。经常鼓励平平结交活泼外

对于怕羞的孩子要多鼓励、少打击

反例

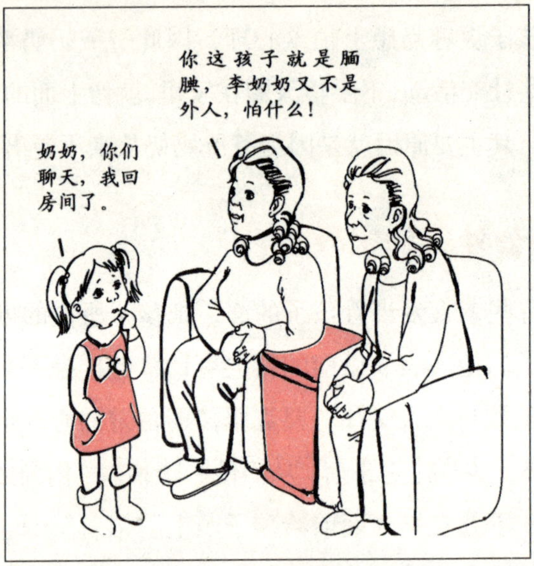

正例

老人带孩子待在家里的时间较多，容易养成孩子害羞的心理，这个时候，如果强调、打击他的害羞，情况只会更糟，不断的鼓励则会事半功倍。

向的朋友，还帮她邀请一些小朋友到家里玩，而且，还经常让平平外出买东西，办一些简单的事等，以增加平平的锻炼交往的机会。这样，一段时间过去，平平终于变得大方、外向起来，一改以前怕羞的性格，从而敢于与他人交往了。

由于勇敢的孩子不怕羞，不胆怯，所以能勇于承认自己的错误；而且，还会对新的游戏有尝试的渴望，并能付之行动。所以，想让孩子变得勇敢，不再怕羞，祖辈平时就要让孩子积极地参加老师和家长安排的各种活动，让孩子勇于交往。

技巧2　多运动能增强孩子的胆量

多鼓励孩子到户外锻炼，如让孩子去打篮球、踢足球等，可以培养孩子与人合作的勇气，克服胆怯心理。不过，孩子在户外活动中难免磕磕碰碰，这时，祖辈不要大惊小怪，而要鼓励孩子自己爬起来，并表扬他的勇敢，帮助孩子锻炼胆量。

技巧3　让孩子认识到自己的力量

“将相本无种，男儿当自强”，应该为孩子创造恰当的机会，不要让孩子觉得自己是弱小的，而应该从小就让孩子认识自己的力量，让孩子感受到自强的伟大。

此外，对于一些学龄前的孩子，由于年龄小，能力有限，平时家长如果言行不当，就很容易造成孩子的胆怯心理和害怕畏缩的行为。所以有爱心的祖辈一定要注意以下几点：

不要因为孩子犯了错，就把他打一顿，或关在黑屋子里，甚至用赶出去等手段来处罚孩子。而应对孩子不对的地方细心引导，让孩子知错就改，并鼓励宝宝承认错误的行为，及时给予表扬。

在进行某项陌生的活动时，要多多陪在孩子的身边，多给予关心、鼓励与信任，并且要多加赞扬，以鼓舞孩子的勇气。

平时，不要给孩子讲那些可怕的故事，要为孩子树立勇敢的榜样，如：葫芦娃、哪吒等。

第31招

多帮助孩子结识外面的朋友

爱玩是孩子的天性，不论大孩、小孩都愿意跟孩子玩，有了玩伴，孩子才会玩得非常开心。可是，如今的家庭大都只有一个孩子，没有孩子可以一起玩，确实很孤单。通常在家里时只有爸爸妈妈或爷爷奶奶等大人围着孩子转，这时孩子就热切希望到外面的天地去，去认识自己的朋友，因为有了自己的玩伴，才有“共同语言”，才有共同的交流。为此祖辈一定要帮助孩子多结识外面的朋友，使他们能更加健康快乐地成长。

不管大小孩子，他们都单纯而无邪，没有大人的复杂与烦恼，尤其是相互之间不会有防备和戒心，因此，孩子们会用自己特有的交流方式——眼神、笑容、语言来交流，很快很自然地就成为好朋友了。据有关调查发现：

约有92%的孩子都愿意参与团队合作及分享成果。

有82%的孩子愿意和其他小朋友合作完成一项任务，并一起分享成果。

有75%的孩子希望能定期举行小朋友聚会。

这些都说明了孩子渴望朋友与玩伴的迫切心理。

刘奶奶说，以前我总以为孙子浩浩不够大方，不爱交际，不喜欢和小朋友一起玩。谁知我的想法是错误的，浩浩不爱交际是因为我们没有给他机会，让他去结识小朋友，让他去感受加入一个团队的快乐，今天浩浩的表现就能说明一切：这是一个阳光明媚的好天气，我们带浩浩到公园去玩，在公园溜达了一圈之后，我们就到草坪上去玩。这时走过来几个孩子，浩浩很想跟人家一起玩，却又不敢向前。这时，我和爷爷看透了他的心思，就替他先向几个孩子打招呼，之后，就鼓励浩浩向前跟人家打招呼说话，然后，我又对几个孩子说："浩浩很想与你们交朋友，你们大家在一块儿玩好吗？"几个孩子听后高兴地答应了，于是浩浩就高高兴兴地与他们一块儿去玩了。

为了保证孩子有一个健康的心灵，增加孩子的精神生活内容，祖辈们平时一定要注意提高孩子的社会交往能力，要想办法鼓励孩子结识新朋友，与同伴们友好相处。良好的交往关系不仅可使孩子结识到更多的朋友，还可以促使孩子变得越来越有自信，心理也更加健康。因此，帮助孩子多结识外面的朋友也是祖辈们的职责。像上文中的浩浩这样的情况，平时就应该多带他去一些小朋友多的地方玩，让他多和小朋友接触，这样才能培养出一个活泼开朗的孩子。

给爷爷奶奶外公外婆的家教技巧

生活中有很多孩子，在自己家里活泼可爱，小嘴巴能说会道的，但是一到外面却什么都不敢做，显得拘谨、胆小，这就是孩子缺乏交往的表现。对此，外公、外婆或爷爷奶奶一定要多培养孩子与生人交往的机会。比如，家里来了客人，要让孩子接待，让他学习倒茶、让座等。到一个陌生的环境中，要让孩子去应付交往中的一切"情况"。如果孩子的小朋友来家里玩，就要让孩子当小主人，祖辈千万不要包办代替。此外，祖辈可以参考以下几点，帮助孩子结识朋友：

技巧 1　鼓励孩子相互去对方家里做客

帮助孩子多结交朋友，平时祖辈要多欢迎孩子的小朋友上门来玩，同时也要鼓励孩子到别的小朋友家里去玩。但有一点祖辈要记住，在孩子与其他小朋友交往的过程中，要教孩子对人热情大方，尊重他人，关心他人。而且，

多帮助孩子结识外面的朋友

反例

正例

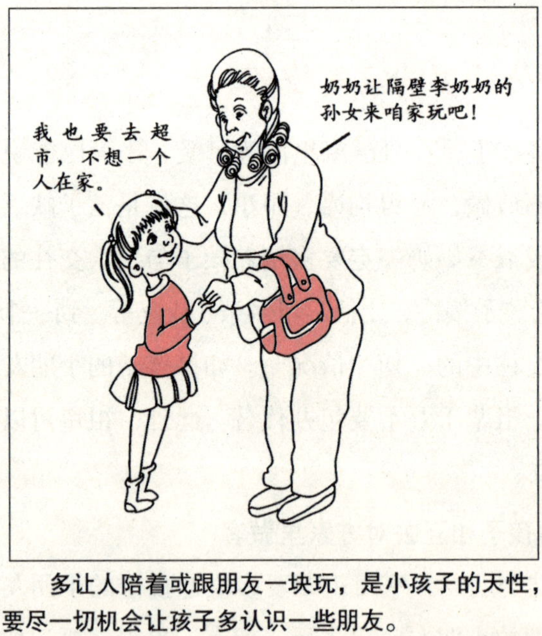

多让人陪着或跟朋友一块玩，是小孩子的天性，要尽一切机会让孩子多认识一些朋友。

还要教育孩子严以律己，宽以待人，并且要互相依赖，彼此尊重，如此才能结交更多的朋友。

两岁半的小旭，越长越可爱，看着他逐渐长大，外婆的心里非常高兴，觉得自己每天辛辛苦苦的照顾是值得的。但最近一段小旭好像有点贪玩了，不想待在家里。每次一说要出门，他马上就会戴上自己的太阳帽，拿起自己的小挎包，一副兴冲冲的样子。这时聪明的外婆突然意识到小旭整天自己待在家里太孤单了，他也需要像自己一样的小伙伴们，需要跟同年龄的孩子一起玩耍。

于是，外婆便开始用心地为小旭寻找小伙伴。幸好与他们一起居住的小区里有不同年龄段的孩子。于是，闲暇时外婆就多带小旭出去走走，多让小旭认识一些同龄的小朋友，这样一段时间过去，活泼可爱的小旭就结识了好几位同年龄的小朋友，他们经常在一起玩着他们所钟爱的游戏，整天都乐呵呵的。

结识新朋友是儿童心理发展的重要动因，因此，平时一定要教育孩子主动结识新朋友。就像上文中小旭的外婆就做得很好，她知道孩子到了需要伙伴的年龄，就用心地培养小旭的交往能力，使他结识了很多小朋友而不再孤单。因此，帮孩子认识朋友是很重要的。

此外，为了培养孩子的交往能力，平时可以问问孩子今天班里是否来了新同学，并且要鼓励孩子大胆与新同伴交往。可以教孩子学用简单的礼貌用语，借此也可洞察孩子的交往能力。还要教给孩子交往中的小技巧，如何与同伴友好相处，不争吵、不闹矛盾等。

技巧2　告诉孩子学会尊重、学会分享

平时要善于引导孩子与小朋友搞好共同游戏，从而使孩子感到与小伙伴一起玩比独自一个玩有意思。还要告诉孩子，为了玩得好，在游戏中要多商量，应多尊重别人的意见，而且，还要学会服从领头人的指挥，遵守纪律和规则。如果别人冲撞了你，要谅解人家，这样大家才能玩得好。

此外，还要教育孩子学会分享。因此，当小朋友到家里玩时，祖辈应和孩子一起表示欢迎，并拿出糖果和玩具与人分享。要告诉孩子，如果小朋友想看他的新书、新玩具，也应愉快地给别人玩，不要自私。只有这样才能与小朋友相处得好，才能交很多朋友。

技巧3 培养广泛兴趣，多参加集体活动

相对来说，那些兴趣广泛的孩子容易受人欢迎，还能认识很多的朋友，所以通过培养孩子的兴趣，让他以此交友也是一个很不错的方法。比如，有的孩子喜欢唱歌，那么在联欢会上会认识很多的同样喜欢唱歌的孩子；有的孩子擅长游泳，在游泳活动中可以结识一些伙伴；有的孩子喜欢打球，那么通过打球也会团结一大批的朋友等等。

此外，适当的集体活动，有益于提高孩子交往能力，开阔视野，培养孩子的主人翁精神。因此，要克服那种孩子参加集体活动会影响学习的观念，而要多支持孩子参加各种集体活动，如唱歌、跳舞、打球、画画、打扫卫生、出板报以及其他简单劳动。

技巧4 让媒体牵线搭桥

网络媒体也可以帮助孩子交朋友。聪明的爷爷奶奶、外公外婆，也可以通过网络为孩子联系一些小朋友。比如，网络杂志、各大育儿论坛、各项活动组织等，可以帮助孩子结交许多同样有着孤独感的孩子们。如果谈得来，大家可以约定好地点，祖辈们可以带上孩子，这样，孩子无形中又扩大了交际圈，可以和小伙伴们一起度过开心的周末时光。

第37招

让孩子甩掉社交恐惧症

孩子如果患社交恐惧症的话，就会对现在以及成人后的生活产生很多不利的影响。有关人士分析发现，有社交恐惧症的孩子往往会被大部分的同学、老师认为“难以沟通”“没有集体概念”等，从而深深地影响孩子心理和性格的发展。

那么，孩子为什么会患上社交恐惧症呢，又有哪些孩子与社交恐惧有缘呢？一般来说，以下几种性格类型的孩子在交往中常常会表现出恐惧的状态：

自卑感强的孩子。有自卑心理的孩子，总是自我贬低，认为自己缺乏能力与技巧，怕引起别人不好的反应，于是常常无法与人正常沟通。

患口吃或有口吃倾向的孩子。口吃的孩子易出现社交恐惧，这是因为在反复说话时，往往会遭到嘲笑、批评甚至打骂，而产生严重的心理负担，从而产生社交恐惧。

情绪不稳定的孩子。通常那些情绪不稳定的孩子易焦虑，而且对各种刺激的反应过于强烈，并且，情绪激发后又很难平复。因此，这类孩子与人交往时，强烈的情绪反应影响他们的正常适应能力。

过于敏感的孩子。太敏感的孩子，往往总能从别人的眼光中看出别人对他的不喜欢，甚至厌恶、憎恨。因此每当需要和他人交谈，他就会变得紧张害怕。

性格内向的孩子。内向者安静、内省、不喜欢接触人，所以交往时往往很被动。

为什么小小的孩子也会患上社交恐惧症？到底是什么原因引起的？其实，令孩子社交恐惧的原因很复杂，主要有以下几点：

不被理解。现在的孩子，虽说被几个大人护着，但是孩子跟大人的心境是不同的，因而大人很难走进孩子的内心，孩子的很多心事不被大人所理解，于是孩子的内心是孤独的，那么，也就压抑了孩子的表达能力与技巧。

受人文环境的影响。平时如果弱化了孩子的社交能力，就会抑制孩子的社交欲望。比如，爷爷奶奶或外公外婆经常告诫孩子，少与陌生人交往，不要常去邻居家串门，也不许带小伙伴来自己家里来。这样，孩子交往的欲望就得不到发展。

遭受过心理创伤。如果孩子在交往的过程中遭受过心理创伤，没有得到修复，那么孩子的社交行为必然会受到抑制。这种创伤，也许是他人给的欺侮；也许是家长给的，如当众打骂；也许是环境给的，如受惊吓，都会严重影响孩子的交往能力。

家长角色的错位。生活中有很多年轻爸妈，由于工作忙，将孩子托付给老人带。相对来说，老人对孩子的衣食起居安全较为重视，但是，对孩子的智力开发与人际交往常常用心不足，这样孩子与人交往的能力就会因缺乏锻炼而畏缩。

居住点不稳定。家长由于工作的原因，居无定所，经常频繁搬动，使孩子好不容易习惯了与一些小伙伴交往，但很快又要分离，这样一来就会使孩子长期处于动荡状态，而产生社交恐惧。

当孩子在社交中表现出明显恐惧的时候，其年龄可能要稍大一些，在这类问题上，他们不一定信服家长。那么，这个时候祖辈一定要注意调节孩子的心理状态，改变以前的教育方式。

给爷爷奶奶外公外婆的家教技巧

患有“社交恐惧症”的孩子，通常不喜欢去热闹的地方，和别人谈话的时候常常脸红，一见到生人就焦躁不安。对此，爷爷奶奶一定要及时地帮孩子去克服。平时可以鼓励孩子多交朋友，通过广泛交友让孩子发现，他最好的朋友也有着同样的恐惧。这样，孩子心里就会明白，他自己的社交恐惧并不像想象的那样可怕。

一位心理学家说：“如果孩子完全在家长的庇护下生活，长大了也会很脆弱。”因此，帮助孩子克服恐惧并不等于将孩子与所有的事物与人都隔绝，这既不可能，也无必要。具体可以参考以下方法：

技巧1　多教给孩子具体的交往细节

如果孩子生性腼腆，爷爷奶奶就要更加积极地引导，鼓励孩子在众人面前发言，不要为别人对自己的看法担忧。最好能训练孩子在恐惧的环境中坚持住，逐渐适应恐惧的环境，直到恐惧完全消失。但一定要切记：如果作为家长总是绕开交际场合，或是过分在意别人的看法，那么孩子就会对外界怀有恐惧。

因此，想彻底解决问题，就要想办法帮助孩子克服自卑的心理，树立自信心，从而做到“治标治本”。不过，当孩子在与人交往的过程中出现了紧张的情况，爷爷奶奶也可以马上让孩子原地深呼吸，几次以后，紧张的状况一般能得到缓解。但若想彻底打消孩子恐惧的心理，关键就要帮孩子树立起自信心。

豪豪与爷爷一起在草坪上踢足球，开始孩子还玩得挺高兴，可是一会儿之后豪豪就感觉没劲，不想踢了。原来，这时他看在不远处正有几个差不多大的小朋友在玩球呢，这时豪豪想过去，却又不敢，于是一副没精打采的样子。这时爷爷看透了他的心事，拉着他的手说：“宝贝，我们也到那边玩吧。”

频繁搬家会影响孩子的社交能力

反例

正例

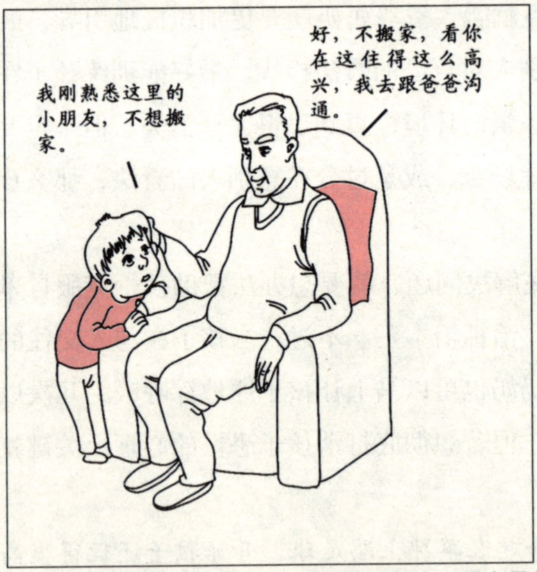

孩子小时候，如果周围环境频繁变动，很容易使孩子患上社交恐惧症，所以安定的居住环境是小孩健康成长的一个重要因素。

可是豪豪还在犹豫，爷爷对他说：“豪豪是最大方的，我们过去和小朋友打个招呼吧，他们认识了你，就可以一起玩了。”豪豪高兴地点点头，于是爷爷拉着他的手走过去，跟那几个孩子打招呼、问好，几个孩子都高兴地表示欢迎，之后豪豪不再拘谨，就和那几个小朋友在一起玩开了，于是大家在一起疯跑，在一起配合着踢球，他们完全浸润在自己的欢乐之中。

有心的祖辈，可以在每次社交活动结束以后，告诉孩子遇到一些特殊的情况怎么办，和蔼地和孩子一起讨论活动的一些细节。这样，当孩子对与人交往的技巧比较熟练的时候，他自然也就有自信了。

技巧2　家庭、学校双双配合

消除孩子的陌生感，如果家长和老师能双方配合，则效果更好。比如，老师上课的时候多点提问，娱乐活动时可以请小朋友做手拉手的游戏，让他们自我介绍，让他们交朋友；家长方面，应多带同龄的孩子到家里玩，比如过生日、才艺展示，多让孩子说话和讲故事……只要坚持，孩子就会离社交恐惧越来越远。

技巧3　多见识外面的世界，扩大孩子的知识面

克服孩子交往的恐惧心理，平时还要多培养孩子独特的兴趣爱好，时常向他讲些小故事，多带他去参观各种博物馆等，从而帮助孩子扩大知识面，获得知识方面的自信，从而让孩子觉得自己有能力在社交场合中得到拥戴。

此外，当孩子出现“社交恐惧”的时候，作为祖辈，首先要反省自己的处世方法，因为这多是家长教育的后果。因此，在对孩子以后的教育中，外公外婆、爷爷奶奶要对孩子多鼓励、多爱护。

第33招

爷爷奶奶要学会做孩子的“粉丝”

可以说，今天的孩子们都是最棒的，他们不仅在创意方面远远超过了成年人，在很多生活能力方面也存在优秀的、值得成年人学习的地方。比如，相比较来说，孩子们更容易接受一些新事物，自主意识也比大人强，并且在追求平等，以及法律意识和自我保护意识等方面都比大人有过之而无不及。因此，孩子的潜力是无限的，需要家长去发掘和鼓励。所以面对孩子的这些优点时，祖辈们应积极地与孩子交流，向孩子学习，做孩子的忠实“粉丝”。

今年九岁的力力上一年级了，但由于爸爸妈妈平时上班很忙，力力每天上学放学都是爷爷奶奶去接送。学校的老师每次见到力力的爷爷或奶奶后，都极力地夸奖力力，说这孩子不但学习好而且懂事，从来都没有与同学大吵大闹过。不过，只是有一点力力没有别的同学表现好，那就是每当学校举行娱乐活动时，力力从来都没有像其他同学那样积极参加，同学们都是争先恐后地上台表演，而力力却总是磨磨叽叽地不敢上台。因此，老师希望爷爷奶奶能多培养力力，让他也像别的孩子那样敢于放开自己。对于老师的忠告，爷爷奶奶记在了心里，决定寻找机会，培养力力积极参加集体活动的意识。

到了年末，小区里要举办新年晚会，爷爷奶奶就动员力力去参加，开始力力说不敢去参加，但爷爷奶奶一连几天都在鼓励他，并说会在台下做他的粉丝，为他鼓掌、加油，相信他一定会成功，这样力力总算勉强答应了。

这天，晚会在欢乐的气氛中开始了。大家都兴奋地上台表演了自己的节目，一会儿就轮到力力上台表演了，可是当力力第一次看见那么多人坐在台下等着看自己时，便有点胆怯了。他紧紧地缩在爷爷的怀里不愿出去，这时爷爷没有责怪他，而是半拉半抱地把力力推到台前，对着他的耳朵说了好多鼓励的话儿。这时音乐声响起来，接着就是大家欢迎的掌声，可是力力还是没有表演的勇气，而是一味地低着头没有任何动静。这时，下面的笑声和议论声越来越大，怎么办呢？这时在舞台边上的爷爷突然灵机一动，他和着音乐声轻轻唱了起来："小蜜蜂，真勤快。飞来飞去采花忙，采得百花酿成蜜……"爷爷一边唱，一边用双手打着节拍。

此时，力力听到爷爷的歌声，心里的勇气被调动起来，心情也一下子轻松了，于是就跟着爷爷唱了起来，并且，还用两只小手学着小蜜蜂的样子，张开"翅膀"，在舞台上俏皮地翩翩起舞，终于使演出圆满地完成了。晚会演出结束后，力力开心地对爷爷说："爷爷真棒，你真是我的超级粉丝。"

孩子的成长与进步离不开大人的支持与鼓励，缺乏关心的孩子是很难获得成功的。再小的空间，对孩子来说也是一个陌生的世界。孩子需要的就是亲人的支持与鼓励，需要大人站在身后为他加油，这样才能够点燃孩子的热情，让他毫不畏惧地向前冲，从而树立自信乐观的好性格。就像上文中的力力一样，面对陌生的舞台，他放不开自己，这时聪明的爷爷为了鼓励孙子，自己上台表演，终于激发了孩子的勇气，成功地完成了任务。

给爷爷奶奶外公外婆的家教技巧

其实，做孩子的忠实"粉丝"，也是教育孩子成才的一大妙招。在生活中不光是表演，也可以应用到学习上或其他任何地方。在孩子人生的道路上，会遇到各种各样的挑战和考验，如果爷爷奶奶、外公外婆们能在孩子的身边做好"幸福拉拉队"，处处为孩子喝彩，为孩子加油鼓劲，协助孩子妥善处

支持孩子做他喜欢的事

反例

正例

老人一定要支持孩子做他想做的事，尤其是他感兴趣又心怀忐忑，但确实对他的发展有益的事。

理有可能遇到的各种困难，这样你的宝贝将会成长得更加快乐与自信。平时，祖辈如何学做孩子的粉丝呢？可以参考以下方法：

技巧1　多支持孩子的行动

做孩子的"粉丝"，爷爷奶奶、外公外婆就要摆出"粉丝"的样子来。比如，平时要多了解孩子感兴趣的东西，对孩子表现得足够信任和支持，对孩子的努力和进步要及时地做出认可的表情和态度，用实际行动做孩子的粉丝。

新学期开始了，学校要举行开学庆典。外公外婆觉得这是个机会，于是就动员外孙点点报名参加庆典表演。外婆对点点说："你们学校的开学庆典一定会有很多同学参加，到时候你也上台表演一个最拿手的节目好吗？就和平时在家里给我们表演一样。"点点听了很是兴奋，想去参加，但心里胆怯，于是一下子就犹豫起来。这时，聪明的外公看透了点点的心思，他笑着说："点点啊，你可不知道，前两天我见到你们班主任李老师了，他一直夸你呢，还说要亲自点名要你参加呢，他认为你这么优秀，一定会表演得很好。你看你这么小，就有这么多的超级粉丝，真是了不起啊。"外公说完还对点点竖起了大拇指。

这时点点兴奋地说："好吧，那我就去参加了，到时候我就把最拿手的歌唱给大家听，好吗？""当然好啦。李老师说了会让家长一起参加，在你表演时，我和你外婆都做你的拉拉队员，给你当粉丝啦。""噢耶！这可真是太好了。"点点激动地跳起来，抱着外公的脖子亲了一下。其实，开始点点的心里还是有点不自信，但他不想让外公与外婆失望，一心要做勇敢的好孩子，就高兴地答应了。果然，在开学庆典上，点点表现得很优秀。

作为家长，只有发自真心地对孩子寄予期望，孩子才能够感受到，从而更好地表现和发挥自己的能力，做得更加出色。就像上文中点点的外公，由于他热情的鼓励与支持，终于使点点勇敢地登上了表演台，使孩子迈出了成长的一大步。

技巧2 将“粉丝效应”应用到学习中

聪明的爷爷奶奶如果能将“粉丝效应”应用在孩子的学习中，那么，您将会教给孩子一种最聪明的学习方法。当孩子读书时，祖辈可以跟孩子一起读，以调动孩子阅读的兴趣。而且，在陪孩子阅读时，聪明的爷爷奶奶可以把孩子当作老师来请教，比如，自己故意读错一两句或装作某一句不会读，当孩子告诉你读错了而教你时，他就会产生一种成就感，而在这种心理的刺激下，孩子就可以把教给你的知识牢牢地记住。

因此，在孩子学习的过程中，爷爷奶奶一定要当好“粉丝”。如果你能把握好，那么，这个方法将会像“聪”字的结构一样，做到耳到、眼到、口到、心到，让孩子把学习变成如同吃饭、睡觉般的本能需求，从而快乐地学会与记牢更多的知识。

技巧3 用“粉丝效应”鼓励孩子学英语

有人说，英语是说出来的，所以想学好英语，最大的窍门就是大声朗读。平时，爷爷奶奶一定要鼓励孩子多张嘴，勤开口，只要是孩子会的，就尽量做到日常用语都用英语来表达，切记，一定要避免“哑巴英语”。每当孩子读英语时，爷爷奶奶都要做一个忠实的粉丝。不管孩子说的对不对，都要以饱满的热情让孩子在大声赞美中体会到说英语的乐趣。

但是，做“粉丝”一定要多宽容、多支持。要知道，从犯错多到少犯错再到不出错需要有一个时间过程，因此，当孩子语法出现错误时，祖辈应怀着一个宽容的心态，鼓励孩子慢慢地去掌握正确的要领。面对“粉丝”们的强力支持，孩子的英语水平会在不知不觉中更上一层楼。

第34招

用安全的方式培养孩子的冒险精神

俗话说“初生牛犊不怕虎”，别看孩子像个小不点儿似的，连路都走不稳，但小家伙对征服高度可是很有信心的。要知道，好玩是孩子的天性，不让孩子爬高是不可能的，也是不可取的。因为想登高、想爬树，是每一个孩子的梦想和心愿。因此，别看孩子年龄小，却精力旺盛，喜爱运动，好奇心十足，因为攀高能够帮助孩子探索目力以外的世界。对此，有远见的祖辈切不要遏制孩子攀登、冒险的兴趣，而应全力地鼓励孩子安全地登上“高峰”。

可是，我们常常听到一些祖辈们在带孩子的时候说：“乖，别走那么快，小心摔倒了。”“宝贝，别爬那么高，掉下来会摔疼的。”“注意点，扶着栏杆，别摔倒了。”……是的，现在的儿童教育就是这样的“全保护式”，生怕孩子有一点点的危险。一般来说，在家里，父母与祖辈对孩子宠爱有加，可谓是含在嘴里怕化了，捧在手里怕掉了，使孩子从小养成了衣食不用动手的习惯；而到了学校，课本的教育内容又多是要孩子学会“温、良、恭、俭、让”等一些文质彬彬的行为，如果哪个孩子喜欢冒险，则被扣上淘气、不听话或另类的帽子。于是，久而久之，孩子就成了听话而温顺的乖乖羊，而没有任何的创新与探索能力。

所以，从小怕孩子摔着而限制孩子爬高，其实是低估了孩子的能力，让孩子总怀疑自己，总觉得自己是不行的，那么，时间久了就真的不行了。于是，一种奇怪的现象出现了——高分低能，害怕竞争、不愿工作，宁愿在家里让父母供养的大学毕业生出现了，这是很可悲的。

其实，攀高能够培养孩子对空间的感觉。当孩子成功地登上楼梯的台阶时，他对自己的身体与世界的关系就会又加深了一些了解，并且对如何调整自己的动作以避免危险又多了一份认知。因此，培养孩子冒险至少有两个优点：

当孩子的好奇心得到满足以后，有时即使家长不在，他也不会去妄动那些曾经诱惑过他的东西了。

孩子可以学会防止危险的要领，从而提高灵活运用的能力。这样，当你陪孩子掌握了一些技巧之后，即使孩子一个人去做，也会安全无误。

给爷爷奶奶外公外婆的家教技巧

作为祖辈，一定要大胆地培养孩子的胆量，从小训练孩子的勇敢精神，多鼓励孩子去探索，而不是处处阻拦。平时还可以参考以下方法：

技巧1　不要以安全为名义过度保护孩子

当孩子想要做冒险游戏时，应该放手让他去做。祖辈切不可厉声禁止，孩子在玩乐的过程中失败一次或两次，是不可避免的，这比起一个对运动没有兴趣、没有信心的孩子要好得多。要知道，家长如果过分地保护，反而会对孩子的自信与勇气造成不利影响，因为在以后的好几年时间里，孩子绝大多数的快乐生活都来自运动。

刘阿姨说，三岁时光光上幼儿园了，每次接他回来我都让他一个人在小区里骑自行车或玩滑板车，我就上楼回家去给他做饭，而且每次在我差不多做好饭的时候，他自己就爬上楼梯回家了。就这样，孙子光光在我的培养下，不但懂事可爱，而且胆大勇敢，并且有着其他孩子不可比拟的冒险精神。现在刚刚六岁的他，如果哪天有事情，没有及时去学校接他，光光就可以一个人穿过几条马路自己回家。

在对孩子进行冒险教育时，一定要鼓励他们爬高爬低。对此，爷爷奶奶、外公外婆不要过于限制孩子，更不要大声吓唬孩子："掉下来就没命了！"而应该像刘阿姨这样，培养了孩子勇敢的性格，让他尝试一点冒险行为，对孩子的成长是大有裨益的。

技巧2　用鼓励增强孩子冒险的个性

爬高、冒险是孩子的天性，是孩子成长过程中不容易遏制的个性，因此，作为祖辈不要总是跟在孩子的后边叨叨："一定要小心啊，这可不行啊，千万要注意安全啊。"其实，即便孩子一不留神从高处摔下来也不用过于紧张。因为，孩子如果从他身高相当的地方滑落下来，一般不会受到伤害。这时聪明的老人一定要给予孩子适当的鼓励，要大胆地支持孩子的自由探索，要知道，偶尔摔一跤可以加强孩子对危险的感知，这将对培养孩子的独立性、自信心和良好的适应性行为有很大的促进作用。

王奶奶说，孙女珊珊出生后，她爸妈上班很忙，就由我来带养她。虽然我非常疼爱孙女，但知道溺爱就影响孩子的成长与发展，于是平时就尽量放手，鼓励孩子做自己想做的合理的事情，鼓励她去疯玩。当珊珊刚会爬的时候，我就把她的房间收拾好，让她到处爬着玩。到一岁多点会走路时，只要没有危险，什么地方我都允许她去，有时她要爬上桌子或窗台上拿自己想要的东西，但由于不够高，我就鼓励她搬凳子或想其它办法上去。每当带她去公园或游乐场玩一些大型玩具时，我都鼓励珊珊自己爬上最高的地方，并且还会为她的勇于攀登而欢庆。可以说，我对孙女从来都不是像有些家长那样，发现孩子爬高的时候就吓得不行，喝令孩子快点下来，别摔倒了。生活中还有很多其它的事例，我都尽量抓住一点一滴培养孙女大胆、冒险、敢作敢为的品质，我希望能使她勇敢地抓住自己想要的东西，长大成人后能拥有更辉煌的事业，更幸福的生活。

技巧3　言传身教，教给孩子攀登技巧

今年五岁的男孩子强强与奶奶在家里玩时，突然看到院子里的角落处，

注重培养孩子的冒险精神

反例

正例

爬高、攀登是孩子们的愿望，如果怕危险，就扼杀了他们攀登的欲望，容易养成孩子懦弱的性格，面对孩子的这一特点，除了鼓励之外，就是正确地引导如何避免风险。

那棵桃树上开满了粉艳艳的花儿，很是好看，他就想爬上去摘一些桃花儿，于是就跑到桃树跟前，用两只小手抱住树干，两只小脚就往上爬，这时奶奶一见可吓坏了："乖，太危险了，不许爬！""没事的，只往上爬一点。"强强开始讲条件。"不行，会摔断腿的，快下来！"奶奶唬他。"不会的，我会注意的。"强强固执地说。"那也不行。"奶奶更加固执地回答，并且，走过去硬把强强从树上抱了下来，这时强强看着可爱的桃花，气得眼泪直在眼眶里打转。

到了第二天，奶奶出去买菜，爷爷在家里看强强。强强趁爷爷不注意，就一个人悄悄地来到院子里，看着树上粉红的桃花，他多想爬上去看个清楚啊。于是就抱着小桃树，用力地往上爬。

正在这时爷爷从屋子里出来，说："哦，强强，你爬树干什么呢？""我想看桃花，在下面看不清楚。"强强说。"哦，呵呵。好的，你很勇敢，那你能爬上去吗？""能啊，昨天我差点就爬上去了，可奶奶硬把我给拉下来了。"强强有些委屈地说。"哦，是这样啊。没事，爷爷支持你。但你要答应爷爷两件事。"爷爷说。"好的，什么事啊？"强强问爷爷。"一是，爬树是很危险的，你一定要用力地抓住树干，注意安全。二是，树上的花儿你只能看，不能乱摘，因为这些花儿以后要结大桃子的。"强强答应爷爷的话之后，就高兴地抱住小树往上爬，不大一会儿，终于努力地爬上了小桃树，他坐在桃树的枝干上面兴奋地大声叫喊，不但看清了桃花的样子，而且也闻到了桃花的芬芳，于是强强高兴地向爷爷宣布自己成功地征服了小桃树，而且满脸都洋溢着成功的满足。

极力地限制孩子的行为，作为祖辈整天都小心翼翼、生怕孩子会怎么着，倒不如积极主动地将爬树的技巧、手足的攀登方式教给孩子。告诉孩子如何增加运动速度和改进动作协调的诀窍，如果孩子的动作有明显的错误，可以立即纠正。让孩子通过模仿大人的动作，学会攀登以及注意安全的技巧，从而减少危险性。

第35招

让沉默寡言的孩子打开话匣子

培养孩子的语言能力也是孩子全面发展的一项重要技能，如果孩子不爱说话，祖辈们就一定要多注意，并且要结合实际情况提高孩子的语言能力，从而使孩子能很好地表达自己的思想感情。有关专家认为，孩子不爱说话，跟生长发育有关系，也和环境影响有关系。对此，爷爷奶奶外公外婆平时一定要多和孩子说说话，多引导孩子说话。

有些孩子在家里唧唧喳喳说个不停，一进幼儿园却突然缄口不言了；有些孩子性格内向，不爱多说话，却爱多用眼去看、用心去想；还有的孩子，其实特别想说话，想表达自己的意见，可是由于表达能力有限，有时免不了被人打断或取笑，这样时间久了，就会回避谈话类活动和人多的场合。因此，面对孩子不爱说话的具体情况，祖辈应多想办法开发孩子的语言能力，多带他出去转转，结识更多的朋友等。

当努力没有取得预期的效果时，爷爷奶奶、外公外婆一定会感到着急和烦恼，那么，该怎么办呢？作为有爱心的祖辈，我们应该走进孩子内心。首先，对于不爱说话的孩子，应找出其原因，然后再加以引导。一般来说，孩子不爱讲话，主要与以下几点有关：

胆小害羞。孩子从小在自己的家庭、在亲人面前长大，因此，对家里的亲人能滔滔不绝，而在生人或众人面前则不敢大胆讲话。有时候孩子往往不只是不好意思当众讲话，有时连在游戏中拉拉别人的手都不敢。所以，这时孩子渴望有一双温暖的手握住他，他就会多一份胆量。

语言发展迟缓。由于每个孩子各方面发展的速度是不尽相同的，因此有些孩子语言发展慢一些。这是很正常的。因此，对于语言发展迟缓的孩子，爷爷奶奶或外公外婆不要太着急，而要有足够的耐心培养孩子。

与人接触少。孩子语言能力差，也与平常接触的人少有一定的关系。我们知道，通常孩子都喜欢有着笑容和他们打招呼的大人，但是现代社会中，孩子与人接触的经验却在减少。就现代来说，由于小家庭化，三口之家往往爸妈都忙于工作，没有时间天天与孩子在一起；而且，由于出生率在下降，孩子们多数是独生子女而没有同伴玩耍，使得孩子的语言交流十分贫乏，这样就造成孩子大多数时候缺乏对话和玩耍的对象，使语言能力没有发育的机会。

不善表达。有些孩子有时会在不被人注意时自言自语，对他而言，周围人的态度很重要。其实，这样的孩子特别想说话，但就是不知道如何表达自己的意见，对此，祖辈一定要及时地发现并给予适当帮助。这样的孩子通常由于表达能力有限，而有被人打断或取笑的体验，心里就会留下症结，时间久了就会回避谈话类活动和人多的场合。所以，有爱心的祖辈一定要努力帮助孩子，平时要多倾听孩子。

此外，还有的孩子有“选择性缄默”现象，在外人面前或陌生的地方保持沉默，而不肯讲话。一般来说，指孩子已获得基本的语言表达和理解能力，但因为心理和精神因素的影响在某些特定场合却沉默不语的现象。

“选择性缄默”其实质是孩子出现了社会适应困难，而不是语言本身出现了障碍。孩子一般在 3 岁左右时开始出现这种现象，而且女孩要比男孩更加常见。有这种倾向的孩子，一般有两种不同的表现：

孩子必须从小培养语言能力

反例

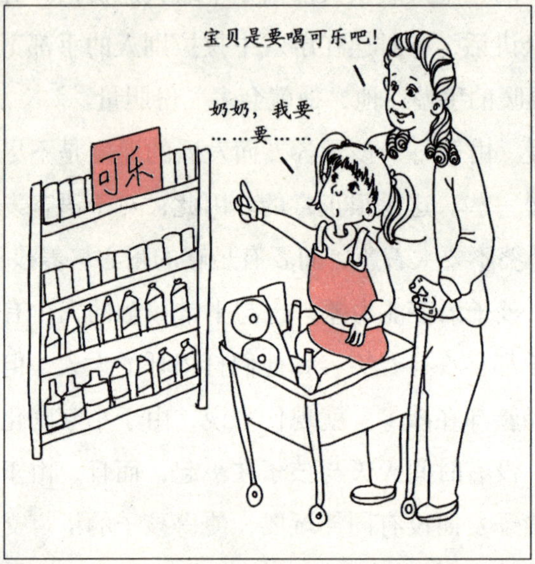

正例

当孩子语言表达能力不好，老人就要有意识地引导孩子把想说的话说完，不要孩子还没说完，你就替他说了，否则不但孩子的语言表达能力无法得到提高，还会越来越害怕说话。

最常见的一种是害羞、胆怯、退缩；

不常见的一种是冲动、攻击、暴躁，而具体情况与他们不用语言及时向成人表达自己的需求和状况有关。

对这样的孩子，平时爷爷奶奶、外公外婆应鼓励孩子多说话、敢说话，并要培养孩子举止大方、口齿清楚、声音响亮，通常就能使孩子变得活泼爱交谈起来。

给爷爷奶奶外公外婆的家教技巧

提高孩子的语言能力，爷爷奶奶、外公外婆要有足够的耐心，要用诚恳的态度提高孩子的口语水平，平时与孩子讲话要有艺术性。要给孩子创造一个良好的学习语言的环境，让孩子多和同龄的小朋友接触，因为小孩子之间更容易学习和沟通。平时，对孩子一定要充满爱心，当孩子发问时，你也许很忙，没时间跟孩子多解释，或许你也不知道该如何回答时，切不可粗暴拒绝孩子，一定要坦诚相告，否则孩子会失去发问的勇气。

提高孩子的语言能力，可以采用以下几点：

技巧1　启发孩子完整地说出自己想说的话

平时谈话，不要让孩子做简单的是非判断，因为这样不利于孩子语言的发展。祖辈多用富于启发性的谈话，使孩子的想象力得以发挥。尤其是当孩子有动作上的要求时尽量让他用语言表达出来。比如：

当孩子想小便时，可以问他“你要干吗？”他就会回答“想上厕所，去解小便”。当吃饭时，可以问问孩子，你知道这是什么菜吗？如果孩子回答：“咖喱土豆”；你可以接着问“土豆还有别的吃法吗？”孩子回答“炸薯条”；你可以再接着问“你在什么地方吃过？”“还记得第一次是谁带你去的吗？”这样一来，随着回忆的开始，孩子的“话匣子”就打开了。这样，只要你愿意用一种平等的、耐心的态度去倾听，孩子就会滔滔不绝地向你说个没完。如此，语言能力便在无形中得到提高。

此外，提高语言能力，还应注意处理好孩子的情感表露与语言表达的矛盾，不要让本来讲话清晰流畅的孩子一见到你就变得嗲声嗲气。如果有这样的情况，就要明确地对孩子说："把你要说的事情清清楚楚地给我讲一遍。"

技巧2　不要猜孩子的话

平时与孩子交流，不要猜孩子的愿望，不要代替他说话，而是巧妙地引导孩子自己说出来。比如，当孩子想要什么东西用手去指时，你可以装作没看懂，继而引导他用语言表达，如果孩子实在不说，你可以先给他说一个字，剩下的由孩子来补充。

技巧3　主动与孩子交流

即使孩子还很小，还无法听懂大人更多的语言，爷爷奶奶平时也要与孩子进行互动和沟通，比如为孩子念图画书、讲故事。平时在做家务时，也可以主动与孩子交流、对着孩子唱歌等。因为对孩子来说，主动与其交流是极为重要的，家长一个简单的笑容和招呼，对于孩子来说都是有助于他们语言发展的推动力。所以，有爱心的爷爷奶奶千万不能忽视孩子在五岁前这个语言发展的重要时期，不要让孩子有口难"言"。而且，在教孩子说话的过程中，不要训斥和责骂他，而要多表扬和鼓励孩子，慢慢地孩子就能学会说话了。

技巧4　丰富孩子的词汇

平时要鼓励孩子说复句或完整句，并且要不断地提高孩子词汇的概括水平。训练时，可以用朗读和背诵来训练孩子，使其具有良好的语感；也可以用打电话的方式提高孩子的口语表达和听觉能力。

第36招

“淘气”的孩子最聪明

“淘气”是孩子的共同属性，但在多数大人眼里，淘气的孩子是不听话的、好争斗的、令人头疼的，于是家长常常不分青红皂白，劈头盖脸地给孩子一顿斥责。其实，孩子淘气表明孩子性格好动，求知欲强烈，而严厉的训斥只会使孩子变得胆怯、懦弱，从而严重影响孩子思维的发展。其实，淘气是孩子天真的表现。从某种意义上讲，孩子的不听话恰恰反映他有主见，而所谓好争斗恰恰反映他有进取心，所以，明智的祖辈需要从儿童心理的角度做具体分析，从而适当地鼓励孩子在淘气中所表现出来的闪光点。

孩子在淘气中常常发挥丰富的想象力，而且淘气中的孩子往往抱有良好的动机，蕴涵着探索、创造与好奇心。比如：

有的孩子把爸爸的眼镜架在自己鼻梁上，说长大之后也要像爸爸那么有学问；

有的孩子看到大人在扫滑梯上的雪，她就从滑梯上滑下来，把裤子弄得又湿又脏，而且还认真地说：“你看，我比你扫得还快还干净”；

有的把妈妈的钢笔藏起来，直至大人找了很久，他才说这笔自己要留着上学时用。

……

可见，孩子们淘气时的愿望多么美好，这通常是孩子智慧与能力的闪现。因此，面对孩子的淘气，祖辈要抱有一颗包容之心，要让自己站在孩子的立场上，为孩子天真的行为想一想，切不要因为自己体会不到那可爱的童趣，或者因为自己心情烦躁，而对孩子妄加指责。

这天刚刚四岁的小刚做了一件让外婆不能容忍的事：他将外婆给他买的看图识字卡，都一张一张地扔到地上，而且，还一边说“不要了”一边用力地在每张字卡上踩上一脚。将一张张原本好好的字卡，都弄成了脏兮兮的大花脸。看到小刚这样的行为，外婆很生气说：“你这孩子怎么可以这样？你这样把字卡都弄脏弄破了以后还怎么识字啦？”但是，小刚像没有听见外婆的话似的，仍然把更多的字卡扔到地上，再用力去踩！并且，玩得越来越带劲。外婆见小刚不理会自己的劝告，更加生气，或者说简直不能容忍，这是因为自己一直非常注重灌输孩子爱护字卡的意识，而小刚以前也一直做得很好，可是今天他却做出了这等行为。想到这里，外婆就板起脸孔，目不转睛地盯着他，给了小刚一副从来都没见过的严肃表情，外婆是想让小刚意识到他犯错了，而停下正在进行的破坏行为。

可是，外婆今天怎么也没想到，小刚对自己严肃的表情竟然熟视无睹，仍然继续表演作践字卡的游戏。这时外婆真的生气了，看小刚的样子不把所有字卡弄个“满目疮痍”是不肯罢休的，自己再不进行阻止，那些字卡就完蛋啦，这个时候再来冷处理是不行的了，于是，情急之中冒出一句：“你这个小败家子，外婆真的生气了，再不住手我非揍你不可。”说着举起了手。这时真的管用了，小刚惊骇地睁大眼睛，紧张地看了一下外婆，就立刻扔下手里的字卡，跑到自己的小房间里去了，并且呼的一声关上了房门。好长时间过去了，小刚都一直待在自己的小房间里，而且一点动静也没有。这时外婆的气消了，感到情况不妙，于是就悄悄地来到小刚的房间，谁知这孩子竟然自己趴在床沿边睡着了，而且脸上还有两颗大大的泪珠，看到这种情景外婆觉得自己对小刚做得有点过分了。

面对孩子的淘气，祖辈不要大惊小怪，无法容忍，理智的做法是先耐心地蹲下来，听听孩子的心声。之后，在表示理解的基础上，引导他朝着自己希望的方向发展。

其实，上文里的小刚也不是真的不想爱护字卡了，只不过他突然发现把这些字卡向上一抛，就会造成天女散花的场景，这是很好玩的，并且最让他兴奋的是当自己的小脚丫准确地踩到字卡上，又会出现一个可爱的小脚印，于是小刚就完全忘了他扔的、踩的是自己平时一直爱护有加的字卡，而是作为一种快乐的游戏在玩耍。外婆却没有理解小刚淘气的行为，于是用一种非常冲动的方式对小刚大吼了一声，这下把小刚给吓坏了，委屈地躲在自己的小房间里不敢出来。其实，如果外婆当时能想通这点，完全可以通过另外一种方法处理这件事的，比如另外拿一些没用的纸片让小刚去扔、去踩，以转移他的目标，这样也可保持孩子的玩兴，而不至于用生气地吼叫作为手段，来制止小刚的行为。要知道，大人的情绪与行为都会对孩子产生很大影响，除了让孩子知道自己犯错外，他也学会了用生气地吼叫的方式来表达自己的不满。

给爷爷奶奶外公外婆的家教技巧

平时，爷爷奶奶、外公外婆对孩子的淘气行为要有一个正确的鉴别，对于那类富有美好想象的“淘气”，祖辈应借此鼓励孩子发展想象力和创造力。不过，对于孩子越轨的行为也要进行正确的引导，使其符合行为规范。因此，如果孩子的淘气行为太过，也可以用适当的方法惩罚一下，让他自负“自然后果”，让孩子牢记教训。总之，采用粗暴干涉、强力阻止的办法是最不可取的。对于孩子的淘气行为可以借鉴以下方法：

技巧 1　不要斥责孩子的淘气行为，学着让他自己负责后果

有话说，“淘气的孩子最聪明”。是的，有点淘气的孩子不但富于想象力，还有很强的创造能力。再说，孩子淘气是正常的，不要过度管制他，只要没

不能斥责孩子的淘气行为

反例

正例

孩子做错事时，不要厉声斥责，适当地惩罚一下，让他“自负后果”，反倒能起到事半功倍的效果。

有危险。祖辈可多和孩子一起玩他感兴趣的游戏或玩具，这样玩起来，孩子就没时间去淘气了。比如，张奶奶说：

我家孙子是个精力旺盛的小子，现在还不到三岁，整天像个小老虎似的在家蹿上爬下的，如果哪天我要去做别的事，他就会自己玩，每当这时他就会玩得非常淘气。像前几天上午我去洗衣服，他自己在房间里玩，谁知道他竟然跑进厨房把酱油全洒了，弄得满身、满地都是，还一边乐呵呵地说："瞧，我这衣服，比奶奶做的菜的味道还好闻呢。"现在，一看见酱油就说"洒了一身啊，再不动它啦"。

其实，孩子做错了什么之后，也知道自己做得不对，因此祖辈就不要对孩子做的错事太过关注。要知道，孩子就是孩子，他现在的年龄正是你越不让他做的事他就偏要做的时候，所以，为了预防孩子的逆反心理，一定要注意顺势引导。

技巧2　"冷落"孩子的淘气行为

当孩子任性淘气，不要一味地坚持让他按照你说的办，可以给孩子提供一个选择的空间。比如，到该上床睡觉的时间了，可孩子迟迟不肯去睡。这时，可以设定两个选择：第一，"上床去好吗？你该睡觉了 。"第二，"你还不想睡吗？我要睡了啊，现在我要关灯了，你自己到客厅去玩吧。"这时孩子虽然会依着自己的性子选择，但当他觉得自己的选择不好玩时，就会接受你的建议。

技巧3　给孩子留一些淘气的空间

如果不是非常关键的问题、非常重要的决策，当孩子不情愿改变时，祖辈可以和孩子协商，确定一个折中的办法，使双方都满意。在非原则的大事上，让孩子参与讨论，比让他服从更有价值。比如，外出时先做什么、后做什么等，这时即便孩子意见欠妥，也不妨听他的，以引导孩子在决策失误中形成经验，来实现正确的成长。

第37招

别“圈养”孩子

我们知道，人一旦到了老年，不但记忆衰退、思维缓慢，而且生理机能也衰退了，这时就喜静懒动，而在带孩子时，也往往会有意无意地把孩子圈在家庭的范围内。于是往往对孩子采取限制多于引导的“看管方式”，从不鼓励孩子在户外奔跑、跳跃，更不会让孩子尽情玩耍。如果孩子常年这样生活，就很容易形成不合群的性格，导致孩子的主动交往意识薄弱。

殊不知，祖辈们不爱活动的习惯和生活方式，会潜移默化地影响孩子，使孩子老成有余，活泼不足，从而阻碍了正常的智能发展与人际交往，不习惯与小朋友一起玩。当送到幼儿园参加集体活动时，孩子往往不能融入其中，总是站在一边观望他人玩耍，自己则神情木讷、呆滞。而要改善孩子的这种内向性格，关键还在于祖辈的教养方式。亲爱的爷爷奶奶、外公外婆们，真爱就别“圈养”孩子。

志志的爸爸妈妈都很忙，志志从小就跟爷爷奶奶生活在一起。但由于爷爷家处于车水马龙的公路交叉口，为孩子安全考虑，爷爷奶奶从来不让志志出去玩，只允许他在自家小院子里看看蚂蚁打架。后来，志志上幼儿园了，不仅上下学时由爷爷或奶奶接送，而且业余时间爷爷奶奶也不让他出去玩。上幼儿园一个学期了，志志还没有交到好朋友。于是每当在家的时候，志志就一个人玩玩具，总是不停地摆弄他的数字、字母和拼图，通常那几样东西能让志志玩一整天。在幼儿园里，志志的性格非常内向，不爱和其他的小朋友一起玩耍，而且每当老师向他提问题的时候，他只会傻傻地站着，一声也不吭。

像志志的情况，已经形成了一定的心理问题。这是一种退缩和孤僻的倾向，其原因就是长期被“圈养”而丧失了与同龄小朋友玩耍的机会，导致社交能力逐渐退化而形成的。面对孩子的这种表现，祖辈们一定要用积极的行动去改变，否则，孩子在成长过程中会有性格孤僻、胆小、不合群等不良心理表现，从而影响正常的成长与发展。

爷爷奶奶、外公外婆一定要明白，不论什么样的孩子，都需要伙伴和游戏，尤其需要一起追跑打闹的同龄朋友，需要有自己玩耍的空间，这样才符合孩子正常成长的规律。所以，为了孩子好，祖辈要放得开，大大方方地放孩子出去，让孩子在广阔的天地里自由地玩耍。

给爷爷奶奶外公外婆的家教技巧

儿童时期是孩子求知欲强、体力和脑力活动充沛的关键时期。在这个时期，孩子的交往能力、协作精神、沟通技巧、领袖才能、服从意识、竞争意识以及解决矛盾的能力等，无不是在集体生活和游戏中培养起来的。这时如果把孩子封闭在小环境里，对孩子的成长显然是不利的。为了让孩子开心、快乐地成长，外公外婆、爷爷奶奶在日常生活中要做到以下几点：

技巧 1　让孩子自由玩耍

平时多鼓励孩子去玩沙子、玩泥巴，或者踩雨后的积水，爬石子堆、黄沙堆等。不要对孩子的卫生、安全等顾虑较多，如果不准这样、不准那样，限制过多，就会束缚孩子的个性发展。因此，只需穿上合适的衣服，注意好安全，就可让孩子尽情地玩。要知道，只有无拘无束地自由玩耍，才会使孩子的性格开朗起来。

要给孩子选择好的伙伴

反例

正例

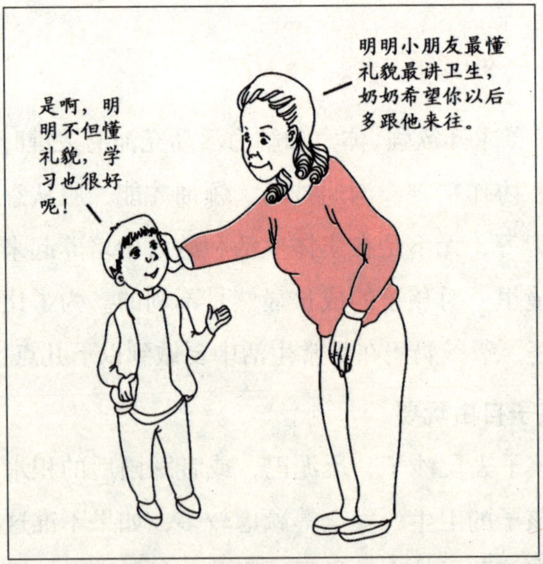

孩子交各种各样的朋友是很自然的事情，老人可以用心观察，多督促孩子跟乐观、健康、懂事的朋友交往，这样孩子也会逐渐成为乐观、懂事的人。

曾有这样一项对比研究：

一位外国科学家和一位中国科学家，分别用不同的方式养育自己的孩子，最后比较看谁家的孩子更快乐。平时，中国科学家经常让自己的孩子学数学，背唐诗，这样，孩子小小年纪掌握了不少知识；而外国科学家则常常让自己的孩子到沙堆里、到泥地里去玩耍，常常跟一些小朋友玩得脏兮兮的，回家后，科学家总是乐呵呵地给孩子洗澡，并问孩子玩得快乐吗？

答案不言自明，当然是外国科学家的孩子玩得快乐，成长得健康。因为孩子总归是孩子，他们需要玩耍，需要被当作小孩而不是小神童。要知道，孩子的玩耍就是最好的学习，而孩子就算学习再好，也不能成为一个完美的孩子。所以，作为祖辈，让我们把游戏和伙伴还给孩子吧。孩子需要在自由的环境里成长，即便现在的教育观念与经济条件还不甚如意，但祖辈也要尽可能给孩子一个自由的童年。

技巧2　和孩子一起相处感受快乐

有爱心的祖辈，平时可以给孩子讲讲笑话和幽默故事，与孩子一起做游戏，带孩子出去玩，或者老少之间互相开开玩笑等等，从而感受与孩子在一起的快乐。

不过，对于孩子的畏缩行为，不要大加斥责。如果孩子不敢滑滑梯、跳蹦床、不敢大声说话，爷爷奶奶一定要尽量克制自己的情绪，不要反应太强烈。要知道，这是孩子缺乏锻炼的结果，因此，不要一下子对他提出过高的要求，而要慢慢地培养。

技巧3　为孩子选择要好的伙伴

为了培养孩子的交往能力与自信，有心的祖辈可以为孩子选择几个性格开朗、身体健康的小伙伴，在一起玩耍，这样既可以培养孩子的交往能力，又可以培养孩子的自信心。

第六章

好品质是成就孩子一生的保证

一个有礼貌、有修养的孩子，走到哪里都会受到所有人的欢迎，更为重要的是，只有懂得真善美的孩子长大后才能真正的成为社会的支柱，才能成就他自己的人生，因为好的品质是成就孩子一生的保证。

第38招

果断纠正孩子的无礼行为

文明礼貌是做人的基本要求，也是一个人生存交往的基础。可是如今，很多孩子在家里对长辈没礼貌，在外面不懂得互助友爱，在公共场合不文明的行为也比比皆是。这些不文明的现象给我们敲响了警钟，一幕幕不该发生的悲剧也告诉我们家长，对孩子进行礼仪教育刻不容缓。因此，为了社会与下一代幸福，爷爷奶奶一定要将美好的品德传给孩子，将孙子培养成讲文明、懂礼貌的孩子。

常老师是某小学的副校长，工作多年来，她一直为自己是一名教育工作者而骄傲。但是，最近她却为自己的职务而伤感，她说现在的孩子越来越不尊重老师，不但对老师的教诲视而不见，甚至还会出言不逊、辱骂老师。她说昨天下午体育活动结束后，四年级二班的班主任老师将孩子分成两批，一批在教室里自习，另一批到微机室去练习微机课。但是，不一会儿，授微机课的老师就一脸痛苦地来找她，对她说："现在的孩子真是管不了！刚才我给他们指导时，当讲到一个有点难度的课题时，我告诉他们这个一定要好好地掌握，一定要多练习，当时我学这个时就练了好多次。没想到我的话还没说完，一个学生说'你这么笨，像个笨猪似的，怎么教我们？'其他同学一听哄堂大笑。我当时肺都气炸了，竟不知道该怎么教育他们，一时气得说不出话来，谁知这帮孩子见状，竟然一轰而散，都跑出微机室去玩啦……”

常老师听完同事委屈的话语，竟无言以对，因为这是她从事教育工作从未经历过的事情。虽说童言无忌，但小孩子称老师“笨猪”却是闻所未闻。

在日常生活中，很多祖辈们总是认为只要孩子学习成绩好，身体健康，其他的都无所谓。于是，很多孩子都缺乏教养，骂人、打架、说谎等不文明现象屡见不鲜。特别是老人如果经常有不良的言语习惯、行为做派，那么，就会被孩子学到，并深入心灵，从此，他会像一个不知天高地厚的小皇帝，无法无天，然而这对社会的发展与孩子的将来，可都是后患无穷的。就像上面提到的那个“无礼”的学生，如果家长对其也约束不了，那么这个孩子的将来就是很危险的。其实，几岁的小孩子“出口成脏”，显然是受到家长不良言行的影响。如果平时家长毫无顾忌地当着孩子的面说一些无礼节性的“非言”，那么，这些“脏话”就会在不知不觉中输进孩子幼小的心灵，使孩子形成不文明、不尊重他人的言语习惯。

现在的孩子大都是独生子女，家长有更多的财力供养孩子，使孩子受到良好的生活条件教育，而往往忽略了对孩子的品质教育。做祖辈的，在带养孙子时，往往不敢深说，不敢放手，唯恐孩子有所闪失，唯恐孩子受到委屈，所以时时呵护，不分原则地偏袒孙子辈。理智的祖辈，应该从小就加强对孩子进行文明礼仪教育，尤其是自己当着孩子的面，一定要慎言慎行，不要让孩子从小就染上坏的习惯。这样，一个合格的祖辈就能起到尊老爱幼、文明待人的榜样作用。

给爷爷奶奶外公外婆的家教技巧

面对孩子的胡作非为或出言不逊，我们无法做到无动于衷，通常的反应都是非常恼火，但理智的处理才是最好的办法，因此，要学会冷静处理，严厉对待。为了防止孩子形成无礼的习惯，平时对孩子的一些“小毛病”不要忽视，比如，当孩子打断大人的谈话时；当你喊他好多遍，他装着没听见时；

及时纠正孩子的无礼行为

反例

正例

如果发现孩子在品德方面有严重问题时，一定要坚决制止并纠正，如果任其自然发展，后患无穷。

当孩子撒谎或夸大其辞时，平常这些也许不值一提的表现，都要从严抓起：

技巧1　严厉对待孩子的傲慢无礼

傲慢也是一个很不好的品质，很多孩子常会用翻白眼或用傲慢的语调对待他人，这通常是孩子用来测试大人的反应。祖辈如果不当回事，觉得孩子还小，这种行为只是暂时性的，那么，孩子将来就有可能在你的亲朋好友面前举止无礼，而使你颜面扫地。

周末这天，刘先生与六岁的儿子齐齐正坐在客厅的沙发上看电视。一会儿门铃响了，几个朋友来家里拜访他。于是刘先生高高兴兴地接待朋友们，就让儿子让出位置，让叔叔阿姨坐在沙发上。他见有个朋友还带着自己的孩子一块儿过来了，就对儿子说："齐齐，你把玩具拿出来，与小朋友一起到你的房间去玩吧。"

没想到儿子却说："我不给他玩，要是将玩具弄坏了怎么办。"并且，也没有给客人让位置，而是一味地坐在沙发上看他的电视。这时刘先生非常尴尬，就用眼睛瞪瞪儿子，示意他快点离开，并没好气地说："你不会叫小朋友到里屋说话去吗？"可万万没有想到的是，儿子竟然一点面子也不给他，大声嚷道："你瞪什么眼，我就不想和这个小孩子玩，我就不想回里屋。"

这时，轮到朋友们尴尬了，大家只好寒暄几句，便匆匆离去了。这让刘先生陷入恼羞之中，抓住儿子就要暴打，不料，这时爷爷冲了过来，一把拉住他说："你不能打齐齐，否则，我跟你没完。"这时，刘先生不得不乖乖地放下扬起的巴掌，一个人颓丧地坐在沙发上。儿子齐齐却仍然得意洋洋地坐在沙发上，看自己的电视。

作为祖辈，疼爱孙子的心情是可以理解的，但是不要忘了以理智控制感情，要分清爱和溺爱的界限。要爱得适度，更要懂得只有正确的爱，才有利于孩子的健康成长。不要一味地娇纵、护短，使孩子变成不知礼节、没有教养的小霸王。当孩子表现出傲慢的行为，可以这样跟他说："你这样翻白眼，是不是眼睛不舒服，要不我现在带你去看看医生、扎针。"这时，孩子通常会改变态度，因为他不想因此被扎一针。

此外，祖辈要注意以身作则，不要把自己身上的坏毛病再传给晚辈。而且，还要切记：当家庭教育的权威性弄得一团糟时，孩子就会经常耍赖，而永远也不会向大人“屈服”。

技巧2　不要让孩子玩得太粗野

对于爱动手的孩子，聪明的祖辈要教他学会平时生气时要用语言表达自己的不满，而不是出手打架。

赵女士说自己由于工作的原因，在儿子出生六个月时就把他交给奶奶带养。一晃几年过去了，儿子都读幼儿园的大班了。在学校放暑假时，公司正好也允许她休一个月的年假。赵女士想趁这个机会与儿子待在一起，好好亲近亲近他。儿子有了妈妈陪，也自然很高兴。可是这天闲暇时，赵女士带着儿子到楼下和邻居们的孩子一起玩儿时，却发生了一件极不愉快的事情。

原来，在几个孩子玩的过程中，因为一点小事儿子和一个小朋友大动干戈，赵女士急忙向前去劝阻他，没想到儿子却变本加厉，破口大骂对方，其语言之脏，其神态之嚣张，令妈妈汗颜，就急忙拉起他回家去。

到家后，赵女士心里发火，就严厉地教育儿子，以后不许再说脏话，不要为一点小事就和小朋友们大吵大闹的，要知道谦让，要懂得礼貌，再像今天这样非揍他不可。谁知，儿子听后不但不知悔改，反而用充满仇恨的目光狠狠地盯着妈妈，还紧咬着嘴唇与妈妈对峙。

这时，一旁的奶奶看到孙子眼里有泪花，就冲赵女士喊了起来。说她不像当妈妈的，不该这样对待孩子。还说，孙子之所以骂人，那是他还小，谁让那个孩子不知道让着他，那是他活该。

赵女士说孩子再小，也不应该随便就开口骂人呀！

哪知，奶奶却说男孩子有几个不会骂人的？再说，他从小就没有爸妈在身边，要是再不学得厉害点，还不整天受人欺负啊！因此，谁要欺负他，绝不要手软，出了事我负责。

唉！赵女士一下子明白了，怪不得儿子有恃无恐，原来之前奶奶都是这样教育他的！

当孩子发生攻击性行为时，要立即把他拉到一边，告诉他，“你不可以打别人”。如果孩子不听，可以说“如果他打了你，你会感觉怎样？”好让孩子知道，这些伤害别人的行为都是不被允许的。而且，对于孩子不太明显的攻击行为，如不易觉察的推推、捏捏，也不要视而不管，要知道，如果这时你不进行干预，那么粗野的行为会成为孩子的习惯，难以改正。在孩子下次玩耍前，提醒他不能玩得粗野。

技巧3　告诉孩子，不可打断别人的谈话

经常打断别人的谈话，也是一种不礼貌的行为。因此，爷爷奶奶可以事先告诉孩子：大人们希望能不受打扰地谈话。然后，给孩子安排一个他喜欢的活动。如果你经常允许孩子在你与别人交谈时，随意插嘴、打断你们的谈话，那么，孩子以后做事便不会学会考虑别人，不知道自己需要暂时忍住说话的欲望，等待别人把话说完；而且，孩子还会理所当然地认为自己就是人们的焦点，谁也不能比自己优先。因此，为了培养孩子的耐心与品质，在你与别人谈话间，如果孩子来拉你的手臂，你就让他安静地坐在一边。等谈话结束，再解答孩子刚才的问题。这样坚持几次，孩子就会明白大人谈话时他插嘴是不合理的。

技巧4　制定“君子协议”

面对孩子的无礼行为，爷爷奶奶、外公外婆要耐心地进行根本教育。比如，真情地对孩子说：“你这样粗鲁没礼貌的行为，让我很伤心。如果你想让我答应你感兴趣的事，就必须学会讲礼貌。”也可以给孩子定个“君子协议”：“你以后说话时不能再没礼貌了。我们来定个协议吧，协议的期限由你来定。如果你做到了，我会奖励你的。如果你没做到，你就得接受我的惩罚。”这样，通过定协议来帮助孩子更好地对自己的行为进行控制，久而久之，一旦养成讲礼貌的习惯，你让他粗鲁也粗鲁无礼不起来了。

第39招

“学习好则百好”的观念过时了

日常礼仪，是待人接物的基本规矩。因此，礼仪是孩子素质培养的重要组成部分，是必不可少的。中国有句古话说“养不教，父之过”，孩子没有教养、不懂礼貌，不能说不是家长的过错与责任。因此，作为祖辈，在对孩子进行教育的同时，别忽视礼仪教育。

人的成长是一个学习的过程，孩子不是一出生就懂礼貌的，因此天天与孩子待在一起的爷爷奶奶、外公外婆一定要把培养孩子的社交礼仪当成大事来做，如果对孩子的礼貌行为漠不关心，那么，必定会影响孩子长大后适应社会的各方面能力。

亚亚今年上小学三年级了，在外婆外公的大力支持下，各门功课都学习得非常好，老师经常表扬，亲朋好友也经常夸奖他，这时外公外婆都觉得脸上很有光。于是平时外公外婆宁肯委屈自己，也不舍得委屈孩子，好吃的好用的都由他挑，他用剩下的、吃剩下的，外公外婆才肯吃、才肯用。然而，外公外婆的疼爱，却让亚亚养成了不顾及他人的性格，平时做事一点礼貌也没有。

一天，外公外婆带亚亚去参加一个亲友家的宴会，当时亲朋好友，包括大人小孩子有好多人。当大家都在客气地问好时，亚亚就一屁股坐到正中位，一副旁若无人的样子，而且，还在那里摇摇晃晃的，一会儿站起来，一会儿坐下，这时外公与外婆才发现自己的外孙一点都不文明，站没站相，坐没坐相的。

当宴席开始时，第一道菜刚一上桌，还没等主人劝让，大家还都没有动筷子时，亚亚就伸筷子去夹，完全不顾及他人刷刷投来的目光，让外公外婆非常难堪。这还不算，等上到亚亚最喜欢吃的菜“咖哩樱桃”时，他居然将盘子端到自己面前，一个人大吃起来，就像在家里一样，一点也不顾及别人的感受。这时外公外婆实在受不了别人鄙夷的目光，就拉起亚亚离开了。

生活中，像亚亚这样不懂礼节的孩子很多，这都是因为家长平时并没有将此放在心上，而到了一定的场合，就出现了本不应有的尴尬。其实，为了培养孩子良好的宴席礼节，平时就应该“将餐桌当成课堂”。从孩子自己会吃饭、上餐桌的第一天起，祖辈就应该开始对孩子进行有形或无形的“进餐教育”，帮助孩子养成良好的用餐习惯，学会良好的进餐礼仪。据说，这一点，英国的家庭教育做得很好，他们素有“把餐桌当成课堂”的传统，因此在英国的大小宴席上，我们总能看到彬彬有礼、风度翩翩的绅士。因此，培养孩子就餐礼仪，也是孩子人格修养与日后交往的一件大事。

此外，一些在餐桌礼仪教育方面有成功经验的家长，都有一个共同的认识，那就是在吃饭的时候，孩子绝不可大声喧哗或敲打碗筷，并且，在开席之前，一定要等长辈入座后，孩子才可以入座就宴。吵吵闹闹、挑食霸菜，是很不规范的进食行为，这样不但主人会很不高兴，而且在一起吃饭的亲朋好友也会很讨厌，所以让孩子拥有文明的餐桌礼仪是很重要的。

给爷爷奶奶外公外婆的家教技巧

打造文明有修养的孩子，祖辈就要改变“学习好则百好”的教育观念，改变一切由着孩子的教育态度，从而做孩子礼仪的优秀规划师。而培养孩子的礼仪，祖辈首先要做出好榜样，在公共场合要自觉遵守礼仪秩序，切不要怕孩子吃亏。在坐公交时，上车后不要非得抢个座儿给孩子，看到最需要座

要从小培养孩子的礼仪修养

反例

正例

日常礼仪是生活的重要组成部分，如果老人不从小加以约束、培养孩子，长大后，孩子跟别人交往就会成为大问题。

位的人要主动给人让座，给孩子以活生生的教育例子。这样，孩子耳濡目染，行为方面自然会带着家长的影子。

培养孩子懂礼仪还可以从以下几方面做起：

技巧1　教孩子“敲门”的礼仪

进房间，先敲门也是一个基本礼节，它反映出一个人的基本素质，因此祖辈平时要明确地告诉孩子，不论是谁的房间，只要想进去就要先敲门，得到允许才能进。

今天跳跳可高兴了，因为他最喜欢的小表姐要来家里做客了，于是在午饭时，跳跳与爷爷奶奶给小表姐准备了很多好吃的东西，满满的一大桌，大家吃得很高兴。吃过午饭，跳跳与小表姐在客厅玩游戏，奶奶收拾好碗筷等，就去自己的房间睡午觉了。

跳跳与小表姐在客厅玩得很开心，但一会儿小表姐看看时间不早了，要回家，就到房间跟姥姥（跳跳的奶奶）说“再见”。到了房间门口，跳跳还像往常一样，想直接推门进去叫声奶奶，可是，小表姐却摇摇头，示意他不要大声叫嚷，而是用手轻轻地在门上“咚、咚”敲了两下，见姥姥没说话，就又敲了两下，直到姥姥答应了，才推门进去。这时，跳跳奇怪地问小表姐：“怎么？去姥姥的房间还要敲门吗？”

小表姐认真地说：“是的。进人家的房间就要先敲敲门，不管在哪儿，就是要进自己爸爸妈妈的房间，也不能搞‘突然袭击’，只有得到允许才能进去，懂吗？这是我奶奶教我的，她说这样才是一个礼貌的孩子，人家才会喜欢你哦。”

“哦，是这样啊。明白了，我以后也向你学习，进别人的房间先敲门。”跳跳恍然大悟地说。

“呵呵，好啊，这才是一个礼貌懂事的孩子！”奶奶高兴地说。

为了帮助孩子养成“敲门”的习惯，爷爷奶奶或外公外婆可以有意识地经常关上自己房间的门。如果孩子不能遵守时，一定要多提醒。刚开始孩子可能会疏忽，常常不敲门就想进去，但在你的多次提醒后他慢慢地就会接受了“要敲门”这一礼节。当孩子做对了的时候，要用语言再加上表情来表示赞赏。

技巧2　教孩子餐桌上的礼仪

带孩子去赴宴，还要注意孩子在餐桌上的一些小行为。比如，吃饭时，如果有食物塞了牙，不要用手抠，而要悄悄地告诉家长，请大人帮忙。大一点的孩子，就要学会使用牙签，并用手捂住牙签剔牙，而不要影响别人吃饭。正在进餐时，如果孩子要大小便，一定要悄悄地告诉祖辈，切不要在众人面前大声地说“我要撒尿”之类的不文明语。此外，还要告诉孩子，吃完饭后，要跟主人打招呼，说一声：“我吃完了。”然后，才可以离开。

技巧3　教孩子接打电话的礼仪

有人说，接听电话是透视一个家庭是否具有礼仪的一个窗口，所以聪明的祖辈平时一定要适时地对孩子进行礼仪教育。关于，接听电话的礼仪，常用的主要有以下几点：

接电话时，声音要放轻一些，不要在电话中大声嚷嚷。

不论是谁打来的电话，都要先说“你好”，之后可以根据需要说“请问”、“请等一下”这样的礼貌用语。

打电话时，要先报上自己的名字，并说明要找的人。

要先说“再见”，然后再挂电话，不要只管自己讲完就挂电话。

回答对方的问题时，要大方，不可以长时间不回应，也不要在不知如何回答时，把电话挂掉。

要注意打电话的时间，通话时间不可太长，亦不要在太早或太晚的时间打电话，以免影响别人的休息。

挂话筒时，要轻拿轻放，不可以摔话筒，或重重地挂电话。

第40招

让孩子学会感恩

俗话说："从小看老"，孩子虽小，但是教育就是要从小开始。生活中，我们随时可以看到孩子肆无忌惮地跟大人要这要那，尤其是祖辈面前更加任性，就是见到邻居们的叔叔阿姨送东西给他，也只会伸着小手接着，从不知说声"谢谢"，像这样的孩子长大后怎么可能为他人着想，为社会作贡献呢？因此，爷爷奶奶、外公外婆平时一定要教育孩子学会感恩，跟别人要东西要谢谢人家，只要不是孩子自己亲手做的事情，或者拿了不属于他的东西，都要对别人说声"谢谢"，如"谢谢爷爷""谢谢外公""谢谢叔叔"……这样并不是只让孩子记住"谢谢"这个词语，而是让孩子从主观意识里学会感恩，从而让孩子知道别人送你的，要感谢别人；别人为你做事情的时候，不能认为该理所当然地接受，而要表示感激。

很奇怪，经历多元文化的冲击，让很多青年与少年都热衷于过"洋节"，如情人节、圣诞节等，但是却很少有人重视感恩节，这足以说明在孩子的心里压根儿就没有感恩的意思。虽然西方人过感恩节吃火鸡和南瓜馅饼的情景，也不能真正代表什么，但起码也有一种形式作用。过去许多人都认为，爱孩子是家长的本能，为孩子付出，大人是不需要回报的。可是我们面对现在的孩子：月光族、啃老族以及不断出现的问题儿童，我们的价值观是该调整一下了，因此，只有让孩子真正从心底里学会感恩，才是问题的实质所在。

对给予自己关怀和帮助的人抱有感激之心，是人之常情，也是人之美德。从这个意义上来说，长辈对孩子的爱，是需要得到一定的精神和物质回报的。而一味的自私、娇宠，只知道索取，不愿付出，将会导致孩子以自我为中心，从而变得冷漠无情，甚至人格扭曲。因此，当爷爷奶奶、外公外婆或其他长辈生病了或不舒服时，孩子就应该知道，自己该到床前端水送药尽一份责任；如果长辈干活忙累了，孩子就应该主动去为大人擦擦汗或倒杯水。这样，只有孩子懂得感恩、懂得回报了，家长的付出与爱才有积极的意义，孩子的人格修养也才会更健全。

今天外婆带着萱萱去超市买东西，给萱萱买了两套新衣服，还有她最爱吃的零食。但正在买完物品要回家时，萱萱走到玩具货架前，看中一个玩具非要外婆给她买。外婆向前一看，价格很贵，钱包里剩的钱不够了，就说："今天不买，咱们赶快回家做饭了，下次来了再给你买。"可是，萱萱不干，非买不可。外婆只好拉着她往外走，当走到卖水果的地方，萱萱竟然闹着要吃西瓜，不给买就抱着西瓜不走了。外婆无奈，只好将剩下的钱给她买了一个大西瓜。到了家里，萱萱吃上了甜甜的西瓜，总算消了口气，但是，她在尽情享受西瓜的美味时，却一点也不知道让外婆一块吃，还居然指着剩下那块说："放冰箱里，明天我再吃。"外婆听了萱萱的话，心里一酸，差点掉下泪来。

在日常生活中，爷爷奶奶或外公外婆们总是舍不得吃、舍不得穿，尽最大可能让自己的宝贝孙子孙女吃好玩好，于是，家里好吃的东西都一律留给孩子一个人吃，而这样过分的溺爱、无限的纵容却在无形中滋长了孩子的自私心理，使孩子心中只有自己，没有别人。长期以来，孩子就习惯了以自我为中心，什么东西都喜欢独享，只知道接受别人的关心与爱护是理所当然，却不会考虑自己还应该关心别人。因此，培养孩子的感恩之心，让孩子心中有他人，要从小抓起。不要以为这些都是老生常谈，要知道，越是传统的东西越容易被人遗忘，等孩子长大之后，其后果又是很难弥补的。

给爷爷奶奶外公外婆的家教技巧

教育是一项漫长的工程，培养孩子的感恩之心，让孩子心中有他人，急功近利是不行的，而要在日常生活中慢慢地做起，以下几个方法，可供祖辈们参考：

技巧1　营造感恩氛围

培养孩子感恩的心，可以适时地营造感恩的氛围，让孩子从小就浸润在感恩的环境里，效果就会事半功倍。

今年7岁的小云也是从小跟外婆外公一起生活的，外婆与外公对她可疼爱了。可是有一点，小云常常把外公外婆搞得很尴尬，为此，外婆苦恼地说："我们做大人的都很大方，孩子怎么会这么小气呢？"原来，小云虽然长得可爱，但性格却很自私，平时不论外公与外婆给她买什么好吃的，她都是自己统统吃完，从不肯让外公与外婆分享一点。

为什么自己付出无私的爱，却没有培育出充满爱心、懂得爱的孩子，外婆一直在想。于是，外婆觉得对小云不能再这样惯下去了，要改变教育方式。于是，外婆告诉小云，外公外婆将她的妈妈抚养成人多么不容易，如果没外公外婆她就没有妈妈，因此一定要学会对外公外婆感恩，这才是一个敬老孝顺的好孩子。小云听了，吃惊地睁大了眼睛看着外婆，之后又似懂非懂地点点头。

从此一有机会，外婆就教小云学感恩。比如，节日时，外婆告诉小云给老家的爷爷奶奶寄送祝福贺卡；每逢过节都让小云给长辈表演喜欢的小节目；过春节时，带小云去给亲友长辈拜年；当父亲节和母亲节，又引导小云给爸爸妈妈送小礼物，以感谢爸爸妈妈的养育之恩，并感谢父母为工作为家庭的辛勤劳动；当有亲属长辈给小云送节日礼物时，还告诉她要表示喜欢和感谢，以珍惜别人的情意。这样，在外婆亲力亲为的培养之下，小云终于学会感恩，知道了自己应该爱长辈，爱他人。

孩子在大人一味的宠爱之下什么都以自己为主，认为他人都该为自己服

要让孩子学会心中装有他人

反例

正例

从小就要有意识地培养孩子感恩的品德，一味的溺爱会让孩子习惯以自我为中心，心里没有他人。

务，而自己却不应该为他人考虑。如果不及早地加强孩子品德方面的教育，孩子品行就会扭曲，性格就会偏执而自私。所以，祖辈爱孩子，为了孩子的将来，就要让他在享受关爱与呵护中，学会感恩、学会分享，懂得孝敬长辈，懂得与周围的人和睦相处、友好合作，懂得被爱的幸福，更懂得回报，这样，孩子长大后才能真正成为一个有用的人才。

技巧2　相互尊敬，树榜样

家长是孩子生活中的一面镜子，一个知书达理的文明礼仪之家，培养出来的孩子一定会有教养。因此，父母孝敬老人、友善邻里，关爱他人的言行，就会为孩子树立好的榜样。所以，作为家长一定要温文尔雅，互敬互爱，待人和蔼谦恭，这样孩子耳濡目染，从表面模仿到行为内化，就能够逐渐形成健康良好的品德和人格。

技巧3　生活处处不忘感恩

生活是孩子学习的最好平台，平时爷爷奶奶、外公外婆要注意在家庭生活的每一个细节之中向孩子渗透吃水不忘挖井人的道理，渗透爱的教育，培养孩子的感恩之心。比如，奶奶做了香喷喷的饭菜，要告诉孩子饭菜好吃，应该感谢奶奶；带孩子上街时，看到打扫马路的清洁工，要告诉孩子清洁工每天早起出来扫地，给大家创造干净的环境，我们心里要表示感谢，不能随手乱丢废纸垃圾；也可以给孩子讲一些祖辈们小时候尊老爱幼的事情，让孩子模仿。

第41招

对孩子放手但不放纵

家庭是社会的细胞，是人生的第一所学校，家庭教育在人的一生发展中起着重要的作用，因此，虽然家长“盼子成龙、盼女成凤”的心情非常热切，但若是教育不当，再美好的期望也是空谈。所以说，教育方式对孩子的一生来说非常重要。整天把孩子捂在手心，不敢放手，孩子就得不到生活的锻炼，而该管教时不管，一味的放任更不行。所以，教育孩子，犹如护理小树苗，必须从小予以合理的教育，在孩子成长的每一阶段，都要仔细地观察、了解，适时地给予正确的引导，才能使孩子不为环境中的各种不利因素所影响，从而健康地成长。

所谓放任，就是对孩子的行为不加约束，任其自然发展。有些爷爷奶奶认为孩子如小树，树大自然直，孩子长大了自然会好起来。殊不知，这种观念是错误的。要知道，小树顺着大自然的规律虽然也能长大，但若要长得挺直，符合标准，就要从小树苗开始，不断加以修理，将多余树杈削掉。所以，对待孩子也是一样，对孩子成长中遇到的关键问题不负责任，而随其发展，那么，最终就会害了孩子。

利利在学校是个小霸王，别看他才刚八岁，可是个人人不敢招惹的“大人物”哩。在学校如果有谁惹了他，他就会动手打人。与小伙伴在一起玩时，他总是不按规矩，横冲直撞的，而且稍不如意就与人家拳脚相见。有几个被利利打的孩子的家长找到学校，要求学校严格管教利利，不许他以后再打人，否则就退学。为此老师找利利谈了好几次，告诫他不许与同学们动手打架，可是利利在老师面前点头答应了，过后却还是我行我素，经常不断地与同学们争吵干仗，同班的同学几乎都与人家打遍了。对此，校长无奈，找到利利的家里，要求利利退学。那么，利利为什么如此霸道呢？

原来，利利的爸爸妈妈在外地上班，平时忙得很少回家，于是教育利利的任务就交给爷爷奶奶。但利利小时候很老实，也很胆小，出去在外面与小朋友们玩时老是挨打，经常被打得哭着回家。这时爷爷看了非常心痛，觉得这样下去孩子会受人欺负。于是就教给利利学会还手打人，开始时利利还不敢真的去打人，但是爷爷非要他学勇敢一点不可，于是亲自做“示范”，把自己的脸伸过去，让利利一巴掌一巴掌地练打。

就这样，利利在练习打爷爷的过程中获得了满足，也“练”出了胆量，从此以后，只要是同学或小伙伴有谁跟他过不去，必遭利利一顿好打。面对利利的老师，奶奶无奈地说：“有时候我们也知道这样做对孩子成长不利，但我们也不掌握孩子的心理和需求，对孩子的种种无理举动不好把握，因此也轻易不敢做出严格的管教，因此，孩子就成了这个样子。”

有很多祖辈都会认为，孩子现在还小，等长大了就学好了，懂事了，于是平时就过于疼爱孩子，要什么给什么，如此一来家庭至高无上的权威变成了孩子，如果家长一旦满足不了，孩子就会哭闹个没完，最后爷爷奶奶或外公外婆只能依顺。然而，如此忽视对孩子的教育和引导，认为孩子现在有些缺点和毛病都是正常的，用不着去纠正，那么随着年龄的增长，孩子身上积的恶习就会越来越多，尤其是到了青春期，孩子不但更不容易管教，反而出现了叛逆。这时，爷爷奶奶再想去管教，已经无能为力，往往会经过多次的教育失败后，很多家庭对孩子再也形不成约束力，最后只能听之任之。

对孩子的行为要加以约束

反例

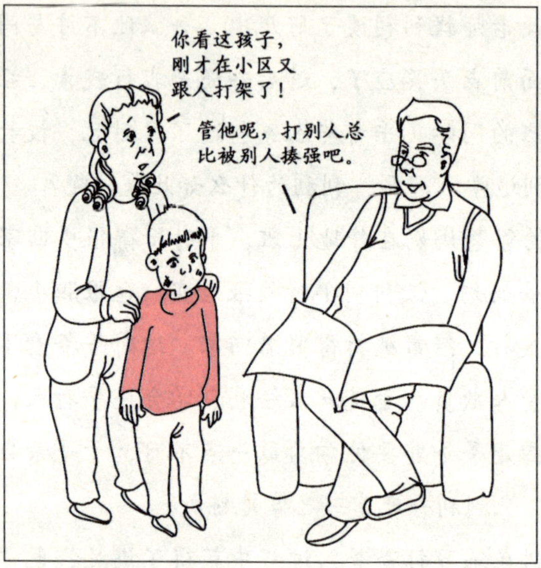

正例

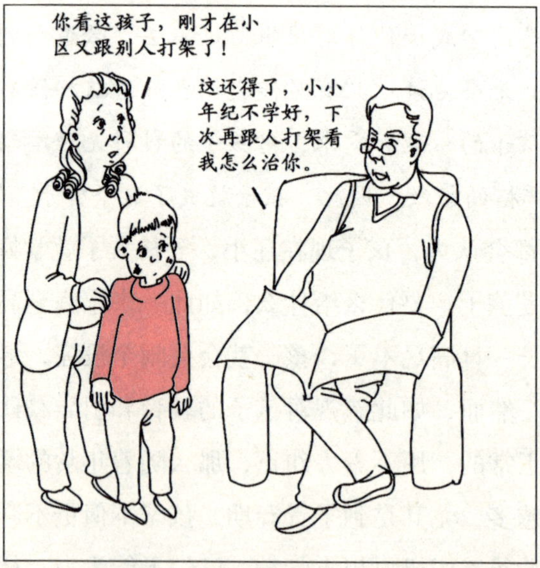

孩子的恶习一定要及时制止，如果听之任之地发展下去，到了青春期就无能为力了。

给爷爷奶奶外公外婆的家教技巧

英国教育家尼尔曾说过：“问题少年是问题家长的产物。”由此可见，家庭教育对未成年人的成长起决定性的作用。因此，家长疼爱孩子未尝不可，但对孩子放手，并不意味着放任。在孩子出现危险或不当举动时，祖辈一定要明白无误地表现出自己的“愤怒”，即使孩子在很小、不便训教时，也可以做出一个“生气”的眼神或一个阻止的动作，让孩子明白他这个行为是不对的；而在孩子形成抽烟、网游、打架、骂人等坏习惯时，爷爷奶奶、外公外婆且不可存仁慈、包庇之心，而要狠狠心，果断进行严格的制止，让孩子看到这样做的严重后果，从而帮助他改正缺点。平时，管教孩子可以参考以下两点：

技巧1　不放纵，不打骂，以德育为本

在放任型的家庭教育之下，成长起来的孩子通常自由散漫，感情用事，而且极易滑到邪路上去，严重影响正常生活。所以，放任不但会使孩子丧失前进的动力和方向，还会使孩子误入歧途、走上邪路等。所以，明智的祖辈应早一些采取行之有效的措施，以矫正这种错误的教育方式。我们来看下面这个例子：

张爷爷和张奶奶与大多祖辈一样，对孙子小贝疼爱有加，过于溺爱，天长日久，小贝就养成了许多坏习惯，不但骂人、打架，还经常抽烟、玩游戏、迷恋网络，但这并没有引起爷爷奶奶的注意，直到孩子小学毕业，要上中学了，两位祖辈才开始着急起来，想对孩子进行严加管束。但是，由于孩子积习已久，哪会轻易听从爷爷奶奶的管教，于是经常与两位老人对着干。看到孙子竟然这样，而从小对小贝抱着很大期望的爷爷在急躁之下，竟第一次动手打了孙子。

可是，从来也没有被别人碰过一手指头的小贝，这回可受了极大的委屈，一怒之下，从家里跑了出去，这下可把两个老人给吓坏了，后来经过几个亲戚帮忙，大家找了一天一夜才将小贝给找回来了。但是，从此以后老两口再也不敢严厉地管教孙子了，怕再出意外，于是对小贝在外面的所作所为只好听之任之。这样几年以后，小贝就越发得胡作非为了，后来因为和几个品行不良的朋友喝醉酒打架，而被警察请进了派出所，此时，张爷爷与张奶奶可谓是追悔莫及。

真正的教育，应是爷爷奶奶、外公外婆对孩子的缺点、错误不听之任之，做到宁苦而不娇，富而不奢，严而不袒；真正的放手，应是祖辈给孩子创造适当的锻炼的机会和条件，而不是一味地纵容孩子滋生种种不良习惯。因此，明智的祖辈，不能变教育为“打育”， 要真正树立“育人德为本”的现代教育理念，重视对孩子思想品德教育。切不要像上文中的张奶奶与张爷爷，先是一味地对孙子纵容，后又无严管，大打出手，结果使孩子走上了极端。

聪明的老人，要破除“重智育轻德育”“重知识轻能力”“重分数轻素质”等传统落后的教育观念，对孩子的教养要从小抓起，从小事抓起，并且要做到抓细、抓深、抓实，从而有效地促进孩子全面的良好发展。

技巧2　随时随地让孩子明辨是非

把孩子培养成品德高尚的人，是所有家长的共同愿望。因此，作为祖辈应帮助孩子树立正确的人生观、世界观。平时，可以通过日常生活中的一些事例，让孩子了解什么是真、善、美，什么是假、恶、丑，逐步提高他们明辨是非的能力。其实，孩子既属于家庭又属于社会，所以，作为家长，不能借口忙而放任孩子，也不能因过度地溺爱而娇纵孩子，要做到合理教育，管教有方，从而使孩子健康地成长。

第42招

要引导孩子远离自私，学会分享

可以说，现在的孩子个个都像小皇帝，认为大人满足自己的要求是理所当然的，因此对长辈、社会只知索取，不知感恩，认为一切都是我的，慢慢养成了自私自利的习惯，形成骄横跋扈的性格。对此，也许有人说，人人都是自私的，因为自私是人的天性。这话虽然不错，但一个人如果一味地自私自利，在社会上就会很不受欢迎，即使他的智商再高、能力再大，也是难以施展的，自私的个性是有碍个人发展的。

今天五岁的玉玉，也是家里独一无二的宝贝，平时深受外公外婆的疼爱。从小时候起，家里所有的人都会不约而同地把好吃的、好玩的留给他，爸爸妈妈每次出差回来，都给玉玉买好多玩具，但是这些玩具玉玉从来不让别人碰。一次，邻居家的小朋友芳芳来找她玩，看见玉玉的电动火箭枪，一摸按扭就能发出“啾、啾”的声音喜欢得不得了，便忍不住用手去摸摸，想亲自玩一下，就说：“玉玉，你的火箭枪好神气呀，让我玩一小会儿行吗？”芳芳的眼神中流露着对玩具的无限喜爱，可是，小玉玉却不为芳芳的心情所动，她说：“这个是我爸爸到三亚出差，专门买来给我玩的，你也让你爸爸到三亚给你买吧。”说完就很小气地将电动火箭枪拿到自己的小房间藏了起来。

还有一回，外婆去超市买东西，回来觉得肚子很饿，就顺手拿起自己刚给玉玉买的蛋糕吃了一块，谁知这时玉玉跑过来不高兴地说：“这不是给我买的吗？你怎么吃了？”说完还伸手让外婆还给她。外婆说今天自己在外面转了半天回来饿了，先吃一块蛋糕再去做饭，可是玉玉听了不但不谅解外婆，反而在地上又哭又闹，而且还躺在地上打滚，一副不依不饶的样子，非要让外婆赔她不可。这时，外婆看了实在没办法，只好说一会儿带她去外面吃海鲜，玉玉才停止了哭闹。

可见，文中的玉玉是个非常自私的孩子，做什么都是“以自我为中心”，那么，玉玉如此自私是谁造就的呢？毋须置疑，这是外婆与外公长期对玉玉过分溺爱、娇纵的结果。

家长如果一味地满足孩子的要求，而不指导他学会分享，那么，天长日久孩子就会形成自私的行为方式。

所以，对孩子小时候表现出来的自私心理，祖辈一定要及早认识，并有意识地进行正确地引导，让孩子意识到除了自己还有别人，从而让孩子学会考虑他人的感受，养成为他人着想、帮助别人的好习惯。

给爷爷奶奶外公外婆的家教技巧

造成孩子自私的主要原因，就是家长教育不当。因此，平时祖辈不要将什么好东西都留给孩子。当孩子吃东西的时候，你可以问他好吃吗？我也想吃一口。这时孩子只要给你吃，不要拒绝，而且要夸他懂得疼爱你。还要告诉孩子，他吃的东西别人也喜欢吃。这时，孩子如果给你，下次还给他买，不给的话，以后什么都不给他买。一定要记住，孩子给你或让你吃时，千万不要拒绝，以免助长孩子的自私心理。对已经形成自私倾向的孩子，爷爷奶奶、外公外婆也不必感到束手无策。只要认真对待，方法得当，就能收到良好的效果。平时，不妨从以下方面入手：

技巧1　创造分享的家庭气氛，从小预防孩子的自私心理

孩子在很小的时候，就已经有了很强的自我意识，凡事就会以自我为中心，这是一种正常现象。有时孩子排斥他人或其他小朋友，可能是出于自我保护心理。但是，如果对孩子的这种表现一味地默认，过于溺爱和顺从孩子，这样就会让孩子产生唯我独尊、我行我素的性格。所以，预防孩子形成严重的自私心理，应从小开始，对孩子的各种要求要区别对待，不合理的一定要坚决拒绝。

平时，祖辈要创造分享的生活气氛，可以从孩子最在乎的食物开始。比如，当好吃的东西孩子要独自占有时，可以把食物拿过来，一人一份，公平地分开。如果孩子大哭大闹，也不能让步，只要你能坚持到底，就一定能将孩子自私的行为纠正过来。

今年三岁的思思，是家中的开心果。最让大家觉得思思可爱的地方是小家伙不论拿什么好吃的都乐意让大人尝一口，一副很大度的样子。这天，比思思大一岁的小表姐，来家里做客。小表姐看到思思有这么多好玩的东西可开心了，一会儿玩嘟嘟车，一会儿玩火箭球，尤其是对思思的"福娃妮妮"爱不释手，玩来玩去的没个够，这时思思实在有点不想再让小表姐玩了，因为那可是妈妈刚给她买的三周岁生日礼物啊，自己平时还舍不得玩呢。于是，就走过去向小表姐要，不让她玩。但是，小表姐还没玩够，不肯给她，于是两个就争夺起来，不一会儿思思就气哭了。

这时奶奶连忙过来，对思思说："思思，奶奶知道你很喜爱这个娃娃，但你这几天不是经常玩吗？而小姐姐却从来都没玩过呀，所以今天你就让小姐姐多玩一会吧！"思思看了看奶奶，不再激烈地与小表姐争夺，但心里还是有些不情愿。这时，奶奶又说："小表姐家里也有很多好玩具，明天咱们去她家，让小表姐也把最好的玩具拿给你玩好吗？"这时，小表姐也表示一定将自己的好玩具给思思玩。就这样，思思终于松手了，并高兴地与小表姐一起玩。此时，奶奶又立即鼓励说："我家思思真棒，真是个大方的孩子！"

解决孩子的自私行为，关键是大人平时的引导和教育。比如，平时，无论是吃的还是玩的，或者是其他什么东西，千万不能对孩子说：这个是给你买的，否则，没有人与他分享，他自然认为都是他的。因此，一定要告诉孩子，

一定要让孩子学会与别人分享

反例

正例

让孩子学会分享会遏制他“唯我独尊”意识的膨胀，对他日后的人际交往也有很多益处。

这些是给大家买来的，谁都可以吃、可以玩、可以用，你要跟大家一起分享才可以。

对待气量小的孩子，最好的办法就是用自己对人宽厚的实际行动来感染孩子。因此，祖辈可以利用一些特别的日子来教育孩子，比如，中秋节时买一些月饼，让孩子与家人一起分吃；过新年了，爷爷奶奶可以买一些精美的贺年卡，送给孩子以及孩子的好朋友；当附近的孩子过生日时，让孩子带点好吃的去祝贺等。

技巧2　引导孩子体谅他人，学会谦让

平时多鼓励孩子，参加合作性的活动，指导孩子在游戏中感受尊重、帮助、谦让别人的乐趣，也可以有意制造一些让孩子碰钉子的机会，适时地进行教育引导，让孩子认识到只有友善和互助才能赢得大家的喜欢，自私自利是不受人欢迎的行为。

今年才两岁的小薇，还不懂得与人分享。但平时不论她吃什么时，奶奶都会告诉她："小薇是个大方的孩子，有好吃的、好玩的要跟人家一起分享，人家才会喜欢你。"这样，每当小薇做一次大方的"给你吃、给你玩、给你看"的行动时，奶奶会表扬他一番，这样在她小小的心灵深处就会懂得：与别人一块吃，是大方的孩子，这样做别人就喜欢。

当发现孩子不肯将心爱的东西给别人时，要告诉他：如果别人也这样对待你，你将会怎么想，从而要引导孩子去体验别人的心情，使他产生同情心而关心别人。

技巧3　多讲礼让故事，让孩子学会先考虑长辈

平时多给孩子讲一些关于礼让的故事，让他学习尊老爱幼的传统美德，如"孔融让梨"等，让孩子明白分享的意义。而当孩子礼让时，一定要及时表扬，夸他真是个懂事、大气的好孩子。此外，平时就餐时，可以告诉孩子好菜要先让给长辈吃，舒服的位置让给长辈坐，孩子做到后，要表扬一下，使孩子逐步体会到帮助、关心别人是愉快的，从而就会变得大方起来。

第43招

让孩子从小做一个诚实守信的人

人最重要的是信誉，一旦失去诚信将难以立足于世。是的，诚实是一个人最基本的品德，也是与他人合作的首要条件。因此，祖辈要使孩子认识到诚实是优良品德，失信、撒谎是不道德的行为，做一个诚实守信的人才能博得他人更多的喜爱与尊重。

通常来说，成人在教育孩子诚实守信的时候往往存在着一些误区。比如，有的孩子喜欢把幼儿园的玩具或者小朋友家的东西悄悄地带回家，还对大人谎称是小朋友的妈妈送的。对此，家长们往往有两种反应：一种是小题大做，一种是不当回事。

这两种教育方式都是令孩子不诚实的引线。

小华读小学四年级了，由于爸爸妈妈上班忙，平时他都是跟着爷爷奶奶一块生活，可是最近几天他忽然不到学校上课，总是一个人偷偷地溜到附近的游戏厅去玩。一天，爷爷碰巧路过游戏厅门口，看到了小华，大发雷霆，一怒之下就给了小华一巴掌，并责问他为什么会在这里。小华怕爷爷再打骂，就撒谎说在学校受到老师的百般责难，没办法上学了。爷爷一听可气坏了，第二天就怒气冲冲地找到学校，责问老师为什么不让小华上课。小华的老师闻听此言有些糊涂了，因为他从来没有赶过学生。但经过激烈争吵后，原来小华是自己厌学了，而逃课到游戏厅去玩，被爷爷发现后，就撒了谎。

孩子的一个谎言，让家长和老师之间发生了本不该发生的不愉快。对此，一些校长说，好多孩子现在撒谎的“水平”越来越高，老师和家长有时被骗了还不知道。因此，作为祖辈，平时对孩子的教育一定要慎重，不要因为一时火起，逼孩子走上不诚实之路。孩子做了不对头的事，聪明的祖辈要认真分析原因。

据说，美国有一个孩子，他父亲早早去世了，并留下一大笔债务。若按常规，欠债人已去，债务差不多也就算了。但这孩子却一一拜访债主，向人家保证父亲留下的债务自己会分文不少地偿还。当时大家觉得他还是个小孩子，就没把他的话放在心上。但后来，这孩子经过多年的辛苦经营，终于攒下了一笔钱，把父亲留下的债务分文不落地还给了人家。这时，周围的人都非常感动，知道他是一个诚实的人，于是都非常愿意和他做生意。结果，这孩子不但博得了别人的合作，也赢得了他人的尊敬。

上面这个故事，反映了诚实守信对人生的重要性，因此培养孩子做一个诚实守信的人是非常重要的。所以，聪明的祖辈请从自身做起，用诚实的言行在孩子的心灵播下诚信的种子。

给爷爷奶奶外公外婆的家教技巧

培养孩子诚实守信，那么对于孩子平时的行为，祖辈既要严肃对待，又要耐心细致，就要学习掌握一些具体的技巧，以帮助孩子改正说谎的毛病：

技巧 1　以身作则，不要投机取巧

孩子的教育是一门很深的学问，如果你以虚伪去教育诚实，那么结出的只能是虚伪的果实。所以，当孩子背离诚信而让你痛心疾首的时候，就应当反思一下自己是否是个诚实的人。比如，

有的祖辈爱贪小便宜，买东西时被多找了零钱，发现后不归还人家，反而眉飞色舞地对孩子说：“今天我用 100 块钱买鞋，鞋子 60 块钱，他们竟然

要让孩子从小诚实守信

反例

正例

发现孩子的不诚实行为时，要及时疏导，不要给孩子的不诚实行为找理由。

找了我80块钱。那卖鞋子的人真是不长眼，竟把50元当10元给我。哈哈，这下我可赚了，还白捡了一双鞋穿。”

然而，祖辈可能没想到，当你为省下的金钱而得意时，却会令孩子那纯净的心灵蒙上灰尘。还有的祖辈，会认为“说谎是聪明的表现，不需纠正”。比如，当孩子把完全没有的事情，编得有鼻子有眼儿时，一些爷爷奶奶或外公外婆糊涂地认为孩子这样是聪明的表现，却不知这其实就是为孩子以后说谎创造条件。

技巧2　制止孩子抄作业

通常，孩子进入学校后，随着功课难度的增加，以及受到老师与家长对好成绩期望的压力，往往会“偷分”。当发现孩子在学习上出现抄作业、考试抄袭的行为时，祖辈一定要及时批评，告诉孩子学习绝不能投机取巧，但也绝不能一味地责骂，而要耐心地教导孩子这种行为的害处，并耐心地给孩子以指导。而当孩子诚实守信用时，爷爷奶奶或外公外婆一定要及时给予鼓励。

技巧3　答应孩子的事就要去兑现

有的家长总是随意地允诺孩子，事后又不兑现，使孩子认为大人老是说话不算数。因此，对孩子的承诺一定要兑现。凡是答应孩子的事就要去做，如因情况有变兑现不了，也要向孩子说明情况。要知道，如果你总是在孩子心目中丧失他对你的信任，甚至使他觉得你欺骗他，那他也会学会欺骗你。

技巧4　让孩子选择讲实话

对于习惯性说谎的孩子，如果能肯定某件事一定是他干的，可以给他几分钟，让他选择讲实话。在向孩子提问之前不妨先发制人，告诉他，你已经知道是谁做的，但愿意给他一次机会，让他证明自己是个诚实的孩子。如此孩子在开口之前就有了选择，他自己会进行一番心理较量，从而选择讲实话，而不再沿着习惯的思维将说谎进行到底。

第七章

言传身教，爷爷奶奶是孩子最好的榜样

小孩子的模仿能力是超强的，大人的一举一动都会对孩子产生潜移默化的影响，相信爷爷奶奶外公外婆都希望对孩子的成长起到积极作用，那在跟孩子相处的过程就要克制不良习惯，展示最好的精神面貌，做孩子的榜样。

第44招

办事不拖拉，防孩子模仿

孩子对世界充满了好奇，模仿是他们接触和了解这个世界的方法之一，因此孩子的模仿能力是非常强的，甚至远远超过我们的想象。而模仿也不是一件坏事，通过模仿，孩子可以接触、探索、了解生活的本质，学习很多技能，所以，模仿也是孩子进步的阶梯。但是，作为祖辈，自己与孩子朝夕相处，那么自身的行为无疑对孩子以后的行为有直接的影响，尤其是对于好奇心重、模仿力强的孩子来说会更大。可以说，孩子的很多坏习惯与好习惯都是在模仿中这样学来的。因此，老人在教育孩子时对孩子的行为处事一定要慎重。

我们知道孩子在一天天的成长，而祖辈的身体却在一天天衰老，动作行为与思维等能力越来越慢，尤其是记忆能力越来越差。在日常活动中，做事的节奏便跟着变得相对缓慢，甚至养成了做事拖拉、磨蹭的坏习惯。但是，对孩子来说，他们的思维水平还远远不能判断一种行为是好是坏，只能进行单纯的模仿，于是很多坏习惯就是这样学来的，尤其是拖拉的行为则完全“得益”于老人做事的习惯，因此，平时爷爷奶奶、外公外婆做事情时一定要多注意，不要让孩子模仿到自己拖拉的习惯。

洁洁刚上一年级，不但长得漂亮，而且非常乖巧，为此很讨老师的喜欢。可是，一段时间过去，老师却发现洁洁有个不好的习惯：做事磨蹭，动作缓慢。当老师走上课堂讲课时，同学们都赶紧打开课本，并端坐好专心地听讲，而洁洁总是像没事人似的，还在不紧不慢地找课本，找到后再慢吞吞地打开。老师讲完后提问她时，她总是一副听不明白的样子，磨蹭半天还没有回答完整。而且，洁洁不仅课堂上反应慢，就连每天做课间操或者是下课放学她都是最后一个收拾完书包，最后一个走出教室。为此，老师感到很奇怪，这孩子长得这么聪明怎么做事如此的慢呢？

原来，问题的根源要追究到洁洁的奶奶身上。因为天天照顾洁洁日常生活的奶奶是个慢性子的老人，活动做事总是慢吞吞的，一件事情往往好半天才能做完，洁洁天天与奶奶在一起，耳濡目染，竟然也学着拖拉起来，一件事也是磨蹭半天才能处理完。比如，平时做作业，其他孩子只花一会儿就能完成的作业，而洁洁却需要几倍的时间才能做完。而且，暑假早就该完成的作业，而洁洁却非要拖到最后一天才急急忙忙地写完，而且学习一点没有效果。

从上文我们可以看出，洁洁做事磨蹭的毛病正是由于奶奶爱拖拉的不好的习惯影响了她。所以，孩子在成长过程中就像一棵小树苗，需要不断地修剪枝叶、扶正枝干才能成长为笔直的大树。

后来，奶奶认识到自己对孩子的不良影响，便开始注意自己做事的方式，并认真地培养洁洁做事的习惯。奶奶在家里所有的房间都挂上“今日事今日毕”的条幅，由爷爷做监督，这样奶奶与洁洁平时谁要是做事再磨磨蹭蹭拖拖拉拉的，谁就得天天负责打扫家里的卫生。这些方法很奏效，一段时间之后，洁洁在爷爷奶奶的提醒和引导之下，做事果然快多了，当天能做完的事基本当天就完成。这样，老师与同学们也都渐渐地喜欢她了。

模仿是孩子成长过程的必经步骤，因此，作为祖辈一定要多提供好机会给孩子，培养孩子抵抗不良行为的“免疫力”，这样，孩子一定会顺利度过这一阶段。通常来说，孩子做事情拖拉磨蹭，有自身的原因，也有外部环境的影响。所以，聪明的爷爷奶奶、外公外婆应该具体分析一下，花些心思帮助孩子改正做事拖拉磨蹭的习惯。

老人做事拖拉也会影响孩子

反例

正例

拖拉的毛病是很多老人都有的，但一定注意不能影响到孩子，拖拉的习惯不但会耽搁她的学习，还会耽搁她大脑思维的发展。

给爷爷奶奶外公外婆的家教技巧

老年人的行动虽然相对缓慢，但如果平时能加强对孩子的要求，也就不会让孩子养成拖拉的毛病，比如，平时外公外婆、爷爷奶奶可以跟孩子做一些小比赛，看看谁先穿完衣服、系好鞋带、洗好脸等。此外，改掉孩子拖拉的习惯，平时祖辈还要从以下几点做起：

技巧1　定下规矩，严格督促，做到“今日事今日毕”

有时候，孩子做事拖拉、磨蹭的习惯，也与家庭环境有关。环境好了，孩子学习的效率就会得到提高，拖拉的现象自然也就减少了。因此，平时祖辈要注意自己做事拖拉的行为，尽量“今日事今日毕”。

为了让小涵养成尽快做事的习惯，外婆决定给他一些紧迫感。比如，每天的时间到了，小涵还没吃完饭，她就把饭菜收起来，并且对小涵说：“我希望你下次能按时把饭吃完，今天太让我失望了。”外婆总是通过这种硬性规定的办法，来达到改掉小涵磨蹭的坏毛病的目的。为了能严格执行这个办法，外婆还事先估计出小涵能够完成某项事情的时间，然后再规定他在这个时间内完成事情，否则就不让他继续做下去，以示警告。这样，在外婆严格的督促下，小涵终于养成了快速高效做事的习惯。

平时外公外婆、爷爷奶奶要做到时常关注和督促孩子，让孩子彻底改掉拖拉的习惯，就要给他定一些不成文的规矩，比如，家庭作业没按规定完成不许上网，安排的事情没做完不许看电视等等。开始孩子也许可能会屡屡“犯规”，但这时祖辈不能迁就，只要能坚持下去，孩子就会逐渐改变拖拉的毛病。

技巧2　以身作则，突破“行为障碍”

平时祖辈要做到生活有规律，有时间概念，自己首先应尽量避免拖拉的习惯。祖辈一定要以身作则，适当地采取一些措施来改善一下自己的生活方式，就会起到榜样的作用。平时突破自己的“行为”障碍，注意以下几点：

千万不要给孩子留下“赌博也是娱乐活动”的印象。老人大都喜欢一些相对静态的活动，比如打麻将、打牌等一些有关金钱的输赢，如果孩子在家里，这样的活动就要禁止了，以免对孩子有影响。

不把无休止地看电视，作为家庭娱乐的主要方式，要做到有选择地观看电视节目。

平时不要在厕所里看书报或杂志；每天早上，不要睡懒觉。

多带孩子出去走一走，不能把自己和孩子封闭在家庭的小范围内。作为祖辈，不能因为自己的行为习惯而将孩子的求知欲扼杀掉。

技巧3 设立奖赏制度

让孩子改掉拖拉的毛病，一个最好的办法就是同伴间的相互鼓励和比较，有时候比家长教育更有效。因此，平时祖辈可以设立一个奖赏制度，可以让孩子邀请他的同学、伙伴到家里来学习、做作业。看谁做得又快又好，就奖励谁。这样孩子就会觉得自己如果得不到奖励就会很没面子，就会加快算题的速度。不过，对于总是得不到奖励的孩子，可以设立一个鼓励奖，这时，孩子为了面子会积极地行动起来，不要鼓励奖而要第一名，这样做事的效率自然就提高了。

第45招

不唠叨，防孩子产生逆反心理

通常来说，大多数的老人都有爱唠叨的习惯，一句话反反复复说个没完。虽然大人的心里对孩子寄予了厚望，但是老调重弹，唠叨个没完，就会让孩子产生一种厌烦的心理。这样，孩子虽然在听，但根本入不到他心里去。由于长期重复听同样的声音，使孩子产生了一种不在乎的心理。所以，做祖辈的，不要老是只怪孩子不听话、爱顶嘴，也该静下心来想想，自己是否真的太唠叨了。

多数的孩子在很小的时候就能分辨是非善恶，只是缺少改正缺点的自觉性，这是孩子的本性使然。对此，祖辈如果总是盯着孩子的缺点翻来覆去地说，喋喋不休地数落和教训，孩子就会认为爷爷奶奶或外公外婆对自己不信任，继而产生逆反心理，从而不听大人的话，不服管教。再说，不要说是孩子，就是一个大人，整天有人像一只嗡嗡叫的苍蝇盘旋在他的耳边，也会使他觉得自己的耳朵都要“磨”出茧子来了，身心也被折磨得急躁不安，这时不跟你翻脸才怪。所以，唠叨是一种很不好的习惯，明智的祖辈不会抱怨孩子。

然然今年上三年级了，他平时最怕的人就是奶奶，倒不是奶奶对他管得严厉，而是奶奶整天对他唠叨个没完，让他受不了。原来，奶奶小时候由于家庭条件不好，没学多少文化知识而常常后悔，现在她最怕孙子学习不用心，

不喋喋不休地唠叨孩子

反例

正例

老人抱怨的目的无非是让孩子变好，可是总是一味地抱怨只会适得其反，因此要从正面的立场引导孩子。

影响了成绩，因此只要周末在家，就从早到晚不断地提醒然然学习。周一到周五这几天时间，奶奶几乎每天都早早地起来叫然然起床，并且一遍一遍地叫个不停，直到然然起来为止。此外，平时不论是写作业，还是日常生活中的小事情，奶奶都是一遍又一遍地对然然唠叨个没完，生怕他记不到心里去。

然而，奶奶喋喋不休的教诲，不但使然然产生了反感心理，没起到良好的作用，反而在奶奶长久的耳熏目染影响之下，也不知不觉地养成了唠叨的习惯。比如，他总对奶奶说："今天我们语文老师讲课的时候给我讲了一个笑话，引得全班同学都哄堂大笑"，"下午我们数学老师讲课的时候，让一个调皮的同学气得卡壳了"，"今天我们班主任又批评那个不写作业的学生了"，"昨天我的同桌拿了我一支圆珠笔，到现在还没给，看样子是不想还了"……如此，每天从学校回家，然然对奶奶爷爷都有说不完的话，有时一件事要说好几遍，这样连奶奶自己也听得很不耐烦。

很多祖辈在教育孩子时，往往没有耐心，常常会嫌孩子做事磨叽而不停地唠叨。殊不知，时间一久，孩子也会耳濡目染，渐渐学会唠叨。就像上文中的然然一样，在奶奶整天的喋喋不休之下，他也继承了奶奶唠叨的习惯，结果是越学情况越糟，从而影响以后健全个性的发展。所以，明智的祖辈一定要记住，唠叨不但不能达到目的，还会给孩子带来伤害。

给爷爷奶奶外公外婆的家教技巧

不要说是孩子，就是大人也觉得唠叨让人厌烦，易招致生气，因此爷爷奶奶对于孩子的一些坏行为，莫要一味地抱怨，而要合理地采用引导方法：

技巧 1　尊重是比唠叨更容易被孩子接受的方式

生活中有很多老人，为了减轻孙子沉重的学习压力，都会主动地协助孩子做功课，比如，看孩子在写作业时，就坐在孩子的身旁，一会儿提醒孩子不要将字写错了，一会儿又告诉孩子要专心记数，而过一会儿又给孩子拿糖果吃，这虽然是关心孩子，但实际上却是另一种表现形式的唠叨，常常令孩子不高兴，而导致孩子无法专心学习。

康康都上小学四年级了，可奶奶还像对待幼儿园的小孩子一样对待他，每天对他叮嘱个没完。早上天刚亮，奶奶就一遍一遍地叫他起床。于是，康康只好早早地从床上爬起来，可是当他坐在餐桌边去吃早点时，奶奶又会一边给康康叠被子，一边不停地说着："看你都这么大的孩子了，总是老把被子弄得乱七八糟，还总得让我天天给你收拾。哦，你干吗吃这么快？这么狼吞虎咽的，真是天天跟你说也没用，早叫你一会都不肯起床，天天弄得这么紧张，这样早晚会影响健康的……"如此，奶奶总是反反复复地说个没完没了，可是，康康呢？只顾忙自己的，头也不抬，对奶奶的话充耳不闻。在三下五除二吃完饭后，抓起书包就会跑出去。而这时，奶奶却还没有说完，还会追到大门口冲康康喊道："跑这么快干吗呀，小心点。对了，学习用具都带齐了吗，衣服穿好了吗……"可这时康康早就跑远了。

唠叨不是教育孩子，多半是祖辈为自己的辛劳找平衡。因此，老人也要学会尊重孩子，祖辈还是少唠叨为妙。当孩子怠惰，说教无效时，不妨改为行动，施以适当的处分，让他反省自己的过失。不过，当看到孩子有悔意后，就不要再过多加以指责。因为，一旦有过亲身教训后，孩子一般都会改进的。

技巧2　跟孩子交流选对时间，不用唠叨也可以达到效果

要想避免唠叨，就要多和孩子进行情感的交流。但和孩子交流的时间，最好选在孩子情绪平稳的时候，因为这样，孩子才最易于接受。这时根本用不着费力讨好地唠叨他，因为一旦有了感情基础，孩子很容易就会接受外公外婆或爷爷奶奶的忠告。

技巧3　给孩子喘息的空间

聪明的祖辈，要学会给孩子喘息的空间。如果有些话一定要重复说，可以将唠叨改为提醒。比如，当你对孩子说"记得在晚餐前将你的房间清理干净"，而时间快到了，孩子却没有做，这时可以平静地说出处罚的方式，要求孩子去执行。这样切实地为孩子提供一个自由选择的空间，而无需更多的言语。

第46招

在孩子面前克制自己的情绪

虽然人们越来越反对家长对孩子发脾气，但迄今为止，能做到不对孩子发脾气的大概是寥寥无几。因此，当孩子犯了错误或做出一些令人难以接受的行为时，很多祖辈往往会过于激动，控制不了自己的情绪，就对孩子进行训斥或粗暴的打骂。但是孩子在爷爷奶奶或外公外婆的大吼大叫下，或许在表面上会表现得听话、服从，但逐渐地，孩子会学聪明，一旦自己有错了就不再对你说，从而采取隐瞒、撒谎等方法来逃避大人的斥骂。

孩子一天天地长大了，也一天天地变得有个性，有时他们会做出一些让人气恼的事情来。虽然这对孩子来说是情理之中的事，但做祖辈的往往控制不住情绪，而对孩子大发脾气，甚至大打出手。教训孩子虽是人之常情，但方式却错了。因为打骂孩子这种粗暴的教育方法，不但不能达到教育目的，反而恶化了祖辈与孙子之间的关系，并且更不好的一点是会让孩子也学会以粗暴的方式对人。所以，祖辈切不要让自己不良的情绪影响孩子个性的健全发展。

小星今年四岁了，已经上幼儿园了，奶奶觉得这孩子平时还算乖，但是最近一段时间却常在吃饭的时候拒绝大人用勺子喂他，而且，吃饭时还总爱发脾气，一闹起来就会把盘子、碗等打翻在地。于是，这时候奶奶自然少不了对他打一顿屁股，可是，无论奶奶怎么做，他还是经常这样闹。直到有一天，小星可以自己使用小勺吃饭了，这种情况才逐渐消失。这样奶奶觉得孩子一下子懂事了，长大了许多，因此心里非常欣慰。可是，现在小星每当从幼儿园回来，就会发脾气。本来他一直很得意地背着自己那漂亮的小书包去幼儿园，还喜欢在小伙伴面前炫耀一番。可是，这几天他突然不想去幼儿园了，并且一直嚷嚷着自己宁愿待在家里跟奶奶一起玩。奶奶奇怪地问怎么了，小星说："幼儿园的老师太凶了，总爱教训人，而且别的小朋友都喜欢欺负他……"奶奶信以为真，就找幼儿园的老师问罪。但老师和蔼可亲，对小星非常好，并且其他孩子也没有欺负他。这时奶奶非常生气，就准备再狠狠地教训小星一顿，幸亏被爷爷及时劝住了。爷爷说小星不愿去幼儿园可能有什么"难言之隐"，一定要问清楚才好，不要一味地责怪孩子。事情果然如爷爷所料，原来小星对去幼儿园的好奇之心过后，接着带给他的是强烈的不安，没有了爷爷奶奶在身边，他觉得自己很不安全，但是他不知道怎么表达这种情绪，因此，就说幼儿园的老师很凶。

其实，孩子也与大人一样，时不时地会感到压力，那么，孩子在莫名的压力之下就会发脾气。就像上面讲的小星，每天幼儿园回家后哭哭啼啼，看什么都不顺眼，只是因为他在幼儿园待了一天没见着家人心里很不高兴。这时，如果爷爷怒气冲冲地从外面回来，或者是奶奶不高兴，使家里的气氛紧张，那么，孩子这时会把大人极力控制的情绪揽到自己身上，他会大喊大叫，把爷爷奶奶不敢向对方说的全嚷嚷出来，这时一场风暴就发生了。所以，大人的情绪会影响到孩子，孩子由于没有自制力，就会闹情绪。

给爷爷奶奶外公外婆的家教技巧

对孩子大吼大叫是教育无能的表现，会把自己最气愤、最薄弱的环节暴露给孩子，还会让孩子知道怎样能使大人暴怒，从而淘气的时候就会那么做。

所以，当孩子犯错的时候，聪明的祖辈首先要自己反省一下，看自己有没有犯过这样的错误，如此将心比心和孩子换位思考一下，那么，面对孩子的不对你就不会再那么发脾气了。所以，聪明的祖辈在孩子面前要学会控制自己的情绪，可以参考以下方法：

技巧 1　控制好情绪，鲁莽之下容易伤害孩子

明智的祖辈，对待孩子的错误一定会冷静处理。实际上，孩子也不会永远犯错，他们也在不断学习，不断成熟，随着年龄的增长就会有自己的观点和看法，有时候他坚持的问题是很正确的。因此，祖辈应耐心细致地对待孩子的成长与进步，应该和蔼地告诉孩子哪儿错了，哪儿对了，而对于错的地方要多加指导，告诉孩子不能重犯并要吸取教训。

今天新新放学回家，高兴地对爷爷说："放学时，老师叫我们打扫校园，说明天要有外校老师来我们学校听课。结果，我们打扫了一会，老师走了，我们就悄悄地溜跑了，到明天老师一看我们没打扫完，肯定会气坏的。"爷爷听了孙子的话，虽然觉得孩子这样做是不对的，不过口中仍然只说了"是吗"就没有再说什么。

到了晚饭后，等到自己心情平静下来，爷爷才对新新说他们今天在学校的表现是不对的，老师安排好的卫生没打扫完，到明天外校的老师一看你们的学校这么不讲究卫生，就会对你们学校产生不好的印象，而你作为学校的学生也是不光彩的。

新新听了爷爷的话，觉得有理，明白自己做得不对了，于是就向爷爷认错。爷爷看到新新认错了，心里很高兴，告诉他明天要早些起床到学校去打扫卫生，保证在外校老师到来之前将校园清扫干净。并且，要向老师认错。新新高兴地答应了，并保证自己以后要做一个爱劳动的好孩子。

当爷爷奶奶发现孩子犯了错时，要保持冷静，不要用简单粗暴的方式对待孩子，只有这样孩子才能健康成长。就如上文中新新的爷爷，如果他一开始就批评教育新新，责骂他，那么就很可能会使孩子以后不再说学校的事情，

冷静面对孩子犯下的错

反例

正例

孩子犯错的时候，不要发雷霆之怒，这样不会解决问题，在这种时候老人一定要克制自己的情绪，让孩子知道自己错了，才能达到教育的目的。

并且新新当时很高兴，根本没有意识自己做错了事，因此也就起不到教育的效果。所以，在孩子面前控制好情绪非常重要。

技巧2　平静地帮孩子疏通消极情绪

祖辈还应注意自己日常生活中的情绪对孩子的影响。不要在孩子面前表现出消极的情绪，要知道，孩子最容易受到大人的消极情绪影响。平时和孩子的谈话中，如果孩子的意见和自己有冲突时，祖辈要学会冷静，要注意控制自己的情绪，从孩子的角度出发分析孩子的观点和看法，要帮助孩子完善他的行为和观念。要记住，当孩子发火时，身上充满着他自己也不知所措的力量，这时候，身边如果没有一个既温柔又坚定的大人来迫使他们安静下来，他们自己也会被这种力量吓到的。因此，优秀的祖辈，可以从以下几点疏通孩子的情绪：

如果孩子一边敲东西，一边想打人，这时祖辈不要和孩子对着干，千万要控制好自己的情绪。最好抓住孩子的手，同时和他说话，帮助他自制情绪。

有时候，孩子发火、哭闹是为了向大人们施加压力，特别是在公共场合。这时爷爷奶奶一定要保持冷静，不管周围的人怎样看你，都不要和孩子大吵大闹，孩子觉得无趣后，自会罢休。

祖辈如果被孩子气得难以自制，最好还是离开一下，可以让家里其他人来接替你帮他摆脱坏情绪。

对于年龄稍大一点的孩子，祖辈可以不加理会，任他一个人在房间发泄完了为止。这时，你只要保持平静就足够了。

第47招

不说谎，更不能哄骗孩子

错误可以原谅，撒谎不能宽恕。“狼来了”的故事，从古到今一直在流传着。它告诫人们：一个不诚实、爱骗人的孩子，到最后一定会失去他人的信任而被狼吃掉。是的，诚信是一个人立足于社会与事业发展的基石，尤其是在如今的社会里，人与人之间的竞争日益激烈与残酷，要使孩子立于不败之地，诚信已成为必须具备的一种品质。因此，大人都希望自己的孩子诚实，希望自己的孩子不要欺骗自己，不要对自己有丝毫隐瞒，那么，家长如何让孩子不撒谎，如何去培养孩子的诚信意识呢？

作为祖辈，要培养孩子诚实做人，自己就要为孩子作出好榜样。要求孩子不说假话，爷爷奶奶、外公外婆就不能哄骗孩子。要知道，家长是孩子的第一任老师，是孩子的启蒙者，在孩子的思想和品德都尚未定格时，祖辈作为与孩子朝夕相处的家长，其一言一行都对孩子起着非常重要的影响。如果祖辈经常在孩子面前说谎，甚至“教唆”孩子去欺骗别人、隐瞒真相，那么，孩子就会受到潜移默化的影响，渐渐地，他会认为说谎没什么了不起，逐渐变成一个爱说谎的人。

旺旺今年四岁多了，是一个活泼可爱的小男孩。一天，他一个人去同院子里的邻居家玩，邻居家没有人，但他们家房前养的几盆花却开得很漂亮，于是旺旺围着这些花盆转来转去，喜欢得不得了，可是，他一不小心，竟打碎了一个花盆，这时旺旺不知怎么办才好，就赶紧跑回了家。到了家里以后，旺旺心神不宁，害怕邻居会来找爷爷奶奶告状。到了吃饭的时候，他不像平时那样老老实实地吃饭，而是吃两口抬头看看门口，看看邻居找来了没有，并且，只吃了几口饭就不吃了，跑回自己的房间不出来。

看到旺旺的异常的反应，奶奶觉得很奇怪，心想可能孩子遇到什么事情了。于是，就到旺旺的房间问个究竟。旺旺就将打碎邻居家花盆的事告诉了奶奶，心想这下奶奶不知要如何惩罚自己呢。谁知，奶奶听了后并没有责备他，而是对他说："既然没有人看到就没什么事。如果邻居家的人问你，你就说不知道。一定要记住，千万不能说是你打碎的，要不，邻居家的孩子不但会打你，而且奶奶还得赔人家花盆呢。"旺旺听后点点头，按照奶奶的话做了，果然没什么事，打碎花盆的风波平安地过去了。而且，事后奶奶还直夸旺旺聪明呢。然而，奶奶怎么也没想到，这却助长了旺旺撒谎的心理。

过了几天，爷爷奶奶都出去了，旺旺一个人在家闲得无聊，就拿起画笔，随手在墙上画了很多涂彩画，把洁白的墙壁搞得乱七八糟、脏兮兮的。就在旺旺为自己的"大作"洋洋得意的时候，爷爷奶奶突然开门回来了。旺旺听到爷爷奶奶的开门声，就赶紧老实地坐在沙发上看电视。爷爷奶奶一进门，旺旺就告诉他们，刚才小姑姑带着小表弟来家里了，并且，小表弟非常淘气地在家里的墙壁上乱画一通，画完之后，就一走了之了。

爷爷奶奶信以为真，看到涂抹得糟糕的墙壁虽然很不高兴，但一时也没办法。后来，奶奶给旺旺的姑姑打电话说起这事时，才知道，那天小姑与小表弟根本就没有过来，原来是旺旺在撒谎。

每个祖辈都应该明白，培养孩子诚实的品质，远比占一点小便宜重要得多。因此，平时要树立孩子诚信的观念，要有意识地引导孩了思考诚信的问题，让孩子懂得什么是诚信，什么是欺诈虚伪，欺诈虚伪的行为要批评，诚实的行为要赞扬。要用赏识留住孩子的纯洁和诚实，培养孩子诚实正直的优秀品质。

千万不能纵容或鼓励孩子撒谎

反例

正例

如果鼓励孩子甚至欣赏孩子撒谎，并美其名曰“聪明”的话，会让孩子潜意识里觉得生活就是这样的，逐渐的在任何事上都会撒谎。

千万不要因为害怕孩子受伤，或者为了包庇孩子而说一些谎话，尽管这些谎话是善意的，无伤大雅的。但久而久之，孩子就会耳濡目染，会效仿，就像上文说的旺旺，打碎了邻居家的花盆，奶奶包庇他，教给他撒谎，结果使他学会了撒谎：自己将家里的墙壁搞脏后撒谎说是小表弟过来弄的。

给爷爷奶奶外公外婆的家教技巧

孩子模仿能力是最强的，平时祖辈一定要做好的榜样，去做诚实的事，坏的榜样千万不要做，尤其不要在小孩子的面前说谎。实际上，在现实生活中有许多爷爷奶奶或外公外婆意识不到自己的一些细小行为给孩子带来的影响。比如有的人做了不愿让配偶知道的事，便教孩子说："我今天去到李爷爷家打麻将，别告诉你奶奶。"当自己不想接待来访的客人时，就教孩子说："我先到里屋待一会，如果王奶奶来找我，你就对她说我不在家。"还有的祖辈说到做不到，经常给孩子开一些空头支票。殊不知，这些看似微不足道的行为，都会让孩子模仿父母，逐渐学会说谎，变得不诚实。

技巧1　以身作则，做诚实的祖辈

一个合格的祖辈要能够从细微的地方，以自身良好的行动为孩子树立榜样，从小培养他的诚信意识。比如，平时以身作则，不出尔反尔，对孩子言而有信。要知道，如果家长经常言而无信，会使孩子产生不信任感，并且被同化。

曾有这样一个孩子，爷爷常爱赌博，每次回家以后怕孩子的奶奶责怪，总是撒谎说干别的去了。然而，这样天长日久，孩子耳濡目染地便也染上了撒谎的毛病。这孩子有时候为了逃学，就会在老师面前装生病、装肚子疼，而到学校外面去玩。老师通知开家长会，他怕老师告状，撒谎说爷爷奶奶都有病在床来不了，爸爸妈妈都到外地出差更不能来。而爷爷给他买学习用品的钱，他都玩游戏或买零食了，但却总是骗爷爷奶奶说找回来的钱在路上丢了。

可以看出，上面说的这个孩子身上撒谎的毛病，与自己的爷爷奶奶有着密不可分的直接关系。对这类行为的后果，一开始祖辈往往意识不到，而等孩子出了问题之后，才会十分气愤。其实，孩子问题的根源，就在家长身上。因此，要培养孩子诚实，爷爷奶奶、外公外婆首先要在孩子面前保持诚实。

也许做一个诚实的孩子需要勇气，因为诚实的孩子容易吃亏，也容易受骗，但我们绝不能因为这一点让孩子远离诚实，这就如同走路有可能摔得鼻青脸肿，但你却不能终生躺在床上一样。所以，为人祖辈，要把爱孙辈的心稍微放宽一点，从而给他足够的引导和监护，而不是太过严密的庇护与护短。

技巧2　教给孩子辨别是非的能力

平时，祖辈还要培养孩子从小明辨是非的能力。当发现孩子说谎时，应该引导孩子承认与改正自身的错误，对孩子诚信的表现要及时给予肯定和鼓励。其实，孩子说谎一般都是跟家长学的。很多小孩可能都经历过一件事，那就是被问及是爱妈妈还是爱爸爸。其实，这不但是一个愚蠢的问题，还是一种残忍的行为。这会让孩子觉得选择了一个，就会失去另外一个。那么，这种想法会导致孩子撒谎说“自己爸爸妈妈都爱”。

实际上，假如孩子身边都是诚信的人，孩子就不会学会撒谎而成为一个诚信的人，因为周围的环境在影响着他。一旦让孩子听到家长在说谎，就会让他觉得，成年人就是互相欺骗。因此，平时祖辈当不得不说谎被孩子听到后，应该立即对孩子进行正面的解释和教育。要鼓励孩子善于暴露自己的情感，不论孩子的情感是否正确，都要使孩子明白他不需要撒谎。

技巧3　少斥责，多鼓励

睿智的祖辈，当发现孩子说谎的时候，千万不要着急、气恼，更不要不分青红皂白地把孩子训斥一通。当孩子有诚实的表现时，不要因为其他原因而责怪孩子的诚实。对孩子的诚实，祖辈必须给予热情的赏识和鼓励，赏识他们战胜了自己，鼓励他们继续坚持诚实。

第48招

平时不说粗话，防孩子偷学

作为祖辈，无不希望自己的宝贝孙子能表现好，能讲文明懂礼貌，是一个人人喜欢的孩子。但当孩子用带着稚气的声音说出“去你妈的”“他妈的”等不堪入耳的粗话，还得意洋洋的时候，可能很多外公外婆、爷爷奶奶都不敢相信自己的耳朵，为什么孩子会说出这样的话呢？那么，孩子的这种粗鲁的表现是从哪儿来的呢？要知道，孩子就是一面镜子，照到什么样的东西就会反映出来什么，所以，在日常生活中，与其朝夕相处的祖辈家长、电脑或电视里的人物以及孩子的同伴等的所作所为，都可能成为孩子模仿的对象，使孩子变得粗话连篇。

常言道：童言无忌，这是令人称道和赞美的。但是，如果孩子的言行举止常常出乎大人的意料，说出一些粗话、脏话，特别是在大庭广众之下，那这就有碍文明了。因此，无论这些言行是否出自他们的本意，家长都有必要去了解引发此类言行的根本原因，以便对症下药。

一天，李奶奶从外面买东西回来，刚走进小区的大门，就听见一群孩子在大吵大闹，而且相互破口辱骂。她一看小区里围着一群孩子，好像观看什么热闹事似的在闹个不停，李奶奶快步走过去，这才看清楚，原来是自己的宝贝孙子小虎正在跟另一个孩子打架，两人打得不可开交，并且一边打一边骂，

避免孩子模仿大人说粗话

反例

正例

小孩的模仿能力很强，作为长辈，平时一定要注意自己的言行，以身作则，不讲粗话，这样才能不影响孩子心理的健康成长。

一个说："哇，他妈的，你竟敢揪我的头发。"一个说："你妈的，你竟然揪我耳朵。"李奶奶吓了一跳，马上过去厉声将两个人拉开。但她心里却有些奇怪，孙子小虎平时也挺斯文的，怎么今天竟如此粗鲁地跟人家打骂？

通常，家长一旦发现孩子语言粗鲁、行为顽劣的表现时，往往会非常吃惊。其实，孩子就像是一面镜子，照到什么样的东西就会反映出来什么，他们见到他人怎么做自己就会学着怎么做。

原来那天叔叔家小两口吵架闹翻脸了，两人不但相互对骂，还大打出手，李奶奶听到吵骂声，就过去劝架，小虎也跟了过去。而小家伙在一阵耳熏目睹之后，就学了一套新本领——打架、骂人，因此，今天他想亮一亮自己的"新本事"，于是在向小朋友挑衅之后，就大打出手。由于孩子天生具有模仿的本能，再受周围环境的不良影响，那么，在模仿学习的过程中出现这样的现象也就不奇怪了。

无论是不经意间说的一句玩笑话还是争吵时的语言攻击，都有可能让孩子的语言环境受到污染，因为孩子的模仿能力非常强，尤其是对一些不良的品行，可谓是一见就会，因此孩子是在模仿中成长起来的。所以，聪明的祖辈平时要注意自己的言行，要提高自身的修养，为孩子做出良好的榜样，那么，孩子自然也就不好意思说脏话了。

给爷爷奶奶外公外婆的家教技巧

通常，孩子脱口而出的一些话，是为了保护他们自己，或者是一时觉得好玩或好奇，而且，有时候是一种笨拙的表示真实感情的方式。所以当孩子说脏话的时候，明智的祖辈应尽量保持平静，让孩子觉得粗话脏话跟其他平常的话语没什么差别。此外，可以采用以下方法对孩子进行纠正：

技巧 1　警告法：先警告，再引导

当孩子会说出一些既粗鲁又伤人的话时，最好的教育方法是提醒他做错了。比如：

“迈克，你的话是不对的，这样会伤害杰奥的。如果你不想玩这个游戏了，那你就告诉他，你想玩别的了。”也可以将孩子带到一旁，在私下里对他说“你这样做是很无礼的，他如果生气了，以后就不会再和你玩了。”从而让孩子改变态度。事后，可以和孩子好好谈谈，如果孩子故意的，就让他道歉。

改掉孩子说脏话的习惯，聪明的祖辈可以用引导的方式，让孩子用文明的话语去表达自己的想法。比如当孩子情绪不满、想要发作时，可以引导他用“请你走开”“我不喜欢你这样”等语言，从而礼貌地表达自己的思想，让孩子知道这些用语比骂人更能解决问题。

技巧2　消退法：让孩子没有模仿对象

面对孩子说脏话的行为，要用冷处理法，又称为消退法。因为孩子的学习能力非常强，只要他们听到或看到别人怎么说或怎么做时，轻而易举就能学会。那么，如果长期纵容孩子说粗话脏话，对孩子身心的健康成长会有很大伤害，所以，为了孩子的健康成长，祖辈要及早改变自己或家里其他人的粗鲁行为，使孩子没有模仿对象。

技巧3　惩罚法：让孩子知道说粗话后果严重

有时候孩子会非常淘气，明知道大人不允许还会故意说一些粗话来表达自己的不满。在这种情况下，爷爷奶奶绝对不能姑息，更不能纵容孩子，应该立即采取有效的措施，来制止孩子说话粗鲁的行为。必要时可以采取惩罚的方式，让孩子改掉这个坏习惯。比如，可以合理地剥夺孩子玩游戏或看电视的权利，使他认识到说脏话会给自己带来的不良后果，从而引以为戒。

第49招

培养孩子早睡早起的习惯

晚上“夜猫子”、白天“小赖床”，现在不少孩子的作息时间越来越成人化，但这样长期下去会影响孩子的健康成长。“早睡早起身体好！”孩子正处于成长阶段，只有充足的睡眠时间才是保障身体正常发育及精力充沛的要件之一。所以，祖辈还要培养孩子养成早睡早起的好习惯。

据有关医学研究发现，孩子的身高和其分泌的生长激素有一定的关系。而这种生长激素，则是在良好的睡眠中由脑垂体分泌出来的。一般生长激素，在夜里二十二点到凌晨一点是分泌的最高峰，占总分泌量的20%～40%。因此，在这个时间睡眠充足，则生长激素分泌量多，作用时效长，那么孩子就会长得高。如果孩子在这个时间还不睡觉的话，肯定会影响身体的生长。有关专家调查发现，如果孩子个儿比较高则基本上都是很早睡觉的，而那些特别迟睡觉的孩子的个儿相对也会娇小一点。所以，祖辈平时培养孩子早睡的习惯很重要。

六岁的皮皮刚上一年级，可是却天天迟到，为此老师很不高兴，就告诉皮皮明天一定要早来一会儿。可是，皮皮第二天还照样迟到，这是怎么回事呢？原来皮皮也不是不想早起，但是由于他几乎每天12点才会睡觉，第二天自然就会醒得很晚。而且，皮皮天天很晚入睡已经成了习惯，因为皮皮是和爷爷奶奶在一起的，而爷爷奶奶上了年纪，晚上不困，就每天晚上看电视到很晚，而皮皮也就常常与爷爷奶奶一起看，直到电视看完了才和奶奶一起去睡。

如此每天熬夜看电视，皮皮就会早上赖床，醒来后便迷迷糊糊地去学校上学，所以也就天天迟到。而且，一到下午时，皮皮总是两眼发困，哈欠连天，不能好好地听老师讲课、写作业。

聪明的爷爷奶奶、外公外婆可以装饰一个漂亮的小房间，墙上贴一些孩子自己的照片，以及他喜欢的卡通图片，买一张儿童专用床，并且设计成孩子喜欢的样式，再将孩子喜欢的玩具摆在床边，让整个小屋温馨别致、充满童趣。然后，再想办法让孩子独立睡在自己的房间。开始，要循序渐进，在孩子入睡前祖辈要坐在床边陪伴一会，在过渡期内要陪孩子说话、讲故事，等他睡着后再走，同时，要注意睡眠环境的安静和舒适，让孩子自然入睡，等孩子起床后要夸奖他勇敢和独立，从而使孩子摆脱和大人睡的习惯。

给爷爷奶奶外公外婆的家教技巧

要让孩子养成早睡早起的好习惯，最好全家人都动员起来，以营造良好的环境、氛围，协助孩子调整好生物钟，以后孩子自然就会早起早睡：

技巧 1　祖辈要以身作则，坚决不让孩子熬夜

许多孩子一到晚上，就喜欢缠着爷爷奶奶或外公外婆讲故事，往往大人都困了，孩子还兴致盎然呢。对此，祖辈要先和孩子讲好条件，平时要制定一个生活作息制度，比如，每天什么时间干什么，什么时间休息，都要给孩子讲清楚，没有特殊情况，就不要轻易变动。每天到了时间，就必须上床睡觉，否则以后就不再给他讲故事听，从而让孩子有时间意识，强化早睡的观念。而快到睡觉时间时，要明确地提醒孩子，让他自己做好睡眠的思想准备。

八岁的晶晶，上小学二年级了。但是，上课时晶晶经常在教室里打瞌睡，坐在那儿没精打采的，不能像其他同学那样听课，而老师一离开，她就趴在桌子上呼呼大睡，这样自然会影响到学习。对此，班主任老师将晶晶经常上课打瞌睡的事情告诉了晶晶的外公，这下可愁坏了外公。怎么办呢？原来，以前外公经常带着晶晶看电视，熬夜已经成了习惯，这孩子一下子能改得了吗？后来外公与外婆商量一下，决定每天九点准时入睡，以身作则，带动晶晶也形成早睡的习惯。

这样，到晚上九点时，外公就会对晶晶说："晶晶，早点上床去睡吧，如果睡的晚了就长不高了，长大后就不能像姚明哥哥那样去打篮球啦。"晶晶听了往往就会去上床睡觉。

但如果演的电视实在太好了，到了睡觉的时候晶晶还没看够，外公又会说："晶晶，明天还要上学，你忘了吗？上课打瞌睡老师会批评的。而且，你们班主任老师还说你如果以后再迟到，就要重罚，让你站在外边，不让进教室。"

"是啊，如果老师真的这么做，那你在同学们面前多没面子啊。好了，我们也陪你一起去睡觉啦。"外婆说完，就将电视关掉了，这样晶晶只好乖乖地去睡觉了。结果，一段时间之后，晶晶晚睡的习惯终于很顺利地改掉了，一家人皆大欢喜。

如果大人生活不讲究规律，睡觉起床随心所欲，孩子自然会学大人的样。因此，为了孩子健康地成长，祖辈也要培养早睡的习惯，平时要尽可能以身作则。培养孩子的生活规律，先要改变自己享受"夜生活"的习惯。

此外，让孩子早睡早起一定要坚持。如果一到周末就玩至深夜，周日早上全家人都赖在床上不起来，那么就会很难使孩子养成良好的睡眠习惯。所以，平时要让孩子懂得早睡早起的好处，相信时间长了，孩子会养成遵守作息制度的好习惯的。

技巧2　睡前不威胁孩子，保持安静入眠

在哄孩子入睡时，不要威胁打骂，要晓之以理，动之以情。要知道，威胁和打骂逼孩子入睡，会使他做噩梦，产生恐惧感，严重影响睡眠质量。因此，只有温和一点才能顺利地让孩子躺到床上去休息。到了睡觉时间，应保持室内光线舒适安静，不要大声吵闹。如果孩子睡不着，祖辈还一直开灯或看电视、

培养孩子的作息规律

反例

正例

老人如果自己睡眠时间减少，然后就拉着孩子晚睡，会影响他的身体健康，从而影响学习，所以一定要督促孩子按时作息。

走动，那就会使孩子更睡不着。

在孩子睡觉前不要和他嬉戏打闹，以免他过度兴奋难以入睡。而当就寝时间一到大人就要马上关灯，让房间变得昏暗，这样孩子就很容易上床入睡了。如果孩子玩得很“疯”或睡前泡了热水澡都不易很好地入睡，这时爷爷奶奶不要一味地催促孩子“快睡！”“闭上眼！”因为这样反而会使孩子更睡不着，这时聪明的祖辈可以温和地给孩子讲讲故事，以使孩子顺利地进入梦乡。

技巧3　注意饮食也会影响睡眠

平时还要注重“早餐吃饱、午餐吃好、晚餐吃少”的原则。如果晚餐吃得过饱或摄入热量过高的食物，孩子会因肠胃不适而睡不着，这样第二天早晨就会起得晚些，如此恶性循环对于孩子的健康十分不利，所以，培养良好的睡眠习惯，控制好饮食也很重要。

技巧4　举行睡前小仪式

对于太小的孩子，可以利用一些小仪式哄他入睡。当孩子疲劳想睡的时候，可以听歌、开小夜灯、喝一杯牛奶、想一遍明天要干的事；也可以让他同熟悉的、喜欢的东西一起上床，如布娃娃、毛毛熊等，这样孩子就会很庄重地开始闭上眼睛睡觉。也可以在一天结束之前养成与孩子谈话、背诵儿歌或讲故事的习惯，使睡前时光成为祖孙之间一种亲密的情感交流，成为孩子盼望着到来的时刻，这样对孩子快速入睡也很有效。

第50招

引导孩子认清自己的长处

受一些传统观念的影响，使很多爷爷奶奶、外公外婆都对孩子有一种“望孙成龙”的期盼。于是，在对孩子期待的同时，经常地和更优秀的孩子攀比，觉得自己的孙子“没出息”，并经常以此话来“鞭策”孩子。其实，人生不是一帆风顺的，总要经历很多失败和挫折。尤其是孩子的成长，要经过许多的磨砺，需要千百次的尝试和努力才能长大成才。因此，当孩子努力去尝试一件事情的时候，很可能等待他的并不是成功。而当孩子失败时，一句“笨蛋”或“没出息”可能会伤透孩子的心，再加上失败的打击，往往就会使孩子产生严重的自卑感和自我怀疑，结果就真的成了“没出息的孩子”。所以，当孩子失败和碰壁的时候，聪明的祖辈应该及时地给孩子以鼓励，激起他克服困难去获得成功的勇气。

负面词汇不适合教育孩子，慈爱的爷爷奶奶、外公外婆平时应该正确对待孩子的缺点与短处，千万别骂孩子“笨”，因为孩子的年龄小，经事少，对许多事情还不会做或不知道如何处理。当孩子将事情做错了或做事的进度很慢，也不要打击孩子的积极性，而要对他说：“宝贝，慢慢来，我感觉你每天都在进步！”当孩子取得了一点进步时，哪怕是很小的，也应该对他说：“宝贝，你比以前进步多了，继续努力，一定会越来越好的。”只有不断地鼓励孩子，帮助他克服缺点、弥补缺陷，孩子才能真的进步。如果一味地打击他，使孩子处处碰壁，就会害了孩子。

科学家曾做过这样一个实验：

把一条大梭鱼放进了一个水池里，又在水池里放了许多小鱼，只要梭鱼张张嘴，就可以把小鱼吞进肚子里，这样它只要饿就可以毫不费力地吃到食物。但是，过了一段时间科学家用一个玻璃瓶罩住了这条大梭鱼，这时池子里的小鱼在瓶子外面游来游去，当梭鱼饿了时就还像往常一样冲上去，吞食小鱼，可是他每次都重重地撞在了瓶壁上，一条小鱼也吃不到。就这样，慢慢地梭鱼就放弃了捕食小鱼。这时，科学家又取走了罩住梭鱼的玻璃瓶，水池里的小鱼还像以往那样在它的身边游来游去，它只要张开嘴就能吃到，但是这条可怜的梭鱼却没有张嘴，就这么活活饿死了。

由此可以看出在数次的碰壁之后，备受打击的梭鱼已经没有了斗志，他开始怀疑自己捕鱼的能力，最后彻底绝望了。孩子也与梭鱼一样，当他感觉到自己做不好一件事，或不如别的孩子做得好的时候，他就会对自己的能力产生怀疑，产生颓废放弃的心理，从而一蹶不振。其实，孩子还分不清对与错，所以，正确时一定要及时表扬，错误时一定要及时纠正，多夸奖孩子的优点和长处，激励孩子努力和勇敢，孩子才能健康地成长。

给爷爷奶奶外公外婆的家教技巧

所谓“出息”就是指发展前途或是志向，是指一个人一生的表现与成绩。难道我们仅凭一些孩子无心的失误或是顽劣、淘气等，就贸然地断定孩子没前途、没志气吗？这不但偏颇，而且也没道理。社会需要全方位发展的人才不假，但并不需要那种循规蹈矩没有任何特长的“乖孩子”。所以，作为祖辈，要发现孩子的优点和特长，多给孩子一些鼓励，肯定孩子的优点，增强他们的自信心，让孩子的天性得到正常的发挥。平时，管教孩子可以参考以下几点：

不说孩子没出息

反例

正例

诸如“笨蛋”“没出息”之类的话，是最伤害孩子自尊心的，它会让孩子觉得他自己就是个笨蛋，不会有出息，所以老人教育孩子最重要的一条是让他认清自己的长处。

技巧1　不要折断孩子起飞的翅膀，而要多给予明亮的引导

可以说，每个孩子的成长过程都会遇到挫折或是失败，更会有疏忽带来的失误。要知道，小时候看似不断出现祸端、异想天开的孩子，未必将来就成不了大器，所以，明智的爷爷奶奶、外公外婆要多给孩子明亮的正面引导，不要轻易折断孩子起飞的翅膀，把他的一些天性扼杀在摇篮里，要晓之以理，动之以情，循循善诱，给孩子创造一个轻松和谐平等的发展空间，让孩子在鼓励之下愉快地成长。

曾有这样一个孩子，不但人长得聪明机灵，而且非常懂事，平时总是刻苦地学习，因此，他考全班第一不但是爷爷奶奶的心愿，也是老师的期望。可是，他却从来没有考过前几名。为此，这孩子心里一直想不通，就问爷爷："爷爷你说我天天这么努力地学习，为什么还没有别人考的成绩好，是不是我真得的很笨呢？"爷爷听了孙子的话微微一笑，没有正面回答他，只是一味地鼓励孩子不要太在乎成绩高低，只要尽自己的最大努力就行了，孩子听了点点头。

过了几天是周末，爷爷就带着孙子去看大海，看到一些在海上捕鱼的鸟儿，爷爷对孙子说："你看这些在海边争食的鸟儿很多，有小灰雀也有海雁，但当海浪打来时，小灰雀总是能迅速地起飞，它拍打两三下翅膀就能升空飞起，使海浪奈何不到自己；而海雁总是显得非常笨拙，由于起飞很慢往往被溅了一身海水，不过，虽然它们从沙滩飞入空中需要很长的时间，但是真正能飞越大海，横跨大洋的不是灰雀与其他鸟儿，却是海雁。"孩子听了"海雁的故事"之后，就更加努力地学习，后来终于以优异的成绩考入了名牌大学。

睿智的祖辈，平时应多供给孩子一些鼓励和自信，不要为海雁一时的笨拙和缓慢而忽略了它飞跃海洋的本领。其实，孩子的思维与成人的思维是不一样的，很多时候孩子不是不执行大人命令，而是他有自己的想法，他认为自己的行动是对的。

孩子的智慧需要挖掘，良好的习惯需要慢慢培养，要知道，孩子正处于学习和成长的阶段，不可能各方面都优秀，学习表现不可能达到成人的标准。所以，在日常生活中，祖辈不要总是用自己的眼光去要求孩子，这样只会让孩子觉得他做什么都不行。因此，应把孩子有缺点和有时犯错误当作平常事来对待，要对他的缺点和错误表示理解，并给予正确的引导，而不是用带刺的讽刺或威胁语言对待孩子，要心平气和地理解加鼓励。

技巧2　多从正面鼓励，不说孩子没出息

很多时候大人往往夸大了孩子的错误，把不严重的事弄得非常严重，这时不但家长无故自己生气，还让孩子无辜地受到责骂。比如：

当孩子贪玩或是一时马虎，没有考出好成绩，爷爷奶奶或外公外婆往往会说："你真没出息，看人家小强多棒，总是考第一名"；孩子因为没守纪律而受到老师的训斥，爷爷奶奶们往往又会说："你真不懂事，一点不让人省心。"诸如此类，如果孩子体育不过关，音乐没学好，作文得不了高分等等，在祖辈的眼里往往会统统地认为是没出息。这样一来，孩子没出息的地方实在太多了。

其实，大人这样做是不对的。要知道，不可以一味地否认孩子，而要学会多说正面的、鼓励的话语。比如：

当有一道数学题孩子不会做时，不要说他太笨，而应说："认真动脑筋想一想，相信你一定能想出来。"当孩子做事不如别的孩子时，不要说孩子比人家差，而应说："其实你有些地方做得也挺好的，只要你能学习他的方法，取人之长，补己之短，你就可以取得更大的进步。"千万不要轻易对孩子说"没出息"三个字。

要知道，这几个字看似没什么，却会无形中给孩子一种负面的心理暗示，让孩子真地认为自己不行、没出息而自暴自弃。

第51招

不用语言暴力污染孩子

生活中，有很多祖辈以为骂孩子是为了他好，是对他负责的表现，以为孩子还小，挨了骂之后不会记在心上。所以，一旦孩子淘气了或犯了错就会破口大骂一番，如“坏孩子”“笨死了”“你真没用”“小坏蛋”等等恶语不加思考地抛向孩子，以为这样可以激励孩子去上进。殊不知，这类“语言暴力”对孩子的伤害比起体罚有过之而无不及。

从表面上看，语言暴力比体罚要显得文明一些，但是，它带给孩子的伤害绝不会比体罚小，因为体罚更多伤害的是孩子的身体，其痛苦是短暂的，过后就没有什么，但语言暴力的伤害对孩子来说却是长久的，它侮辱的不仅是孩子人格，还会损伤孩子的自尊甚至会摧残孩子的心理健康，使孩子丧失生活勇气，从而引发厌学、逃学、违法犯罪等严重后果。要知道，孩子天性纯真善良，他们幼小的心灵最容易受到伤害。尤其是家长们的一些极端的语言，往往会重重刺伤孩子稚嫩的心灵，给孩子心灵留下不可抹灭的阴影，甚至会影响孩子的一生。

有关研究发现，很多孩子性格孤僻，半夜惊醒，都是让家长给“吓坏的”。孩子由于年龄小，对家长的情绪十分敏感，偶尔犯了点小错误，本来心里就害怕，这时如果没有得到体谅，反而受到了家长劈头盖脸的一顿猛批，那么，孩子心里的情感波动是可想而知的。所以说，语言暴力是比体罚还严重的伤害。可是，生活中有很多家长，出于对孩子的疼爱，抛弃了“棍棒底下出孝子”的“暴力美学”，却往往忽略了语言暴力的更大危害。

其实，孩子在成长的每一个阶段都有独特的特点，如果祖辈不在意，就会在不经意间用自己的眼光和标准去衡量、看待孩子的成长，那么，这样就会逐渐使家庭教育陷入恶性循环：过激的语言伤了孩子稚嫩的心灵→导致孩子情绪不佳→有意做出不良行为，如进行挑衅或报复→上学读书充满了挫败感→孩子出现自暴自弃心理→做出更加不良的行为，从而导致家庭教育失控。

给爷爷奶奶外公外婆的家教技巧

为了避免语言暴力对孩子的心灵造成伤害，爷爷奶奶、外公外婆平时教育孩子应多注意，并要帮助受到语言暴力伤害的孩子，主要可以参考以下几点：

技巧1　“口下留情”，不要给孩子定标签

在现实生活中，祖辈跟孩子较劲的现象非常普遍。很多做爷爷奶奶或外公外婆的往往都有过这种不愉快的体验：以前那个乖巧、听话的小人儿，越来越不听话了，他有了自己的想法，如今总是表现得那么任性、固执。总是故意跟人唱反调，实在是太气人了，于是爷爷奶奶、外公外婆们不由自主地就会怒火膨胀，一些尖刻、严厉、不管深浅的怒骂便随口而出，如：

“像你这样的，就不配是我家的孩子”，“你看人家小明多好，我们真为你感到羞耻”，“你真是一个没用的东西”，“你真让人烦死了！你没看到我正忙着吗？”，“像你这样不听话的孩子，长大了也只能是人渣”，“你怎么越长越令人讨厌呢？”，“我对你说过多次，不要乱跑”，“你做这种事，真让我伤心透了”等。

然而，如此骂也骂了，气也出了，被唾沫星子炸得晕头转向的孩子，往往乖不了多长时间，又会恢复气人的真面目。而且，有些孩子还会更加的变本加厉，越发难于教养。其实，孩子在成长的过程中，最需要家长的鼓励和帮助，因此，平时祖辈在教育孩子时一定要注意“口下留情”！

据有关教育专家调查和研究发现，孩子的自我认识水平非常低，孩子主要是根据别人尤其是自己心中崇拜的家长的评价来认识自己的，从中了解自己的能力对错与是非。所以，平时孩子对家长的评价深信不疑，那么，如果家长经常诋毁并辱骂他，就会令孩子产生严重的自卑感，不知不觉中按大人口中的“坏孩子”的标准行事，可想而知，长此以往下去孩子可能就真的变成“坏孩子”了。因此，称职的祖辈一定要“慎言”。

技巧2　平等交流，尊重孩子

明智的祖辈，应该学会给孩子以公正的、催人奋进的评价，这样才有利于帮助孩子树立自信心，改正缺点，才能为孩子敲开成功的大门。在这个问题上，伟大的发明家爱迪生的母亲，是值得我们效仿的榜样。

众所周知，爱迪生在小学期间，就被老师当做“捣蛋大王”开除了，甚至还被校长称为“干什么工作都一样没出息的人”。但是，就是这样的一个孩子，在他母亲的眼里却是一个了不起的人。这个可敬的母亲，坚信自己的孩子是个人才，于是她亲自给爱迪生上课，大力地支持他搞试验，工夫不负有心人，这位伟大的母亲终于培养出了享誉世界的大发明家。

由此可见，作为家长，不仅仅是照顾孩子，还应走进孩子的内心世界，聆听孩子的声音，更要与孩子之间相互尊重。因为只有在平等的基础上，才能与孩子进行平等的沟通、自由的交流，而良好的沟通，则是教育的前提！

技巧3　不要拿孩子当出气筒

有些家长总是拿孩子当出气筒，当自己情绪波动时，就会将怒气发泄到孩子身上。比如：

高奶奶因为这几天感冒了，心里不舒服，一次孙子非非不小心摔碎了一只茶杯，结果高奶奶就劈头盖脸将非非大骂一通，以至于孩子至今都不肯与她说话。事后，高奶奶虽然意识到了自己错了，但至今未得到孩子的谅解。

不拿孩子当出气筒

反例

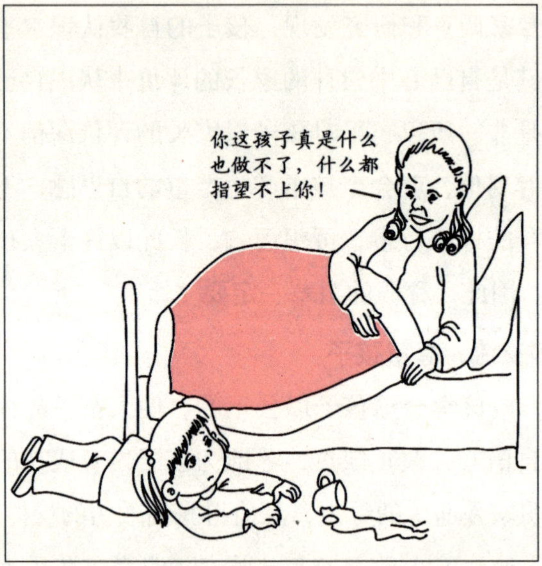

正例

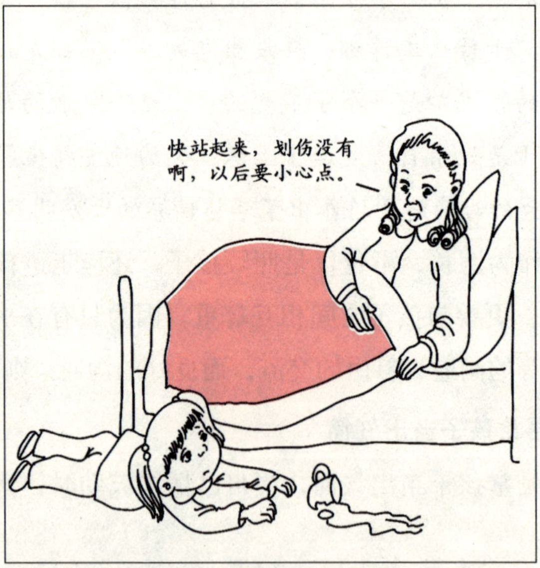

老人往往容易在心情不好的时候，借着某个由头，把心里的不舒服发泄到孩子身上，殊不知语言暴力有时候比身体惩罚的伤害更重。

有话说“哀莫大于心死！”孩子的心理防线实在太脆弱。其实，孩子都有很强的自尊心，如果因为一点小错误就被家长痛斥，那么，最直接的后果就是孩子对家长产生回避甚至厌恶的情绪，从而不再与其亲近，甚至躲避你。所以，对于祖辈来说，既然已经杜绝了沿袭几千年的体罚，那么在教育孩子时就不要信口开河，为语言暴力找借口。

技巧4　不“以暴制暴”，也不一味忍让

当孩子在外面受了委屈向自己哭诉时，作为祖辈，这时对孩子的教育一定要把握好分寸，既不能告诉孩子应该以暴制暴，亦不能让孩子一味地忍让，因为这两种方式都不利于孩子健全性格的形成。

正确的态度是祖辈应该积极地帮孩子分析情况。首先，要分析施暴者。很多时候，孩子在学校施展暴力是家庭人际关系的一种反映，比如孩子粗话连篇，恶语相向，那么孩子在学校时就不自觉地伤害了他人。再就是要分析受暴者，是不是自己做事本身存在问题，自己并没有意识到，因此遭到别人的“隐形报复”。理顺情况以后，再帮孩子找出合理而正确的解决方法。

第52招

别窝在家里，要全面解放孩子

邓颖超说：“母亲的心总是仁慈的，但是仁慈的心要用得好，如果用不好的话，结果就会适得其反。”是的，可以说天下的家长都爱自己的孩子，但是天下的家长又未必会爱自己的孩子。祖辈爱自己的孩子，这是人之常情，但是爱得过分却就不好了，反而会伤害孩子。因为爱也有一定的界限，也分理智的爱与溺爱。

溺爱实际上是剥夺了孩子遭受适当挫折、困难和学习爱护别人的权利，这样的孩子从小心中就只会享受，不知奉献；而理智的爱，才有助于孩子的锻炼与发展。因此，“爱”的种子，可以结出可爱与可恨两种果实，只有正确地来爱孩子，才能促进孩子的健康成长。

据说，有一种社会性很强的动物叫树猴，它们在埃塞俄比亚的森林里，每天在丛林中来回穿梭、觅食和逃离。一次，由于天敌的追捕，几只幼小的树猴自身求生的能力还未建立起来，无法迅速逃离，失足从树上掉落下来，幸好被森林的工作人员及时发现，赶走了追捕它们的野兽，并把它们带回家饲养。为了让树猴更好地成长，工作人员尽可能创造了一个看上去同自然环境无多少差别的“自然”环境，而且还经常模仿树猴妈妈，训练它们学习觅食、攀爬，以及在树林间穿梭等能力。如此看起来整个的成长过程几乎同野生树猴并没多大的区别。就这样，一直到树猴长大，可以自己独立生活时，工作人员就将它们放回到树猴群中，让它们回归自然的家园。

然而，令工作人员没有想到的是，放回森林不久之后，这些本来很健康的树猴，却一个个陆续死去，竟然没有一只能存活下来。这让人们感到非常惊奇，有关人员就进行了一次调查研究，结果发现人工饲养的几只树猴不能在自然森林生存的原因是：在它们成长过程中所经历的环境并不是一个真实的自然环境，它们在人工保护的环境长大之后，再回到大自然，就已经丧失了穿梭于丛林间的能力，使它们无法在危机四伏的大森林中生活。

由上可见，从小缺乏应有的锻炼，长大就会缺乏基本的生存能力。虽然人与动物有着很大的差别，但有一点是相似的，那就是童年缺失的成长都会给成年后带来难以弥补的损害，从而影响正常的生活。所以说，人成长的过程非常重要，尤其是在人生的头几年。人在小时候的成长，是靠口的品尝认识周围的世界，靠手的触摸认识身边的事物，靠耳朵的倾听学习语言与发展思想，靠双脚行走了解距离空间，靠眼睛自由地观察了解万物的形状，发现生活的姿态。而且，还要靠自己第一次的发现，去尝试建立自己的意志和成就感；要靠自己双手的自由使用来发展自己的智能，这样长大后才能成为一个智能健全的人，成为一个有一定生活能力的人。

祖辈如果一味地将孩子关闭在温室里，那么就会使孩子形成孤僻、胆小、退缩、不愿到陌生环境中去的性格，试想，这样的孩子长大后怎么能独立生存呢？所以，过度的“爱”是家庭教育的“副产品”。因此，真正对孩子好，祖辈就不要过分保护，而要有意识地为孩子创造外出活动与锻炼的机会，要敢于将孩子从“小世界”里解放出来，让他去接触、认识更广阔的世界。

给爷爷奶奶外公外婆的家教技巧

作为祖辈人，带孩子的经验是无可非议的，但能否真正带好孩子则是最关键的。因此，聪明的祖辈为了孩子好，在带养孩子的过程中要多对孩子进

爱孩子就不要过度保护

反例

正例

基本的生活锻炼还是要让孩子经历的，过度爱护，只会让孩子成长为身智不健全的人。

行成长锻炼。平时，可以参考以下几点：

技巧1　不要“奴性”孩子，放手让他去锻炼

通常，那些顽皮或偶然放肆和搞点恶作剧的孩子，一般较具冒险的精神，他们每一次的顽劣行为，其实就是对各种“规限”作出的挑战，所以这样的孩子不但自我生存能力较强，而且自信心也很强。而那些一味“听话”的孩子，骨子里往往有一定的奴性，自己毫无独立主见，对问题缺少个人见解，并且对邪恶势力无力抗争，甚至还会因为长期受压抑，而引起性格扭曲。

今年六岁的源源非常顽皮可爱，平时他跟爸爸妈妈一块儿生活，而对于他平时的调皮捣蛋，爸妈大多是听之任之，从没有严厉制止他的顽劣行为。可是，这个暑假在老家住的外公外婆说想源源了，让他过去住到开学再回来，而源源以为外公家一定会非常好玩，于是一放了暑假就迫不及待地过去了。

果然，外公与外婆非常疼爱源源，不但给他买了很多好吃的食物、漂亮的衣服，而且，还给源源买了一辆儿童小汽车让他开着玩。这下源源可高兴了，就想到楼下的小区里或马路边开着自己的专车去风光风光，但正当他兴冲冲地要出去时，却被外公外婆厉声地拦住了：“不许去，外面来往的车辆太多了，一点也不安全。”而只让源源开小汽车在家里的客厅转圈。这还不算，外公与外婆几乎天天都不出去，也总是让源源待在家里玩，这让源源觉得实在太憋屈了，在他的吵闹之下，外公与外婆终于答应带他到公园玩。到了公园的游乐场，源源想坐一坐“空中飞人”，体验一下“飞”的感觉，但外公外婆却说太危险了，那么高万一摔下来就没命了。源源想去划船，而外公与外婆又说不行，怕船翻了。这样，去一回公园也没让源源玩尽兴。

一个暑假快过去了，源源在外公家可是没少受束缚，但他也逐渐习惯了外公外婆的管束，每天乖乖地待在家里看动画片、玩玩具。这天爸爸去接源源回家时，看到儿子这么“乖”就纳闷了，因为源源在外公家两个月不但长胖了，而且还不爱动不爱调皮捣蛋了，温柔得像个弱不禁风的小女孩一样。

上面例子里源源的外公与外婆，对源源的教育方式是不明智的，长期下去会抑制了源源的健康成长。要知道，不断的锻炼是孩子人生必经的过程，就好像蛹不经过破茧而出，就无法变成美丽的蝴蝶一样。对于孩子的成长，祖辈们也要像蝴蝶妈妈对待蛹那样，任孩子去挣扎、去蜕变，期待他能够自己长大去飞翔。

所以，祖辈平时一定要放手，让孩子去锻炼，多给孩子创造锻炼的机会，而不是抑制。比如，平时可以多让孩子在众人面前表演自己，让孩子演一个少儿节目或者画幅画。如果孩子非常胆怯，不敢在众人面前做，扭扭捏捏地不敢到前面去，爷爷奶奶或外公外婆可以走到孩子的身旁，告诉他你是最棒的，这样，可能就会使孩子迈出大胆的第一步。一次次地锻炼之下，孩子的能力就会越来越强了。

技巧2　给予孩子正确的教育，让他自由成长

教育家陶行知先生，曾有“六大主张”，十分精辟。他说：

“解放儿童的头脑，使其从道德、成见、幻想中解放出来；解放儿童的双手，使其从‘这也不许动，那也不许动’的束缚中解放出来；解放儿童的嘴巴，使其有提问的自由，从‘不许多说话’中解放出来；解放儿童的空间，使其接触大自然、大社会，从鸟笼似的学校解放出来；解放儿童的时间，不过紧安排，从过分的考试制度下解放出来；给予民主生活和自觉纪律，因材施教。”

是的，只有对孩子进行了全面的解放，才能使孩子自由地成长。

第53招

别给孩子“当马骑”，谨防教育误区

所谓分寸，就是我们平时说话或做事的适当限度与界限。在一定的界限之内，说话、做事就会获得预期的效果，而超越一定的界限或限度其结果就会走向预期的反面，所以，平时行事把握好分寸是非常重要的。那么，祖辈在教育孩子时如何把握分寸，怎么做才适度呢？对此，要根据孩子的年龄来衡量，主要应以“表扬为主，惩罚为辅”，做到宽严有度，那么以“表扬为主”，“惩罚为辅”各自又要到什么程度呢？

作为祖辈要深入了解孩子的年龄特征、个性特征、性别特征，并尊重这些“不同”之处，然后，根据孩子年龄的差异，再分析孩子的心理发展水平、心理承受能力和个性行为能力等。而个性行为是指不同的孩子之间会有一定的差异，比如，有的孩子很勇敢，有的却很怯懦，而管理的宽严尺度，就是要“因人而宜”，掌握好分寸。

教育孩子、关心孩子，祖辈就要多投入一些精力和时间，要尽可能地多了解孩子。比如，孩子在性别差异上，男孩和女孩由于性别的不同，心理承受能力和行为能力也不同。有的孩子能够承受，有的孩子不一定能承受。比如，男孩往往坚强一些，女孩则相对脆弱一些，因此批评时的严厉程度也要有所区别。聪明的祖辈教育孩子时应当重视、尊重这些差别，“拿捏”好分寸，

老人教育孩子不要忽视性别

反例

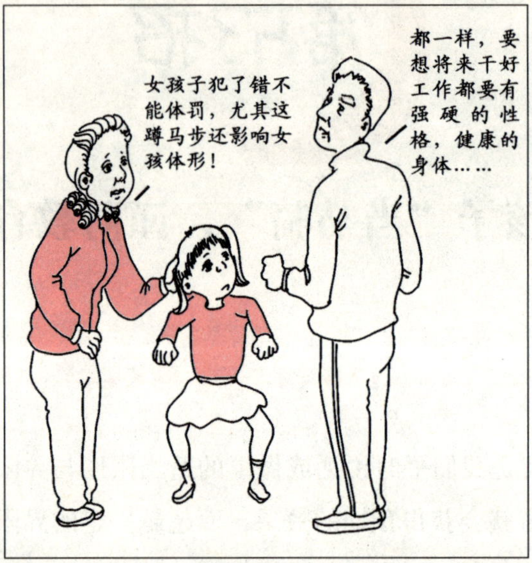

正例

老人在教育孙子孙女时，一定要注意性别差异，如果把女孩管教成了男孩，或把男孩管教成了女孩，都会给他的人生带来苦头，因此要针对性别差异，进行合适的教育。

不要走入教育的误区。因此，祖辈如果不能了解孩子的特点，不具有基本的教育知识，盲目的严格或宽松都会造成教育失败。所以，祖辈的教育见解的高低，在把握分寸中起着关键的作用。

“隔代亲”用在李爷爷与孙子春春身上一点都不为过，因为李爷爷对孙子喜欢的程度，大大超过对当年儿子的父爱。随着年龄的越来越大，春春的脾气也越来越大，稍不称心，就横在地上打滚，有时候即使爷爷满足了他的各种要求，春春仍会不高兴，一旦发起脾气来，就是刚买的新玩具也会全部扔掉不要。孩子这是怎么了呢？这么坏的脾气是从哪里来的呢？李爷爷百思不得其解。

那么，李爷爷为什么对春春如此疼爱呢？据李爷爷自己说，自从孙子呱呱坠地自己就体会到血亲的延续，感觉到自己养育儿女的成功，于是就产生了一种对孙辈的珍贵心理，并且，在自己历尽生活沧桑、安享晚年之际，接触到孙子带来的天真无邪，这对自己的心灵可谓是一种莫大的慰藉，于是在不知不觉中，对孙辈从钟爱到溺爱，便逐步成为不称职的祖辈啦。

由上可见，疼爱孩子时要冷静，要知道过多的迁就、过多地满足孩子的需要就会使教育缺乏分寸，而这样的隔代之爱，往往会在孩子的教育上添乱。因此，平时教育孩子绝不对孩子百依百顺，绝不俯下身来给孙子当马骑，不给子女们添乱，使他们解脱因隔代溺爱而带来的困惑。只有这样，才能培养出听话懂事的好孩子，才能把孩子培养成为品行良好的优秀人才。

给爷爷奶奶外公外婆的家教技巧

做一个优秀的祖辈，平时应该如何掌握爱孩子的“分寸”呢？聪明的您可以注意以下几点：

技巧1　爱要理智，不可盲目

很多祖辈，对待孩子往往缺乏应有的“分寸感”，常常会无原则地宠爱孩子，对孩子的行为姑息迁就，任其发展，只知道满足孩子的衣锦食美，却忽略了给孩子精神食粮。这样势必把孩子惯坏、宠坏。

前苏联著名教育家马卡连柯说过："子女固然由于父母方面的爱的不足而感受痛苦，可是，他们也会由于那种过分洋溢的伟大的感觉而腐化堕落。理智应当成为家庭教育中常备的节制器，否则孩子们就要在父母最好的动机下养成了最坏的特点和行为了。"

这段话讲得十分深刻。因此，在爱孩子的过程中，祖辈要自觉地控制自己的感情，克制那些无益的激情和冲动，以防盲目的爱。在关爱孩子的同时，一定要严格遵守尺度。

技巧2　审时度势、宽严不误

教育是一门科学，更是一门艺术，教育的分寸不可能用数量表示出来，文字表达也是有限的。

一位学前幼儿教育专家说："现在实行一对夫妇只生一个孩子的政策，对于每对夫妻来说，都是没有经验的父母，而祖辈不能传授成功的经验，一味溺爱，就会给今天的家庭教育乱中添乱。"

是的，做一个优秀的祖辈，对孩子的教育要宽严有度，平时要细心地琢磨，多做比较，使自己真正具备审时度势、宽严不误的能力，从而掌握好教育分寸，才能使孩子不偏不倚地健康成长。

第八章

教育孩子，祖辈与父辈这样分工最成功

一个合格的祖辈，应该是隔代教育中的优秀配角，父辈管教孩子时不要袒护与阻拦，祖辈对孙辈的教育不应该也不可能取代父辈的教育。所以，一个睿智的祖辈应该记住：该自己管的一定要管好，不该自己管的切不要多管。

第54招

做好配角不越位

现代的爸妈由于生活与工作的繁忙，生下的孩子大都由祖辈们来抚养，而老人由于时间充足与经验丰富等优势，照顾起孩子来倒也得心应手，不但能使孩子快乐地成长，而且还使孩子乐意与自己待在一起。于是，很多老人都不无得意地说："我的小孙子跟我特别亲，一天看不到我就难过，反倒跟他的爸爸妈妈没有这么深的感情。"

然而，"隔辈亲"虽然没有什么不好，但如果影响了孩子与父母的亲子关系就有些不妥。有关专家认为，在对待孩子的教育问题上，只允许有一种价值观，一个权威，那就是孩子的父母。如果在隔代养育中越位、错位，就会影响亲子关系的正常发展。因此，作为祖辈，在对孙辈的教育中一定要做到合理定位，不越俎代庖，做一个称职的配角。

王先生夫妇由于工作忙，就将儿子佩佩让老爸老妈带养。但是，这段时间他发现儿子越来越不听自己的话了，叫他做什么他偏不做；不让他干什么，他却偏要干，真是越来越不懂事了。这天午饭时，王先生买了大龙虾，说好的一个人只能吃两只，但到吃饭时，王爷爷却说："佩佩还小，正长个儿呢，应该多吃一个。"王先生刚想阻止，王爷爷便用眼睛瞪着儿子，使王先生将到嘴边的话又咽了回去。于是，佩佩就毫不客气地连吃了三个，但这样一来对其他的饭菜一点都不想吃了，气得王先生再次想发火，但又被老爸与老妈合力制止了。

从上文可以看出，祖孙之情如果过度，对孩子过于疼爱，不容许孩子的父母进行管教，就会成为亲子之间沟通交流的障碍。所以，如果祖辈不能正确地自我定位，在与子女一起教育孩子时往往越位或错位，这必然会造成父母在子女教育中的缺位。

给爷爷奶奶外公外婆的家教技巧

做一个合格的祖辈，做隔代教育剧组中的优秀配角，爷爷奶奶、外公外婆务必要注意以下三点：

技巧1　支持子女对孩子的教育，不越位

就实际而言，祖辈对孙辈的教育不应该也不可能取代父辈的教育，因为孩子的父母与孩子是以血缘为纽带的亲子关系，所以，子女承担着谁也无法替代的教育责任和义务。如果祖辈强行越位或不容许子女教育孩子，将会导致不良后果。

小鑫非常迷恋电视，但爸爸不想让儿子成为“电视大王”，就规定儿子每天看电视不能超过两个小时。可是，爷爷却认为自己的儿子对孙子管教太严格，他觉得小孩子看电视没什么不好，可以增长不少知识。于是爷爷就成了小鑫的“坚强后盾”，他对孙子说：“不用害怕你爸爸，他不让你看电视，爷爷给你看，爸爸要是敢打你，我就来打他！”爷爷还真是说到做到：一天，当爸爸教训儿子时，爷爷竟当着孙子的面，打了儿子两拳，使小鑫在一旁偷着乐，而且，以后就越发不听爸爸妈妈的话，逐渐成了一个不服管教的孩子。

合格的祖辈，必须意识到子女才是教育孩子的主角。自己可以有不同的看法，但在实际操作过程中，必须主动向子女的要求靠拢，如果一味地强持自己的观点，那么就会导致孩子观念模糊，不知如何是好，从而得不到良好的教育而走向歧途。

老人不强行阻止子女对小孩的教育

反例

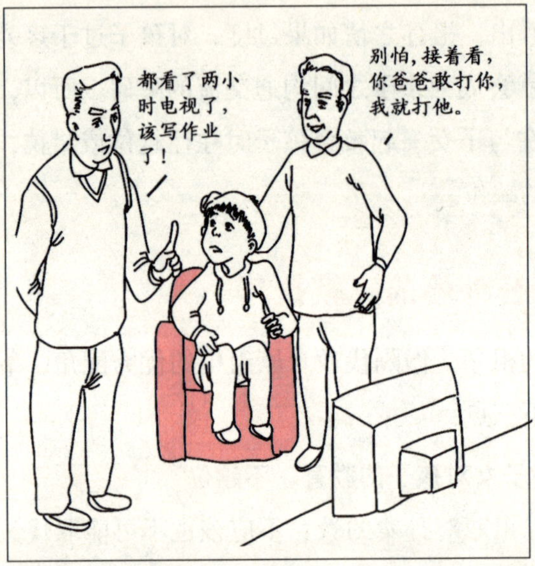

正例

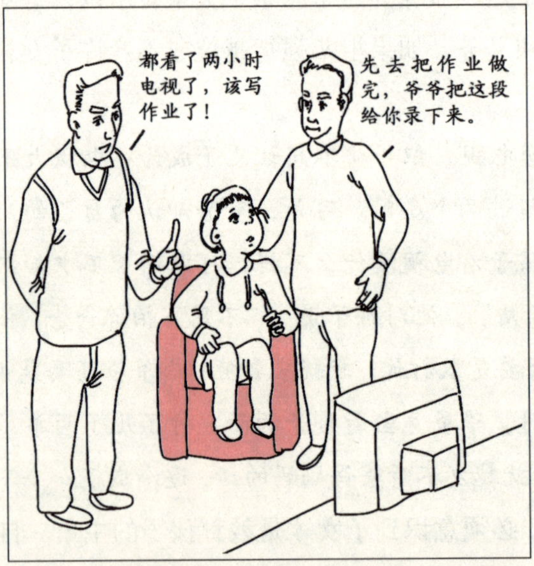

老人一定要支持子女对孩子的教育，如果跟子女唱反调，只会破坏子女在小孩心里的威信，等孩子年纪大点就越发的难以驾驭了。

父辈管教孩子，祖辈如横加袒护与阻拦，这些都会导致祖辈与父辈的矛盾。因此，作为新时代的爷爷奶奶、外公外婆们，应该明确自己在隔代教育中的位置，从而做到不“越位”、不“错位”，当孩子需要时还能一步“到位”，从而使隔代教育发挥最佳优势。

技巧2　当好子女的教育参谋

称职的祖辈应该是年轻爸妈的参谋，在孩子成长的不同阶段，要经常提醒子女注意对孩子进行不同的教育方法，如生理、心理、智力等方面。尤其是当孙子刚出生之后，年轻的父母往往缺乏养育孩子的基本知识和经验，这时爷爷奶奶或外公外婆便是最好的老师，不但要给子女做参谋，还要教给他们具体的细节，并且要做一些详细的示范。如此，子女们一定会感激不尽。

技巧3　别和子女抢教育权

在国外的一些教育中，祖父母很少和孙辈长期待在一起。他们的想法是，喜欢孩子并不一定要整天与孩子泡在一起，只有需要的时候才会给予适当的照顾，以免影响孩子与父母的亲子之情。但这并不是老人不关心孩子，相反，他们对孙辈的成长非常重视，总是经常打电话或到学校询问孩子的生活和学习情况，并且，每逢过节或孩子生日会送礼物给他们，当孩子有困难时还会及时地帮助解决。这一点，非常适合我们的祖辈借鉴。

对孩子的教育，祖辈乐于参与，并不意味着年轻爸妈的责任可以豁免。如果把对孩子的教育、抚养责任完全推给祖辈，则是对孩子成长的不负责任。因此，为人父母不管平时有多忙，只要孩子有需要，都要抽点时间照顾孩子，和孩子在一起，以防孩子的心里有不平衡的想法。而做祖辈的也要记住，只要孩子的爸妈能为孩子做的事，自己就不要抢着为孩子做，要尽量把照顾孩子的机会留给他的父母。如果子女们由于工作忙或其他原因疏忽了孩子，老人就要多监督他们，平时可以常对他们说：“我们知道你们很忙，上班时不能带孩子，但回到家里，你们总该和孩子多相处些吧！”这样，使子女不要把孩子的教育权、抚养权完全交给自己去代理。

第55招

别用隔代亲取代父爱母爱

如今老人替代子女照看孩子已经成了客观事实，而祖辈们也非常乐意带养自己的宝贝孙子。许多年轻的爸妈，由于平时工忙繁忙，下班回家后才使孩子得以有机会与自己在一起，但这时好多年轻的爸爸妈妈由于很累或其他原因,往往拒绝跟孩子在一起,而此时勤快的老人们总是非常体谅自己的子女，赶快走来对孙子说：“乖，咱们走，爷爷带你出去买好吃的，别耽误爸爸妈妈休息！”老人的这种做法，虽然是出于对两代晚辈的关心和疼爱，但是不妥当的，因为这对孩子的心理发展非常不利。

有心理学研究表明，幼儿期是亲情培养的重要阶段，这个阶段孩子如果不和父母很好地相处，那么，孩子的亲情就发生转移，把自己情感转移到自己喜欢的人身上。比如，由祖辈带孩子产生的“隔代亲”，就是颠倒了主次关系，形成了教育错位，而这样的家庭教育非出纰漏不可。

所以，作为祖辈一定要想得开，扮演好自己的角色，让自己成为亲子之爱的“润滑剂”，做好孩子与他爸爸妈妈中间的纽带。切不要为了让子女安心地工作与学习，就把教育孩子的事情由自己全权代理，要知道，这样孩子就会把自己的感情全部转移到了你身上，与你产生了深厚的感情——“隔代亲”，从而使孩子疏远自己的爸爸妈妈，出现了亲子隔阂。这种家庭生活状态一时虽然看不出什么，但长期下去是很不利于孩子健康成长与成才的。因此，聪明的祖辈一定要告诉子女，让他们抽时间多陪陪孩子，多关爱自己的孩子，不要总是因为工作太忙或找其他借口而不愿意跟自己的孩子在一起。

林林上小学四年级了，她跟爸爸妈妈、爷爷奶奶一家三代生活在一起。但由于爸爸妈妈很忙，平时都是爷爷奶奶照顾她的日常生活。今天，一大早起来，林林觉得自己好像感冒了，身体不舒服，就去找爸爸妈妈。爸爸摸摸他的额头，说："哦，有一点发烧，不过，没什么的，你是个坚强的孩子，快去上学吧。我和你妈妈也要上班，下班后我去药店拿些退烧药给你吃。"说完爸爸与妈妈就去上班了，林林虽然心里不高兴，但只好去学校上课。

下午，爸爸妈妈下班回家给林林带了一盒感冒药回来，谁知当爸爸妈妈让林林吃药时，林林竟然生气地对妈妈说："不用了，你们一点都不关心我。爷爷奶奶已经带我看医生了。从此以后我要跟爷爷奶奶一起生活，再也不理你们了。"说完就把自己"砰"的一声关在小屋里，任爸爸妈妈怎么叫也不肯开门。

原来，爸爸妈妈上班走后，爷爷与奶奶担心林林，怕他生病了心里难受，没法在学校上课。于是，两个老人就亲自到学校，替林林向老师请了病假，之后便带领林林去医院看医生，而从医院回来后就让林林回家休息了，这样林林一天都没在学校上课。然而，这样却使林林觉得爷爷和奶奶对自己最好，而爸爸妈妈只顾工作，一点也不关心自己，因此，他心里非常生爸爸妈妈的气。

爷爷奶奶们要明白，年轻人应当担起教育自己孩子的主要责任。虽然做起来有些难，但一定要让子女们坚持。要知道，隔代教育只能是亲子教育的补充，而不能作为替代，自古以来抚养孩子都是父母的义务和责任，下班回家后即使再忙再累，也要抽出时间与孩子相处一会儿。如果只顾忙于工作而疏忽了孩子，就会像上文中的林林那样，嫌爸爸妈妈不关心他而赌气，从而产生亲子隔阂。不过，话说回来，其实林林只是一点小发烧，不马上去看医生也没什么，下午爸妈下班带的感冒药，林林吃了休息一晚也会好起来，但

不破坏子女与孩子的感情

反例

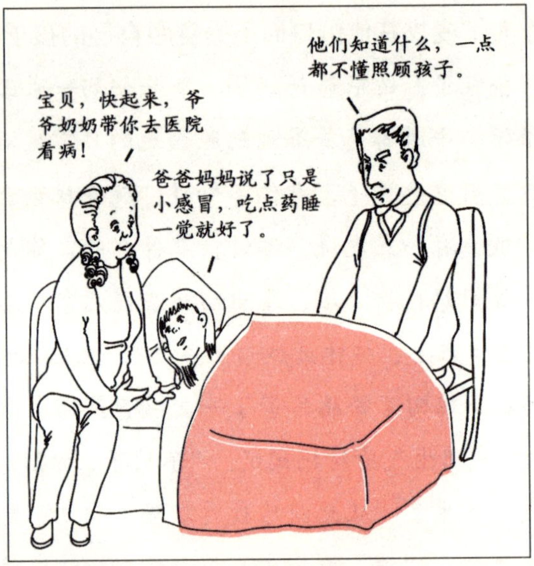

正例

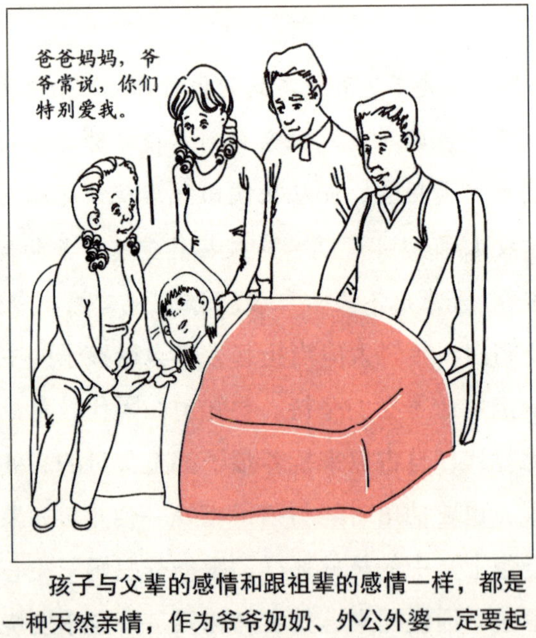

孩子与父辈的感情和跟祖辈的感情一样，都是一种天然亲情，作为爷爷奶奶、外公外婆一定要起到润滑剂的作用，千万不可破坏小孩与子女的感情。

由于爷爷奶奶替他向老师请假，并带他去看医生等对他的照顾，才使他心里产生了“爷爷奶奶对自己最好，爸爸妈妈对自己不好”的想法，从而喜欢爷爷奶奶而不喜欢爸爸妈妈。

给爷爷奶奶外公外婆的家教技巧

亲子隔阂是一箭双雕，它会造成祖与父、父与子的双重伤害。因此，亲子隔阂是隔代抚养中一个最不良的后果。它所涉及到的亲子隔阂包括两个层面：一是祖辈和父辈的隔阂，一是父辈与子辈的隔阂。如，父辈管教孩子，祖辈横加袒护与阻拦，这样一来就会导致祖辈与父辈产生矛盾；祖辈对孙辈过于溺爱，有时为了笼络孙辈的情感，而常常给孙辈一些“小恩小惠”，这时父辈看不惯就会从中进行矫正，这时孩子就会觉得父母对自己不好，从而出现父辈与子辈的隔阂。

那么，如何做亲情的纽带，处理好几代人之间的关系呢？聪明的祖辈可以参考以下两点：

技巧1　不要让“隔代亲”造成亲子隔阂

祖辈与孙辈的关系是一种“隔代亲”的情感依恋，但是，如果祖辈对孙辈过度宠爱，必然造成孙辈对祖辈过分依恋，什么事情都会依靠祖辈而不再需要他人。在这种情况下，如果孩子的父母再严加管教，就会使孩子在感情上形成错觉：只有爷爷奶奶、外公外婆疼爱我，爸爸妈妈并不爱我。那么，这样一来虽然是同样的爱心，却导致了双重的伤害，尤其会使孩子与父母产生严重的亲子隔阂。

今年59岁的高大妈做了奶奶，儿媳妇给他们高家生了一个白白胖胖的宝贝孙子，这让高大妈欢喜得不得了。可是，几个月后，当儿媳说自己要去上班，让她在家全权带养孙子时，高大妈却说自己坚决不管带孩子，并说这是“血的教训”。原来，高大妈的儿子今年已经30岁了，到现在都不管她和老伴叫爸爸妈妈，这让高大妈老两口非常伤心，但同时也明白为人父母，要亲自带养孩子的必要。

高大妈非常伤感地对儿媳说："当年我就是由于工作忙，没有时间，就把三个月的孩子——你的老公交乡下的爷爷奶奶带养。一直到他上完小学时，我才把他接了回来，但是他已经就对我们特别陌生了，从不管我与他爸爸叫爸爸妈妈，一直到现在。如果当初我们自己带养，他肯定不会这样。"

从上文我们可以看出，祖辈对孙辈的教育，不应该也不可能取代父辈的教育。因此，祖辈在对第三代的教育中要合理，切不要"越位"，如果父母不能尽职尽责，而让祖辈代替自己教育孩子，那么孩子对父母的亲情就会发生转移，把情感转移到经常照顾自己的人身上，从而与亲生父母疏远。

技巧2　尽量避免与孩子父母产生冲突

祖辈要尽量避免与孩子父母之间产生冲突。爷爷奶奶或外公外婆如果看不惯孩子父母的管教方法，也努力克制一下，不要在孩子面前表现，可以找机会私下与儿女交流，双方探讨教育方法，如果意见无法统一，祖辈则应尽量尊重子女的意见，以免得两代人的教育态度、教育方法常不一致，从而导致孩子与父母发生矛盾与冲突。

技巧3　打造和睦家庭，做好承上启下的纽带

为了使隔代教育取得成功，祖辈就要打造一个民主、和谐的代际关系，为孩子的健康成长营造一个"教育爱"的家庭环境。为此爷爷奶奶或外公外婆要充分利用自己丰富的人生经验、平和的心态，去进行几代人之间的心灵沟通，做好承上启下的纽带。要想使三代人和睦相处，就一定要处理好祖辈与子辈、子辈与孙辈、孙辈与祖辈之间的家庭人际关系。

第56招

祖父两辈要用一致的方法教育孩子

隔代教育的目的，就是帮助子女教管好第三代，因此祖辈与父辈应多在一起研究、讨论对孩子的教育问题。因为大家都在给予孩子教育，给孩子最大限度的爱，但如果因“爱”而产生负面情绪就得不偿失了。所以，为了孩子的健康成长与未来发展，隔代教育务必遵循教育的原则，使正确合理的“爱”源源不断地传输给幼苗般稚嫩的孩子，从而使他们茁壮地成长，这才是隔代教育的最终目的，也是隔代教育的双赢之路。

充分利用隔代抚养与亲自抚育的两种优势，对打造高效教育至关重要。因此，祖、父两代人最好能经常在一起探讨培养孩子的方法，如果在教育孩子时全家人发出的声音不一样，祖辈要这样做，父辈要那样做，意见得不到统一，那么，不但使教育起不到应有的效果，到最后受苦和受害的是孩子。

祖辈与父辈的教育方式有着截然不同的地方，两代人的思维方式也大不相同，这给隔代教育带来了种种困难。因此，当父母对孩子进行教育时，爷爷奶奶务必不要出面干涉，而应该努力维护孩子父母的权威，这样孩子就不至于唯我独尊、不尊重他人。

静静的奶奶对静静的妈妈非常不满，倒不是妈妈对奶奶不孝顺，而是因为妈妈对静静的管教方式，让奶奶觉得静静受了很大的委屈。因为从小开始，妈妈就对静静要求很严，一天按时吃饱三顿饭，之外再吃一顿水果，就不让静静吃其他零食。这还不说，最令奶奶看不下去的是妈妈竟然还让静静学着干家务活，比如擦桌子、扫地、洗碗、洗手绢等，还不让别人给孩子帮忙，静静才 5、6 岁呀，就要做这做那的，她实在看不下去。

奶奶想静静还这么小，况且家里只有她这么一个孩子，一定要宝贝着点，因此平时只要静静张嘴，一切都要满足她，尤其是不能让静静学做任何家务活。对此，静静虽然年龄小，但已经学会察言观色，于是她在爷爷奶奶面前往往敢撒娇、耍赖，而在妈妈爸爸面前却总是表现得很乖、很听话。这天，妈妈又让静静干家务活，静静就悄悄地告诉了奶奶，奶奶听说后气不打一处来，于是就气呼呼地与静静的妈妈吵了起来："虽然你是年轻人，有文化，知道怎么教育孩子，但这样做也太过分了吧？静静还这么小，你就让她做这么多事，这不是把孩子当奴隶使唤吗？真没见过你这样做妈妈的。"

这时，静静的妈妈一听也很生气，于是也没好气地说："我这做妈妈的怎么了？你怎么这样说话？我自己的孩子我想怎么管教就怎么管教！你怎么……"这时静静的爸爸一看家里要发生"战争"了，就急忙拦住妻子，对老妈说："妈，你误会了，虽然我们是年轻人，教育孩子没有经验，但也不会舍得将孩子当奴隶呀。你知道，我们这样是在培养静静爱劳动的习惯。让他从小时候起做一些力所能及的事情，从而养成习惯，这样她长大才能成为一个勤奋的人。这对她以后的独立生活大有好处。"听儿子这么一说，奶奶才转怒为喜，明白了妈妈让静静做家务活的原因。从此以后，每当妈妈再让静静干活儿时，奶奶就不再指责了，而是在一旁鼓励。

祖辈与父辈相互不一致的教育态度，会使孩子觉得有空子可钻，一些家庭里，父母要管教孩子，祖辈们加以阻拦，甚至两代人吵了起来，这对孩子的影响很不好，就像上文中的静静，妈妈为了培养她的劳动习惯与自理能力，就让她学做一些力所能及的家务活，而奶奶则心疼孙女，觉得妈妈过分了，于是双方在教育方式上发生了分歧。幸亏静静的爸爸及时地向奶奶说明了原因，才化解了一场家庭矛盾。

老人在遇到教育问题时常常会苦恼和不安，很多时候他们并不知道自己哪里做错了，引得孙辈的不满、儿女的不快。这让他们无所适从，甚至比孩子的父母还要为难。年轻的父母不要怕老人惯坏了孩子，拒绝他们照顾；更不能只图省事省心，把孩子一生下来就甩给老年人，而要多与老人商量、研究一些既方便而又切实可行的教子方法。因此，不管是祖辈还是父辈，都不要一味地对孩子百依百顺、迁就溺爱，使孩子不服管教，形成任性的性格。而且，对孩子过度限制和保护，都很容易扼杀孩子的自理能力与创新精神。

给爷爷奶奶外公外婆的家教技巧

为了教育好孩子，祖辈与父辈一定要多沟通，平时要多在一起探讨教子方法，以免走入教育的误区。要改变孩子对父母和祖父母的不同态度，可以参考以下技巧：

技巧 1　教育方法要一致，防止孩子变成“两面派”

一般来说，孩子容易在祖辈面前撒娇、任性，而在爸爸妈妈面前则较正常。而这种原因通常是由于“严父辈”“慈祖辈”造成的，比如，祖辈与父辈一个“唱红脸”，一个“唱白脸”，就很容易导致孩子产生“两面派”心理。比如，祖辈们对孩子过分迁就，就算犯了错误也不教育，该严厉的时候不严厉，该鼓励的时候不鼓励，经常忽视家庭教育的一致性。比如爸爸妈妈要求“自己的事情要自己做”，而祖辈却不这样教育，什么事情都替孩子做，那么，孩子当然要变成“两面派”了。

今年才五岁的嫒嫒，已经开始有了自己的心机，妈妈发现她经常表现出截然不同的两面性。在爸爸面前，嫒嫒表现得乖巧温顺、懂事又听话，还总是帮爸爸做些事，可是当爸爸不在家时，嫒嫒表现得非常任性，就像一个“刁蛮公主”，不但不听话，而且吃饭时连洗手都不肯自己洗，而是嚷着要奶奶帮她洗。这令妈妈很担心，这么小的孩子怎么就知道做“两面派”，肯定是

祖辈和父辈要多讨论教育孩子的方法

反例

正例

祖辈和父辈的思维大不相同，两代人要本着互相理解的心情，统一观念来教育孩子，这样孩子才能得到又快又好的成长。

平时的教育方法出了问题。

孩子对不同的大人采取态度不同，见风使舵或察颜观色，往往就会从中取巧，那么这种不良性格一旦养成，对孩子人格的健全发展是不利的。因此，要改变孩子这种不良的“两面派”态度，祖辈与父辈就要对孩子采取一致性的教育措施。

技巧2　祖辈与亲家还要多沟通

为了给孩子营造一个良好的教育氛围，祖辈与亲家的关系还要处理好。要知道，来自不同文化背景的“两亲家”对第三代的教养，在教育观念和方法上的分歧与碰撞是不可避免的。因此，对共同的下一代在教育目标上要求得一致，在方法上要走向趋同，所以祖辈亲家之间一定要多沟通，要相互尊重和理解，以取长补短，寻求教育的合力，而不是我行我素，各行其是，相互抵消。而作为孩子的父母，一定要为双方老人搭建交流沟通的平台，以求得在科学理念的前提下，获得一致的高效教育方式。

技巧3　让子女成为教育主角

告诉子女，将自己宠爱孩子的一些错误做法要指出来，并表明各自的态度，以尽量减少正面冲突。

让子女担任主要的教育责任，年轻人思想开放、敢说敢做，并且，英语、电脑等现代知识也懂得较多，有利于对第三代的培养，孩子可从中得到学习、锻炼与提高。

如果负担过重，积劳成疾，就会影响健康。因此，管得过多过细，往往是“劳而无功”“出力不讨好”。因此，为了自己的健康与避免子女的埋怨，祖辈一定要放得下、想得开。

对子女要经常说：“在单位你们要工作第一，在家里你们要把孩子管好为第一。”从而促使子女尽到为人父母的责任。

平时，还要告诉子女，经常和自己聊聊天，多给自己讲一些关于科学养育孩子的新经验，或多买一些科学育儿的读物。

第57招

老人“重养轻教”，年轻父母怎么做

俗话说：“自古纨绔少伟男。”这不能说与豪门望族养孩子方式无关。“养不教，父之过”，孩子能成为什么样的人与家长的教育密切相关。因此，养育孩子“养”与“教”是分不开的。但从字面来说，“养”是向孩子提供基本的生活资料，为孩子的成长提供物质基础；而“教”则是通过家长与孩子之间的亲情关系，把自己所认可的社会道德规范引为习俗，潜移默化传递给孩子。

现实生活中，很多做祖辈的只知道带养孩子，让孩子吃好、喝好、睡好，别磕着、别碰着，不出什么危险就“OK”，往往只重视孩子的生活和安全，不重视孩子的学习和思想教育。一些做爷爷奶奶或外公外婆的老人常说，养育孙子与自己的孩子不同，说不得，骂不得，打不得，管不得。因为管多了，害怕子女们不高兴。所以，很多老人的观点都是只要孩子成长得健健康康，生活得快快乐乐就万事大吉啦。于是，这样的隔代教育几乎就是“溺爱”、“包办”、“娇纵”的代名词。为此，很多年轻的爸妈为老人对孩子“只养不教”的带养方式而摇头叹气，有时为了孩子，难免与老爸老妈在生活中产生不和谐的音符，从而引起家庭矛盾。

珊珊今年7岁了，她和爸爸妈妈与爷爷奶奶虽然没有住在一起，但却同住在一个小区里，两家离得很近。平时，爸爸妈妈工作繁忙时，也都是爷爷奶奶在照顾她。可是，珊珊却不喜欢跟爸爸妈妈在一起，而喜欢跟爷爷奶奶在一起，平时只要一有时间，就会吵闹着让爸爸妈妈带她到爷爷奶奶家去，现在大一些了，只要爸爸妈妈一说她，就自己去爷爷奶奶家里。原来，爸爸妈妈平时对珊珊管教很严格，不准好吃懒做，不准她吃零食，总之什么事都要她按要求去做。一次她把一张废纸从窗外扔到小区的绿地上，恰好被爸爸看到，爸爸马上板起脸，要她下楼检起来，扔到废品箱，否则，就不容许她吃饭。而爷爷奶奶则不同，他们不但不责怪珊珊平时的行为表现，还会买很多零食给珊珊吃，而每当珊珊要离开时还会给她一些零花钱。这样，珊珊越来越不服爸爸妈妈的管教，为此，爸爸妈妈非常郁闷，但又不知怎么办才好。

从上文可以看出，如果孩子的爷爷奶奶与爸爸妈妈之间有两种不同的教育观念，就会使教育出现矛盾。虽然并没有发生正面的冲突和碰撞，但两代人不同的观点投射到孩子身上，其影响却是背道而驰的。是的，祖辈与父辈的教育观不同，也会给孩子带来不良的影响。不同的教育方法虽然是一种隐性的冲突，但它却带给孩子一种迷茫和无所适从的感觉，并且会使孩子形成不良的行为表现，使良好的教育无法进行下去。

给爸爸妈妈的沟通技巧

一般来说，现在年轻的父母大都有较高的学历，育儿观念也相对超前，因此，平时在忙碌的工作之余，就不要忘了去关注孩子的行为习惯培养和文化知识的教育，从而对老人“树大自然直”的只注重养、不注重教的观点进行合理的调整。其实，不论是祖辈还是父辈，不管教育方法怎样，其出发点没有一个不为了孩子好。只不过由于两代人所处的环境和责任不同，才造成了对孩子教育观念的不同，那么，如何把存在的不利因素规避到最低呢？这就要看我们的年轻父母们怎么做了：

年轻父母不要指责老人把孩子带得不好

反例

正例

老人带孩子用的大部分都是老观念，难免有失科学的地方，这个时候子女要和善地提醒老人，而不要一味地埋怨，让两代人产生隔阂。

技巧1　多体谅自己的父母，而不是指责

年轻的爸妈，不应该去指责自己的父母，虽然他们有时对孩子的教育方法有些不妥，但那都是特定时代加上传统沿袭造成的，并不是老人故意要这样做的。作为晚辈，如果没有好的心态来和老人相处，那又如何提供给孩子爱的场所呢？因此对于老人重养轻教的教育方式，应该多引导，和气地告诉老人正确的方法，千万不可以妄加指责，伤了老人的心。

李奶奶说："我看儿子与媳妇工作忙，就自己天天辛苦地为他们带孩子，但是媳妇却嫌我带孩子没采用她说的什么'科学方法'，我说他们才不会教育孩子，而她竟然与我'翻面孔'了，还说我将她的孩子宠坏了，还说孙子脾气不好、习惯不好都是我给教出来的，哎呀，真是把我给气坏了啊。"

老人带孩子难免有些不当的地方，但年轻的爸妈不应该去指责老人，因为养育孩子的责任不在于老人，要知道，老人本来是该安享晚年的，但他们往往体谅小辈生活的辛苦，才出手相助带孩子的。再说，现在年轻爸妈所获得的育儿观念，也可能存在着这样或者那样的不足，因此，又怎可以一下子改变老人一辈子的观念呢。所以，年轻爸妈应调整自己的心态，不要过多从老人身上找问题，多体谅老人，多与老人商量正确的育儿方法，这样家庭才会自然和睦，同时也可以为孩子打造一个良好的教育环境。

技巧2　减轻老人思想上的包袱

要想让老人带好孩子，就要减轻老人思想的包袱。因此聪明的年轻爸妈，应多了解老人带孩子的心理，可以找机会心平气和地和老人谈谈。

通常来说，老人带孩子时，一是图省事，二是图平安。因为老人总是为了孩子平安和家庭的和睦作考虑，怕孩子万一有什么闪失，引起家庭纠纷，特别让老人担心的是对待媳妇不会像对待女儿一样随意。因此，老人带孙子时往往多一份拘谨，怕媳妇埋怨对孩子照顾不周，所以，处处娇惯孩子，孩子一哭，就什么都依。

了解了老人的这个心理之后，年轻的爸妈就应该让老人大胆地教育孩子。

其实，在孩子成长过程中，磕了碰了是难免的，明智的年轻人不要因此去责怪老人，并且在行动上支持他们，这样老人才能够放心地将孩子带好。

技巧3　给老人分配一些教育任务

孩子的能力是由不断的学习而形成的，那么，在孩子成长过程中如果不能够及时捕捉到机会，也就失去了引导孩子成长的最好时机。因此，年轻的爸妈可以利用老人乐意命令小辈做事的心理，每天分配给他一些培养孩子的任务。比如让孩子帮助爷爷倒水，帮助奶奶捶背，帮助爸妈拿拖鞋，以及提醒爷爷奶奶吃药，把爸妈教的故事讲给爷爷奶奶听等，从而一点一滴培养孩子的独立性和自主性，并培养孩子的责任感。这样可使老人乐于其中，让老人在孩子的变化中体会到孩子成长的快乐。同时，年轻的爸妈也可通过老人这根纽带，了解孩子白天在家的成长情况。

技巧4　多谈心，多带老人学习新育儿知识

年轻爸妈，平时应多陪老人唠唠磕，多交流，可在有意和无意之中向老人讲一些有关孩子的事，比如，一些同事和朋友的孩子，在学校或某公共场合所遇到的一些问题，从而让老人了解到：如果平时不培养孩子的独立能力，当孩子一个人在外面时就会遇到困难，如果孩子不懂礼貌、没有教养，那么他一个人在外面是很难与人相处的，遇到困难就不会有人愿意帮助他。这样，利用老人怕孩子在外面吃亏的心理，从而使他们意识到培养孩子独立能力与文明教养的重要性。

此外，为了教育好孩子，年轻的爸妈也要付出耐心、爱心和孝心。平时，可以利用节假日，带老人和孩子一起去参加一些家庭教育方面的活动以及参观一些科普知识画展等。在这些活动中，让老人慢慢意识到当今只注重孩子的养育是不够的，从而潜移默化地让老人吸纳新的育儿知识。

第58招

老人“横刀夺爱”，年轻父母该如何应对

现在社会快节奏的生活，使得很多年轻父母根本没有能力全心全意去照顾年幼孩子的日常生活起居,请老人帮忙带孩子无疑是无奈之中最好的办法。把孩子托付给老人，年轻的父母有了三个心“安心、放心、省心”，可是同时也把原本属于自己与孩子的天伦之爱托付给了老人，或许这也不算是什么坏事，但是当孩子回到你身边的时候，表现出的却是让你内疚的伤心和无奈，因为他与你之间存在了一种隔膜。

就像下面的例子：

小鹏八个月大时就由乡下的爷爷奶奶带养，爷爷非常疼爱小鹏，常带他去小树林里的河边去玩，祖孙俩一起搅水、和泥、抓小鱼。爷爷非常喜欢他，玩够了回家的时候，总是把他背在背上，一路唱着小曲，摇摇唱唱地回家。到了家里，奶奶总是准备好了香喷喷的饭菜在等着他们。这样，小鹏的幼儿园与小学的童年时光，都是与爷爷奶奶在一起快快乐乐度过的。

后来，爷爷去世了，小鹏回到了爸爸妈妈身边。但是，爸爸妈妈发现儿子与自己的心理距离很远，和父母一点都不亲，像是陌生人。无论父母对他多好，小鹏好像一点都不感激，并且，常常对朋友说：“父母一点都不爱我，还是爷爷奶奶对我最好。”

就像这种，老人无意中夺走了这份亲情，是因为父母与孩子接触得太少了。一般来说，在两岁左右时谁对孩子照顾最多，对他最亲，孩子的亲情归属感就会建立在谁的身上。因此，从小由祖辈照顾的孩子就会产生“隔代亲”，孩子对爷爷奶奶或外公外婆的依恋之情就会胜过自己的父母。然而，面对这样的局面，年轻的父母们有的只是无奈和伤心。那么，为什么隔代人会更亲一些呢？难道仅仅是血缘关系吗？对此，据一些心理学家们分析说，就老年人和孩子之间的情感联系，光用血缘关系来解释是不够的，因为祖孙两代之间还存在着一些心理上的共同之处。研究表明：

70岁的老年人与7岁的儿童，在心理年龄上有着惊人的相似。比如，老年人爱和孩子在一起玩耍，而且，双方都表现得无拘无束。

父辈和祖辈人在一起相处，往往由于双方都是成年人而各抒己见。因为年轻人总是坚持自己的主张，总喜欢追逐新潮，而这些又常常是老年人所不齿的东西。

由于年轻人整日工作繁忙，很少有时间陪老人，很难经常与老人聊一聊，而孙辈的出现，则恰好弥补了时间的空白和情感的虚空，从而使老人体会到亲情带来的天伦之乐。

从上面的分析可以看出，祖辈与父辈之间很容易形成矛盾和隔阂。但祖辈与孙辈两代人在一起就不存在这个问题，因为祖辈人出于亲情愿意顺着孙辈人的愿望；而孙辈人由于年龄关系总是渴望得到满足。因此，祖孙两代人在一起便会“亲上加亲”。

给爸爸妈妈的沟通技巧

那么面对这种情况，年轻的父母该怎么办？还能不能让孩子重新找回对父母的爱？怕是每一对年轻父母都在关心的问题。如果出现了孩子与祖辈的感情超过了亲生父母的情况，对此，父母 可以采取补救措施：

技巧1　让孩子感受爸爸妈妈的爱

我们知道，两三岁的孩子还不能完全判断事情的好坏优劣。况且，不管是爷爷奶奶或外公外婆还是爸爸妈妈，目的都是为了孩子好。这样在孩子幼小的心灵里，谁会经常在身边照顾他，谁就是最亲的。因此，要想培养与孩子的亲密感情，年轻父母要多抽时间用爱去感动孩子，那么，孩子自然也就会感受到父母的爱和良苦用心。

像前段时间的热播电视剧《蜗居》，主人公海萍，为了房子把孩子送到父母家里,每次怀着万分激动的心情去看孩子,换来的却是孩子的冷漠和躲藏，如一瓢冷水浇灭满心的热情。最后她幡然悔悟，无论如何要把孩子接到自己身边。

虽然电视剧表现的主题与本话题不一致，但故事却无不透露着现代社会对孩子抚养的无奈和弊端。因此，在日常生活中，父母对孩子可以用一些充满爱的语言或者是举动，比如，晚上睡觉前，说一句：宝贝，妈妈爸爸爱你！祝你有个好梦，然后吻一下他们。再比如，周末可以带着孩子去游乐园好好享受一下天伦之乐等。

也可以给孩子解释一下，以前把他放在爷爷奶奶那儿，是爸爸妈妈想为他创造更好的生活学习条件，都是爱他的表现，以争取他的理解。虽然孩子还听不太懂，但这种思想会让他知道父母的爱恋，而不会心生芥蒂。这样，时间长了，孩子就会认为原来爸爸妈妈一样是爱他的。

技巧2　接老人一起生活，共享天伦之乐

接老人来家同住，一来可以慰劳一下辛辛苦苦为我们带孩子的父母，表达一下孝心，也为我们能与父母共享天伦之乐创造了条件，可谓一举两得。二来，老人在家里住，年轻人就不用担心下班晚家里没菜，不用担心孩子没人照顾，还可以偷懒，老人可以帮助我们做些家务。年轻的我们是平衡三代人的中心点，既要照顾孩子，也要孝敬好老人。三代同堂，也不失为一种幸福啊。

让孩子明白爸爸妈妈的爱

反例

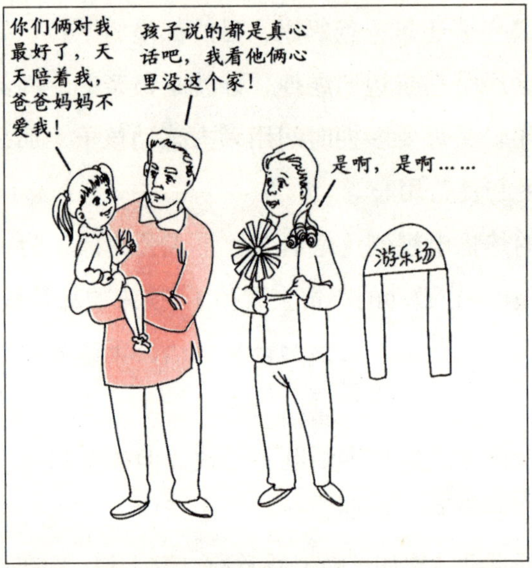

正例

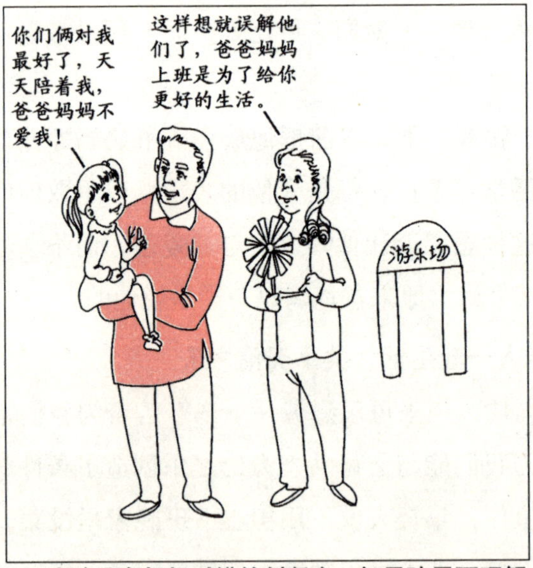

小孩没有好坏对错的判断力，如果孩子不理解爸爸妈妈时，老人一定要及时纠正孩子的错误感受和观念，让孩子明白爸爸妈妈的爱。

技巧3　解除老人对年轻人教育孩子的担忧

说到这一点，还得从老人对孩子的过分溺爱说起。老人对孩子千依百顺，过分的宠爱以至于孩子对于父母的管教有了一种抗拒心理，认为父母不顺自己的心，还没有爷爷奶奶或姥姥姥爷对自己好，最后一有不顺心就去找爷爷奶奶或者姥姥姥爷。对于这种变形的爱，年轻的父母更是有苦难言。

老人之所以不放心而参与管教孩子，无非是认为年轻的父母没有经验，不知道如何管教孩子。他们的这种偏激的观点，也都是源自一种爱。对于这种情况，年轻的父母除了要跟老人讲道理，多交流之外，最重要的就是要解除他们的后顾之忧，让老人看到教育孩子的正确方法不只是一味地宠爱。说到底，还是要与他们达成共识，搞好交流。

另一种方法：在不忙的时候，多带孩子去看看老人，让他们看到孩子的健康成长以及在知识和为人处事上的进步等，老人就会很放心孩子了。当孩子看到父母与老人关系融洽和谐时,他们也会感到父母和爷爷奶奶是一样的。这也就是作为年轻父母要以身作则地孝敬老人的力量之所在。

俗语云：父母亲，代代亲。说的就是这个道理，仁义孝悌是我们代代传承的美德。现在的快节奏生活似乎使我们分裂了对孩子的爱，可是亲情是无法割裂的，只要我们用对了方法，就能使隔代教育走向成功。

第59招

老人不准管教孩子，年轻父母怎么做

可以说现在很多的年轻爸妈都在理所当然地享受着隔代带养的“潇洒”，自己那勤劳、能干的老爸老妈们不但承担了买菜、做饭、收拾家务等活儿，连自己的孩子——他们的孙子也照顾得无微不至，而年轻人自己则像一个甩手大掌柜，家务、孩子一点都不用劳力费心。

然而，年轻的爸妈在享受清闲的同时，却失去了教育孩子的自主权，也失去了自己为人父母的权威与资格，孩子越来越不听话，在家里嚣张跋扈，从不把父母放在眼里，而当自己要去管教他时，孩子的爷爷奶奶或外公外婆总是一味地干涉，大力地保护孩子，不容许教育孩子。这样，在老人的庇护下，让孩子在心里对父母的的教育产生了抵抗心理，越来越难管教。

国国从小在奶奶家长大，备受爷爷奶奶的宠爱。什么好吃的爷爷奶奶都舍得买给他吃，这样在高营养之下，今年才五岁的小国国体重就达到 45 千克，简直要与妈妈一样重了。一天，他跟爷爷去买菜，路过一家饭馆，爷爷给他买了 10 个包子，他一下都吃完了。回到家里，奶奶做的饭菜特别香，他又吃了好多，直吃得小肚子圆圆的像个西瓜。为此，爸爸妈妈觉得国国吃这么多也不是好事，就向爷爷奶奶提议，以后别给他吃这么多了。可是，爷爷奶奶却撇着嘴说，现在又不是旧社会没吃的。大人的经济条件都这么好，怎么能控制孩子吃点东西？结果，在爷爷奶奶的溺爱下，国国吃得简直就像一只小肥猪。

爸爸妈妈不满意爷爷奶奶对国国的娇惯，有时会背着老人训斥他，但有时爸爸妈妈一说，他就小嘴一撇开始哼哼“找爷爷奶奶”。而奶奶无论在干什么，只要一听见孙子的声音，立即就会跑过来声援，当国国的挡箭牌。如此，老少联盟，爸爸妈妈是绝对惹不起的，唯有抽身躲开。有一次，妈妈不让国国再吃巧克力，他竟然挥拳向妈妈打去，打得妈妈鼻血直流！妈妈大为恼火，就将儿子狠揍了一顿。然而，爷爷奶奶得知孙子被揍了，真是万分心疼，于是一场婆媳战争就爆发了，而国国的妈妈却发狠地说，以后再也不让爷爷奶奶照看国国了！

与孩子父母的教育方法、教育态度不一致，老人对孙子孙女简直比当年对自己的儿女还要亲，当看到孩子的爸爸妈妈教训或打孩子时，他们就会非常生气，不顾一切地出面干涉，甚至不惜与自己的子女闹翻脸，就像上文里国国的爷爷奶奶一样，一味地溺爱孙子。因此，很多祖辈都看不惯年轻人的教育方法，觉得年轻人不会教育孩子，当年轻人与自己的教育方法产生冲突时，他们就会以孩子高兴、快乐为主而固执己见。

作为年轻的父母，一定要明确：自己才是教育孩子的主角。既不能为图省事，把孩子甩给老人，也不要怕老人惯坏了孩子，拒绝老人带孩子，割断祖孙之间的亲情。其实，老人宠爱孩子，是一份爱的表达，只不过没有掌握好度，这时年轻的父母就要用智慧和耐心和老人讲道理。可以告诉孩子的爷爷奶奶或外公外婆，如果孩子在家里养成了事事以自己为中心，那么到了学校或其他组织集体中就会找不到朋友玩，就会由于太任性而变得孤独，相信老人一定会明白这些道理的。

给爸爸妈妈的沟通技巧

不论是与老人同住，还是暂时把孩子寄养在老人家中，都要为孩子创造一个和谐开放的家庭环境，不可以与老人发生争吵，而要采用和气的方法去解决。平时，还可以借鉴以下方法：

孩子该管教时，老人不要拦阻

反例

正例

有时候在小孩身上难免有一些恶习，这个时候如果不加以管教，只会让孩子越来越跋扈，到无人能管得了的时候就晚了。

技巧1 努力让老人与自己的教育观念形成共识

年轻的爸妈应该想到：我们也是父母的孩子，凡事都要和父母好好沟通，慢慢商量，从而对教育孩子的问题达成共识。要注意和老人协调关系，积极解决矛盾纠纷。平时对老人的教育方式要晓之以理，动之以情。如果老人对孩子的事情一味包办，可以告诉他们如果不让孩子从小学会自己的事情自己做，那么等他离开家到了学校或其他地方后孩子就没有自己动手的能力，这样孩子落后于同年龄人，会使孩子觉得没面子，从而影响正常的发展。相信这样耐心的疏导，一定会让老人明白不严格管教带来的后果，从而慢慢收敛自己对孩子的袒护行为。

费女士的儿子健健今年11岁，读小学五年级了，在老师、同学、朋友、邻居的眼里健健都是个懂事的男孩子，深得大家的喜爱。健健的妈妈由于要上班，从小就将爷爷奶奶接到家里带养他。但是，在教育健健的问题上，健健的妈妈费女士与许多年轻的父母一样，曾经与健健的爷爷奶奶发生过很多矛盾。

一开始，健健的妈妈没有耐心，就与公婆发生一些摩擦，比如，当健健只吃零食不吃饭时，健健的妈妈就想把零食给孩子断掉，可是奶奶却坚决不同意，说是孩子不吃饭还不让吃零食那还不饿坏了，于是，双方就发生了不快。但为了孩子，健健的妈妈不得不采取了忍的方式，避免了与健健的爷爷奶奶产生矛盾。

可是后来，两代人在孩子教育问题上的分歧日益凸显，再不及时调整，就会使健健的成长受到影响。为此，健健的妈妈决定与爷爷奶奶推心置腹地谈一谈。于是，在又一次即将发生婆媳矛盾时，她先压住自己心中的不满，并尝试着把自己的想法说出来，尽量使自己的态度表现得较为和气，真是没有想到，公公婆婆竟坦然接受了她的观点，并且对管教健健的方法达成了共识。这样，老少两代在教育健健时表现得和和睦睦。此后，只要双方的教育方法、观念不同，健健的爸爸妈妈就会与爷爷奶奶像好朋友一样坐下来讨论这个问题，最终达成教育孩子的统一战线。

作为晚辈，首先要尊重老人，发生问题要慢慢地沟通，但在沟通时还要注意，不能简单告诉老人应该如何不应该如何，而要采用老人最容易接受的方式去告诉他，比如，可以与老人聊天、讲事例等，向他表达自己的想法。通常老人都是明智的，最终他们会认同你的观点，从而达成共识。

技巧2　不公开指责，不可给老人难堪

年轻的父母，不要一有自己看不惯的事，就冲老人使脸色，说出难听的话来，给老人难堪，使他们下不来台。要知道，如果老人也产生一些不好的想法，就更加难处了，反而不能取得好的效果。双方较起真来还会使孩子受到影响，因此，切不要在孩子面前互指对方的不对，以免使孩子不知什么是对，什么是错，或者让孩子产生一种不信任的想法，以后谁的话也不听。

技巧3　和老人达成协议：管教孩子时不要插手

虽然年轻父母管教自己的孩子是非常正常的事，但孩子是家里的中心，当孩子发生什么事时老人会第一个出来护着孩子，因此，为了避免和老人发生正面冲突，应尽量避免在老人面前管教孩子。应讲究方法，关起门来和孩子讲道理，避免在管教孩子过程中，老人插进来。要知道，对于护短的老人来说，管教孩子就等于触犯了他们的利益。对此，聪明的年轻父母应事先和老人协商沟通，让他们尽量不要在管教孩子时插手，同时可以降低姿态，请求他们的协助。

技巧4　别和老人正面冲突，迂回战术解决难题

遇到那种特别固执的老人，对孩子特别放纵，不让管教，又协商未果，年轻的父母可以采用迂回战术，以此减少与老人的冲突，尤其是媳妇不要和公婆直接冲突，女婿不要和丈人直接冲突。可以默不作声地先把孩子从老人身边带开，管教孩子时不要在老人的面前，从而减少孩子和老人单独相处的机会，这样的分离既避免了孩子一直倚仗老人的气势，也减少老人对孩子的放纵。过后再让老人的子女好好和老人解释。

第60招

老人当孩子面批评自己，年轻父母怎么做

通常来说，老人们禀性不一样，有的正直，有的专横，有的慈祥，有的严厉，有的偏袒，有的偏激，他们有时会在孙子面前批评儿女的问题，训斥儿女的不对。有的老人在教育孙辈时，总是以儿女的错误来当榜样，要求孙辈不要向其父母学习；有的老人唠唠叨叨，对年轻父母表示不悦；有的老人正言相对，直截了当批评年轻父母；有的老人背着子女，在孙子面前批评他们的父母。但是，不管是哪种批评模式，都会弄得年轻父母脸上无光。

所谓“种瓜得瓜，种豆得豆”。这样，在孩子的心里，感觉父母也有错，也要受批评，于是，以后对于父母对自己的责怪批评，孩子就会左耳进右耳出，不予理会，甚至还会与父母顶撞，而不服管教。

熊先生的儿子从10个月起，就跟着爷爷奶奶生活。两位老人对孩子的宠爱与迁就真是无法形容，现在孩子5岁了，变得任性、自私、为所欲为……在家稍不如意就哭闹，撒泼打滚，甚至跟大人对着干，成了幼儿园与家里名副其实的“小霸王”。熊先生想教训儿子，但老爸老妈总是护短，并且，还常常故意在孩子面前批评自己，训斥自己的不对，这让熊先生非常郁闷。

熊先生说：“儿子的教育问题已成为我家现阶段的主要矛盾。”一天，为了看电视的事，熊先生居然和父母大吵了一架。因为，儿子一直在看电视，

熊先生想让孩子关上电视写作业，可儿子却冲着爸爸没好气地骂了一句。熊先生见儿子竟然敢骂自己，非常生气，于是就严厉批评孩子没教养，可是这时爷爷却在一旁说："你别训孩子，他比你小时候聪明，你这么大时还不会骂人呢！"这时儿子听了竟"嘻嘻"地笑起来，一副得意与嘲笑的样子。熊先生只好气呼呼地走了。

可是，这事过了没几天，幼儿园的老师被这个"小霸王"伤透了脑筋，竟找到家里要求熊先生给孩子换个幼儿园，因为他的儿子动不动就把别的小朋友打伤。对此，熊先生非常生气，决定狠狠地教训儿子一顿。可是，当他刚一开口斥责儿子时，爷爷就开口了："你小时候也是这样的，现在不也挺好吗？孩子小时候能打架、闹腾，是好事。"这次熊先生真得气坏了，于是第一次为孩子的事与父母大吵一架，弄得一家人几天都不愉快。

老人批评自己的儿女，虽然没什么不对，而且有时看似还理所应当。但是，如果老人批语儿女的本意是出于护短，而当着孩子的面批评年轻父母，就有些欠妥。都说家长是孩子的镜子，孩子是家长的影子。因此由于祖辈的不注意，会让孩子学会"教训"自己的父母。就从这么一件小事，就能看出孩子眼里的大人是如何处理家庭事务的。

大人的一言一行都会给孩子留下不可磨灭的印记。爷爷奶奶一些教育儿女不当的言行，孩子以后也会鹦鹉学舌地照搬过来，从而为所欲为。有的孩子受了爸妈的批评，就向祖辈告状，而爷爷奶奶或外公外婆常常给孙子争情理，不惜当着孙子的面严厉批评子女，弄得子女很尴尬。如此一来就会助长孩子不良的性格行为，使孩子形成"没大没小""没老没少"的思想，最后很可能"无法无天"，这就发展到难以教养的地步了。

给爸爸妈妈的沟通技巧

面对老人不当的教育方式，年轻的父母决不能妥协，而应采取适当的方法应付老人当着孩子的面批评自己的行为，从而用正确的教育方式去熏陶孩子，具体可以参考以下方法：

技巧1　请老人以后不要当面否定自己的教育方式

老人带孩子也不容易，做子女的要体谅他们的不容易。我们知道，老人年轻时，承担家务，努力赚钱，抚养儿女长大。他们任劳任怨，兢兢业业，为社会、为孩子辛苦一生。现在，他们又带养孙子，又为社会和家庭继续做贡献，因而，他们的心气依然很高。所以，做子女的要多尊重老人，加强沟通，向老人讲清教育孩子的利害关系，相信稍微明事理的老人，都能想得通。

郭女士说，我家的女儿就是奶奶带养的，我也经常为了孩子的教育问题，和孩子的奶奶发生矛盾。有一次，女儿不讲究卫生，弄得全身都脏兮兮的，我刚说了她几句，婆婆就立即跳出来说："你好还意思说孩子，你看这房间都几天没清理了。"孩子竟然跟着说："就是，自己不讲究卫生，还说我呢。"我当时真是气得要命，真想跟婆婆大吵一架。可是一想，吵架也解决不了根本问题，教育好孩子才是关键。于是，便冷静下来。

事后，郭女士对婆婆说："我知道你心疼孩子，但我们都是为了教育好孩子。所以，我们的目标一致，应该达成一致的意见。要知道，你当着孩子的面批评我的话，会让我在孩子面前没有面子，会失去做父母的尊严，这是不合适的。其实，我非常感激你对孩子的照顾，但我毕竟是孩子的母亲，你更应该尊重我的教养方式，从而给孩子一个最理想的教育准则，这才有助于孩子良好品质的形成。"

很多时候，老人批评子女，更多的是不放心。因此，作为儿女，事后要给老人一个交代，让老人放心。其实，很多老人批评年轻父母，说得不无道理，年轻父母是可以借鉴的。有时年轻人的教育会生硬，严厉，教条，不重视孩子的心理感受；而老人温和，注重孩子心理感受，愿意有条理地教育孩子。因此，只要老人不糊涂，年轻人都要主动报告老人，让老人觉得受到了尊重，同样，老人也会尊重年轻人的思想，这一点也很关键。

子女有时要接受老人的批评

反例

正例

孩子面前顶撞老人只会让孩子模仿，因此，有时接受一下老人的批评，反而对孩子更有利。

技巧2　接受老人的批评，以给孩子做榜样

年轻父母一定要注意，在孩子面前顶撞老人是不对的，因为这样会让孩子学会不尊重长辈。更糟糕的是，不但祖辈的威信没有了，父辈的尊严也没有了，那么这样一来，孩子就会谁都不怕，甚至钻长辈矛盾之间的空子。所以，不管老人批评得对错，都不要顶撞，要表示接受批评，改正错误，好给孩子做一个榜样，并且，以后也是自己教育孩子的一个资本。比如：

一些老人喜欢揭老底，把年轻父母小时候的丑事都抖落出来，来证明“你也不怎么样，还来教育我孙子”。这时，年轻父母可以风趣地对孩子说：“妈妈以前就是那样的，但是，现在改正了。你也要改正，像妈妈一样。”也可以理直气壮地对孩子说：“你不是看见爷爷批评爸爸吗？只要长辈批评得对，就要接受，知道吗？”

那么，这样孩子也就知道，接受长辈批评是应该的。此外，还要想法让老人承认父母教育孩子的重要性。要告诉老人，尊敬长辈的美德是孩子应该具备的基本教养，如果不希望自己的孙子是一个不懂“孝敬”的人，那么就不要当着孩子的面批评他的父母，而要让孩子尊重父母，这样孩子才会从思想上尊重长辈。